Kohlhammer

Beiträge zur Wissenschaft
vom Alten und Neuen Testament
Zehnte Folge

Herausgegeben von

Walter Dietrich
Christian Frevel
Reinhard von Bendemann
Marlis Gielen

Heft 7 · Der ganzen Sammlung Heft 187

Jürgen Ebach

Josef und Josef

Literarische und hermeneutische Reflexionen
zu Verbindungen zwischen Genesis 37–50
und Matthäus 1–2

Verlag W. Kohlhammer

ISBN 978-3-17-021036-3

Inhalt

Vorwort

Den Anstoß zu der hier vorgelegten Studie über literarische Verknüpfungen zwischen dem alttestamentlichen und dem neutestamentlichen Josef gab mir ein etwas peinliches Missverständnis. Bei der Suche nach Bildern für meine in der von Erich Zenger herausgegebenen Reihe „Herders Theologischer Kommentar zum Alten Testament" erschienene Kommentierung von Gen 37–50 (Freiburg u.a. 2007), d.h. der Geschichte, die als „Josefsgeschichte" bekannt ist, stieß ich in der Bildersammlung bei *google* unter den Stichworten „Josef" und „Traum" auf eine Darstellung, die mich verwirrte. Denn ich vermochte sie weder mit Josefs Träumen in Genesis 37 noch mit den von Josef gedeuteten Träumen in Gen 40 und 41 in irgendeinen Zusammenhang zu bringen. Erst nach einer ganzen Weile wurde mir klar, dass es sich um die Darstellung eines Traumes des Josef aus Matthäus 1f. handelte. Um diesem Irrtum, womöglich auch dieser *déformation professionnelle* des Alttestamentlers wenigstens etwas abzugewinnen, begann ich nach Beziehungen zwischen diesen beiden biblischen Josefsgestalten zu fragen. In der alten und neuen Literatur zu Mt 1f. werden solche gelegentlich und eher am Rande erwähnt. Doch je genauer ich die Texte mit ihren Kon-, Sub- und Intertexten las und je länger ich darüber nachdachte, desto lohnender schien es mir, diesen Verknüpfungen nachzugehen. In meinem Kommentar zu Gen 37–50 gibt es dazu (S. 669) nur wenige Bemerkungen. Die hier vorgelegte Studie ist darum als ein etwas ausführlicherer Nachtrag zu diesem Kommentar zu verstehen, sie ist aber auch ein methodischer Versuch einer *biblischen* Lektüre.

Einige literarisch-hermeneutische Kriterien dieser Lektüre möchte ich hier vorab nennen: In Kommentaren und weiteren exegetischen Arbeiten zum Neuen Testament stößt man nicht selten auf Interpretationen, welche für die Evangelisten die Kenntnis der *hebräischen* Bibel als sehr gering veranschlagen. Und wenn man schon *ihnen* nur rudimentäre Hebräisch-Kenntnisse und eine mangelnde Vertrautheit mit der hebräischen Bibel zubilligt, so setzt man solche für die ersten Adressatinnen und Adressaten in der Regel gar nicht voraus. Die hier vorgelegte Lektüre von Matthäus 1 und 2 folgt diesen Annahmen nicht. Am Beispiel der Einleitungskapitel des Matthäusevangeliums – und damit der beiden ersten Kapitel des Neuen Testaments in seiner kanonischen Gestalt – zeigt sich, wie sehr die Texte und Motive aus der hebräischen Bibel leben. An mehreren Stellen wird in einem Zitat nicht nur die Septuagintafassung (bzw. werden die Septuagintafassungen) erkennbar, sondern auch und gerade die des masoretischen Textes. Zuweilen handelt es sich um Mischzitate, bei denen die jeweilige Entscheidung für die eine oder für eine andere Textfassung bewusst getroffen sein dürfte.

Eine zweite Voraussetzung kommt hinzu. Wenn in Mt 1f. etwas aus dem (*avant la lettre*) „Alten Testament" zitiert ist, ist an wiederum mehreren Stellen nicht nur das explizit Zitierte in den neuen Textzusammenhang aufgenommen, sondern auch der „Hof" des Zitats, d.h. sein Kontext, seine Fortsetzung und auch weitere Texte und Motive, mit denen es sich verknüpfen lässt, dazu schließlich auch seine vorausgehende Lektüre- und Interpretationsgeschichte. Eine dies wahrnehmende und dem nachgehende Lektüre vermag etwa den Erweiterungen der in der Grundform rein männlichen Genealogie Josefs und mit und durch Josef der Genealogie Jesu in Mt 1 neue Aspekte hinzuzufügen. Das bezieht sich nicht zuletzt auf die vieldiskutierte Frage, warum in dieser Genealogie *vier* Frauengestalten der hebräischen Bibel genannt sind und warum es gerade *diese* vier Frauen sind. Meine These ist: Diese Frauen kommen nicht als „Sünderinnen" in den Blick und sie repräsentieren nicht in erster Linie Ausländerinnen. Doch hier kommt auch nicht nur die Funktion dieser Frauen als Mütter in einer außergewöhnlichen Geburtenfolge zur Sprache, vielmehr wird die jeweils ganze Geschichte, die sich mit jenen Frauen verbindet, zum Hintergrund der Ursprungsgeschichte Jesu als des Messias und der Geschichte seiner Mutter Mirjam/ Maria.

Immer wieder stößt man bei einer intertextuellen Lektüre von Mt 1f. neben längst erkannten Querverbindungen zu anderen Texten und Figuren der hebräischen Bibel auch auf Elemente und Motive der alttestamentlichen Josefsgeschichte bzw. – mit der biblischen „Überschrift" in Gen 37,2 – der „Geschichte der Kinder Jakobs" und dabei besonders auf die ihr in ihrer Endgestalt konstitutiv zugehörigen Kapitel 38 und 49. Das gilt auch für die in Mt 1f. so bemerkenswerten Frauengestalten. Immerhin spielt Tamar, die *erste* in Mt 1 genannte Frau der hebräischen Bibel – und damit die erste im Neuen Testament überhaupt genannte Frau –, in der Geschichte von Josef und seinen Brüdern bzw. (mit Mt 1) der Geschichte von Juda und seinen Brüdern in Gen 38 als Teil dieser Geschichte eine Hauptrolle. Ebenso sprechend ist aber auch dies: Die *letzte* in Mt 2 genannte Frauengestalt der hebräischen Bibel ist Rahel – und diese Rahel ist die *Mutter* des alttestamentlichen Josef.

Diese und weitere Bezüge gehen über die engeren Verbindungen der Josefsfiguren hinaus, aber auch die unmittelbaren Verknüpfungen dieser beiden biblischen Gestalten lohnen einen ausführlichen Blick. In all dem zeigt sich, dass das Neue Testament – keineswegs nur, aber in besonderer Weise auch in diesen ersten Kapiteln – nicht aus dem Alten Testament heraus, sondern in das Alte Testament hinein führt. Die beiden einleitenden Kapitel Mt 1f. stellen die Ursprungsgeschichte Jesu in die Traditionen Israels, aus und in denen die Verfasser und die ersten Adressaten und Adressatinnen des Neuen Testaments als Menschen Israels leben oder in die sich einzuleben sie als Menschen aus den Völkern aufgefordert sind. Eine Lektüre, welche diesen Texten eine gegen das Judentum gerichtete Intention zu entnehmen trachtet – heute glücklicherweise in der neutestamentlichen Exegese nicht mehr die durchgängig anzutreffende, doch noch immer eine virulente Perspektive –, verfehlt sie gründlich. Was für die ersten Adressatinnen und Adressaten dieses Einsatzes des Neuen Testaments in seiner kanonischen Gestalt gilt, ist ebenso die von den Texten selbst gebotene Perspektive der je gegenwärtigen Lektüre. Es ist eine Lektüre, die bei den Sätzen und Passagen in Mt 1 und 2 immer wieder zurückblättert, die genannten und angedeuteten alttestamentlichen Texte und Geschichten wahrnimmt und wieder holt und die erst so erfasst, was am Beginn des Neuen Testaments dem Messias Jesus und den je gegenwärtig Lesenden ins Stammbuch geschrieben ist.

Eine weitere methodische und hermeneutische Implikation dieser Studie sei in diesen Vorbemerkungen genannt. An vielen Stellen in Matthäus 1 und 2 stößt die Lektüre auf eine *Vielfalt* möglicher Beziehungen, Verknüpfungen und Deutungen. Die Vielfalt der Lektüre- und Interpretationsmöglichkeiten wird der *Intention* –

d.h. allemal dem Gehalt und nicht selten auch der Aussageabsicht – dieses Textes gerechter als die Reduktion auf nur *eine* Sichtweise. Warum eigentlich bedarf es der Entscheidung, welche Interpretation *die richtige* sei? Was ist das für eine Logik, die unterstellt, wenn *eine* Erklärung richtig sei, müsse eine *andere* falsch sein? Wie jede wirkliche rhetorische Frage zielt auch diese nicht auf die evidente Antwort, sondern darauf, aus dieser Antwort Konsequenzen zu ziehen.

Oft führt die Betonung der *Vielfalt* von Verstehensmöglichkeiten zum Verdacht der *Beliebigkeit*, die dann nicht selten mit der Hinzufügung einer ebenso beliebten wie in vieler Hinsicht ungeklärten weiteren Kategorie als „postmoderne Beliebigkeit" apostrophiert wird. Doch warum eigentlich soll der Hinweis darauf, dass eine Sache, eine Darstellung, ein Text mehr als *eine* Verstehensmöglichkeit nicht nur zulässt, sondern geradezu erfordert, sogleich als ein Plädoyer für Beliebigkeit zu verstehen sein? „Eines hat Gott gesprochen, zwei sind's, die ich gehört habe" – diese Formulierung in Ps 62,12 wurde für die rabbinische Schriftlektüre zu einem Grund-Satz des vielfachen Schriftsinns. Man kann das hören als demütiges Eingeständnis, dass uns Menschen das eine und klare Gotteswort nur in vielfach gebrochener Verstehensmöglichkeit zugänglich ist. Man kann es aber auch – das käme der rabbinischen Lektürehaltung wohl näher – verstehen als ein Diktum, das selbstbewusst auf die hermeneutische Möglichkeit verweist, in einem Wort, in einem Text mehr als *einen* Sinn, mehr als *eine* Beziehung auf Leben und Welt hören zu dürfen, hören zu können.

Die Vielfalt von Verstehensmöglichkeiten ist ein Reichtum von Texten überhaupt und der im Fokus dieser Studie stehenden Texte im Besonderen. Sie zu verstehen zu suchen fällt mit der Rekonstruktion der *intentio auctoris* (der Absicht des Autors, der Autorin) nicht in eins. Umgekehrt ist nicht jede *intentio lectoris* (d.h. die Interpretation, welche die jeweiligen Leserinnen und Leser den Texten entnehmen [wollen]) bereits durch ihre bloße Existenz ins Recht gesetzt. Auch das zeigt sich in der Interpretationsgeschichte gerade von Mt 1f., etwa da, wo der unsägliche Versuch unternommen wurde, diesen Texten und ihrem vorgeblich *wahren* Hintergrund einen nichtjüdischen, gar einen „arischen" Jesus zu entnehmen. Die Methodik der historisch-kritischen Exegese stellt Argumente dafür bereit, welche Auslegungen *nicht* plausibel sind. So kann sie auch die genannten Versuche, Jesus aus dem Judentum herauszudefinieren, ihrer Kurzschlüssigkeit überführen. Doch welches *die* richtige Auslegung sei, vermag sie nicht zu erbringen. Hier hat die rabbinische und auch die christliche Auffassung vom vielfachen Schriftsinn ihr bleibendes Recht. Das Ziel hermeneutischer Exegese ist der prinzipiell unabschließbare Versuch, der *intentio operis*, dem Gehalt des Werkes, des Textes in seiner größtmöglichen Vielschichtigkeit nachzuspüren.

Aber auch wenn es stets um eine möglichst große Annäherung an die vielschichtigen Gehalte der Texte selbst zu tun ist, halte ich es an manchen Stellen durchaus für möglich, dass eine solche Vielfalt auch zum „Programm" des „Autors" gehört. Auch hinter dieser Annahme steht eine grundsätzliche historisch-hermeneutische Maxime, ja eine Lektürehaltung: Für jedes historische und literaturgeschichtliche Arbeiten empfiehlt sich die Annahme, dass die früheren Generationen in vielem anders gedacht und empfunden haben als „wir". Die Annahme, sie hätten weniger komplex gedacht, gehört, gelesen oder geschrieben als „wir", empfiehlt sich nicht.

Und noch etwas: Wenn ich mich als Alttestamentler an einem Stück neutestamentlicher Exegese versuche, bin ich mir bewusst, dass ich auf fremdem Feld wildere und dass mir viele Kenntnisse fehlen, mich auf diesem Terrain sicher zu bewegen. Ich bitte dafür und für alle daraus resultierenden Fehlleistungen um Nachsicht. Auf der anderen Seite könnte eine größere Vertrautheit mit den gerade in Mt 1f. aufgerufenen alttestamentlichen Texten und Motiven für das Verstehen der neutestamentlichen Eingangstexte nützlich sein. Ich musste mir vor Augen führen – um auf das zu Anfang erwähnte Missverständnis zurückzukommen, welches den ersten Anstoß zu dieser Josef & Josef-Konfiguration brachte –, dass es neben „meinem" Josef ja auch den des Neuen Testaments gibt. Vielleicht ist es bei der Beschäftigung mit diesem Josef hilfreich, immer wieder und mehr als es in den Kommentaren und den allermeisten weiteren Arbeiten zu Mt 1f. geschieht, auch an jenen anderen Josef zu denken. Matthäus (wer oder was immer mit dieser Person oder literarischen Chiffre gemeint sein mag) jedenfalls tat es.

Eine weitere Vorbemerkung zur Anlage dieser Studie: Intendiert ist kein „Kommentar" zu Matthäus 1 und 2, der dem Text in seiner Abfolge nachgeht und ihn Schritt für Schritt auslegt. Die für die hier vorgelegten Beobachtungen und Überlegungen leitende Konfiguration der beiden Josefsgestalten führt allerdings an manchen Stellen zu weitergehenden Textbeobachtungen und zu auch über Beziehungen zu Gen 37–50 hinaus reichenden Hinweisen auf Kon-, Sub- und Intertexte in den beiden Anfangskapiteln des Evangeliums, die sich nicht allein auf Josef und Josef beziehen. Solche Textgeflechte wahrzunehmen bedeutet immer wieder nach Verknüpfungen zu fragen. Dem entsprechend gibt es auch in der Präsentation der Beobachtungen und Überlegungen weniger einen „roten Faden" als vielmehr eine Reihe von „Knüpfungen", die in manchen Fällen mehrfach und in unterschiedlichen Fokussierungen in den Blick kommen bzw. – um im Text(il)-Bild zu bleiben – verknotet, wieder aufgeschnürt und ggfls. neu und anders geknüpft werden. (Im Umgang mit manchen Knoten empfiehlt sich allerdings zuweilen auch das Vorbild des großen Alexander und seiner „Lösung" des Gordischen Knotens ...) Bei solchen Knüpfungen sind manche Vor- und Rückverweise und auch Wiederholungen nicht nur unvermeidlich, sondern beabsichtigt, nimmt doch das Moment der Wiederholung etwas für biblische Texte überhaupt und für die alt- und neutestamentlichen „Josef-Texte" im Besonderen Kennzeichnendes auf. Darum kommen auch in den Anmerkungen einige Stichworte, Fragen und Hinweise mehrfach zur Sprache.

Noch eine weitere Bitte um Nachsicht: In dieser Studie finden sich ungewöhnlich viele Hinweise auf eigene Arbeiten des Verfassers. Die Verweise auf den Kommentar zu Gen 37–50 (HThKAT) haben in den meisten Fällen die Funktion, auf Sachverhalte und Diskussionen zu Stellen der Josefsgeschichte hinzuweisen, die dort ausführlich verhandelt sind und darum hier nicht in aller Breite wiederholt werden sollen. Verweise auf andere Arbeiten des Verfassers sollen es ermöglichen, einige der in dieser Studie zuweilen thetisch oder sehr abgekürzt vorgetragenen Thesen oder Argumentationen in größerem Zusammenhang zur Kenntnis zu nehmen und zu prüfen.

Last but not least ist in diesem Vorwort vielen zu danken. Reinhard von Bendemann hat mir in sehr freundlicher Weise eine Veröffentlichung dieser Beobachtungen und Überlegungen zu „Josef und Josef" in den BWANT nahe gelegt. Ihm, seiner neutestamentlichen Mitherausgeberin Marlis Gielen und den alttestamentlichen Herausgebern Walter Dietrich und Christian Frevel danke ich für die Aufnahme in diese Reihe. Sie alle haben mir – in je ihrer Weise – als „Erstlesende" durch ihre Rückmeldungen Unterstützung zuteil werden lassen, aber auch durch ihre kritischen Fragen zu manchen Modifikationen und Präzisionen verholfen. Gerade auch dafür danke ich ihnen sehr.

Ulrich Berges gab mir die Möglichkeit, eine Kurzfassung meiner Überlegungen zu den beiden Josefsgestalten in einer Gastvorlesung im Februar 2009 in Münster vorzutragen. Die anschließende Diskussion hat noch einmal mehrere für mich wichtige Aspekte erbracht. Allen KollegInnen und Studierenden, die sich daran beteiligt haben, danke ich daher ebenfalls herzlich.

Ein ebenso herzlicher Dank gilt den Mitarbeiterinnen und Mitarbeitern des Kohlhammer-Verlags, zuvörderst Herrn Florian Specker im Lektorat. Für die Erstellung einer druckfertigen Vorlage danke ich ganz besonders meinen Bochumer Mitarbeitern Andreas Seifert und Daniel Schwedhelm. Beiden danke ich sehr herzlich auch für eine sorgfältige Durchsicht des Manuskripts, für die Erstellung der Register und für etliche Hinweise und Korrekturen. Dass die Verantwortung für alle stehengebliebenen Fehler bei mir liegt, versteht sich.

Eine hermeneutische Arbeit ist nicht nur auf das fortwährende und nie abgeschlossene Gespräch mit den Texten angewiesen, sondern ebenso auf die lebendige Kommunikation mit anderen Menschen. Vor allem mit Marlene Crüsemann, Magdalene L. Frettlöh, Ruth Ebach, Klaus Wengst und Steffen Leibold konnte ich mich über manche Einzelheiten und auch über die Gesamtanlage des Buches und seine leitenden Fragestellungen und methodischen Voraussetzungen austauschen. Ihre zahlreichen Anregungen und Hinweise, ihre kritischen Fragen, aber auch ihre Ermutigung an Stellen, an denen ich selbst unsicher war und bin, haben mir sehr viel mehr geholfen, als es das gedruckte Buch erkennen lässt.

Bochum, im Frühjahr 2009   *Jürgen Ebach*

I. Die Fragestellung

> „Hermeneutik ist die Kunst, aus einem
> Text herauszukriegen, was nicht drin
> steht: wozu – wenn man doch den Text
> hat – brauchte man sie sonst?"
>
> *Odo Marquard*[1]

Der Beginn des Matthäusevangeliums und damit der Beginn des Neuen Testaments in seiner kanonischen Gestalt knüpft die Geschichte Jesu mit zahlreichen Motiven, Allusionen und direkten Zitaten in die hebräische Bibel ein. Das kommt in den Kommentaren und in vielen weiteren Arbeiten zu Mt 1 und 2 mehr oder weniger ausführlich in den Blick.[2] Vor allem Hubert Frankemölle in seinem Mat-

---

[1] Frage nach der Frage, auf die die Hermeneutik die Antwort ist, in: *ders.*, Abschied vom Prinzipiellen, Stuttgart 1981, 117–146, hier 117.

[2] Einige neuere Kommentare sowie in dieser Studie benutzte und weiterführende Literatur in Auswahl (weitere Angaben folgen zu einzelnen Themen und Textstellen): *U. Luz*, Das Evangelium nach Matthäus (Mt 1–7), EKK I/1, Zürich/ Neukirchen-Vluyn 1985; *J. Gnilka*, Das Matthäusevangelium, HThK I/1, Freiburg i.Br. 1986; *W.D. Davies/ D.C. Allison Jr.*, A Critical and Exegetical Commentary on the Gospel according to Saint Matthew, Bd. 1, Edinburgh 1988; *D.A. Hagner*, Matthew: Bd. 1, WBC 33A, Dallas 1993; *U. Luck,* Das Evangelium nach Matthäus, ZBK NT 1, Zürich 1993; *W. Wiefel*, Das Evangelium nach Matthäus, ThHKNT 1, Leipzig 1998; *C.S. Keener*, A Commentary on the Gospel of Matthew, Grand Rapids 1999; *J. Nolland*, The Gospel of Matthew, New International Greek Testament Commentary, Grand Rapids 2005; *P. Fiedler,* Das Matthäusevangelium, ThKNT, Stuttgart 2006. – *E. Nellessen*, Das Kind und seine Mutter. Struktur und Verkündigung des 2. Kapitels im Matthäusevangelium (SBS 39), Stuttgart 1969; *A. Vögtle*, Messias und Gottessohn. Herkunft und Sinn der matthäischen Geburts- und Kindheitsgeschichte, Düsseldorf 1971; *F. Schnider/ W. Stenger*, Die Frauen im Stammbaum Jesu nach Mattäus. Strukturale Beobachtungen zu Mt 1,1–17, BZ 23 (1979) 187–196; *dies.*, „Mit der Abstammung Jesu Christi verhielt es sich so ...". Strukturale Beobachtungen zu Mt 1,18–25, BZ 25 (1981) 255–264; *M. Oberweis*, Beobachtungen zum AT-Gebrauch in der matthäischen Kindheitsgeschichte, NTS 35 (1989) 131–149; *E.M. Wainwright*, Toward a Feminist Critical Reading of the Gospel According to Matthew (BZNW 80), Berlin/ New York 1991; *W.J.C. Weren*, The Five Women in Matthew's Genealogy, CBQ 59 (1997) 288–305; *J. Nolland*, The four (five) women and other annotations in Matthew's genealogy, NTS 43 (1997) 527–539; *R. Oberforcher*, Die jüdische Wurzel des Messias Jesus aus Nazaret. Die Genealogie Jesu im biblischen Horizont, in: M. Öhler (Hg.), Alttestamentliche Gestalten im Neuen Testament. Beiträge zur Biblischen Theologie, Darmstadt 1999, 5–26; *K.-H. Ostmeyer*, Der Stammbaum des Verheißenen: Theologische Implikationen der Namen und Zahlen in Mt 1.1–17, NTS 46 (2000) 175–192; *A.-J. Levine/ M. Blickenstaff* (Hg.), A Feminist Companion to Matthew. The Feminist Companion to the New Testament and Early Christian Writings 1, Sheffield 2001; *B. Teuwsen*, Die Frauen in der toledot/genealogie des Evangeliums nach Matthäus (Mt 1,1–25), WuA 42 (2001) 111–114; *L.J. Lawrence*, An Ethnography of the Gospel of Matthew. A Critical Assessment of the Use of the Honour and Shame Model in New Testament Studies (WUNT 165), Tübingen 2003, zur Genealogie in Mt 1 ebd., 232–237; *H.-J. Klauck*, Das göttliche Kind. Variationen eines Themas, in: *ders.*, Religion und Gesellschaft im frühen Christentum. Neutestamentliche Studien (WUNT 152), Tübingen 2003, 290–313; *Th. Hieke*, BIBLOS

thäuskommentar[3] und Moisés Mayordomo-Marín in seiner Monographie über Mt 1 und 2[4] haben in einer an der Rezeption der ursprünglichen Leserinnen und Leser orientierten Lektüre in der Kommentierung der beiden Anfangskapitel des Matthäusevangeliums gezeigt, in welch vielfältiger Weise die Ursprungsgeschichte (γένεσις[5]) Jesu als des Messias in alttestamentliche Geschichten und Texte eingewoben ist.[6] Die hebräische Bibel als Bezugstext zeigt sich vor allem in der Genealogie in Mt 1,1–17, die Jesus in die Geschichte Israels einbindet und besonders die Juda- und Davidlinie betont; sie zeigt sich ebenso in der Mose-Jesus-Typologie und in ihr im Ägypten- und Exodusmotiv.

Die folgenden Beobachtungen und Überlegungen wollen dem in mehreren Aspekten nachgehen und dabei vor allem eine weitere Facette in diesem Bild sichtbar machen bzw. verstärken, indem sie eine m.W. bisher nur gelegentlich und eher beiläufig erwogene Konfiguration in den Blick nehmen. Welche Bezüge ergeben sich, so lautet die Frage, wenn die Lesenden in der Geschichte Josefs, des Adoptivvaters Jesu, in Mt 1f. Motive der Geschichte der gleichnamigen Figur der hebräischen Bibel sehen?[7]

GENESEOS. Mt 1,1 vom Buch Genesis her gelesen, in: J.-M. Auwers (Hg.), The biblical Canons (BEThL 163), Leuven 2003, 635–649; *R.D. Aus*, Matthew 1–2 and the Virginal Conception in Light of Palestinian and Hellenistic Judaic Traditions on the Birth of Israel's first Redeemer Moses, Lanham Md. u.a. 2004; *R. Heckl*, Der biblische Begründungsrahmen für die Jungfrauengeburt bei Matthäus. Zur Rezeption von Gen 5,1–6,4 in Mt 1, ZNW 95 (2004) 161–180; *I. Nowell*, Jesus' Great-Grandmothers: Matthews's Four and More, CBQ 70 (2008) 1–15; *A. Wucherpfennig*, Josef der Gerechte. Eine exegetische Untersuchung zu Matthäus 1–2 (HBS 55), Freiburg i.Br. 2008.

[3] Matthäus: Kommentar I, Düsseldorf 1994, II, Düsseldorf 1997.

[4] Den Anfang hören. Leserorientierte Evangelienexegese am Beispiel von Matthäus 1 und 2 (FRLANT 180), Göttingen 1998.

[5] Die Bedeutung(sbreite) des Wortes γένεσις zeigt sich in der unterschiedlich fokussierten Verwendung in Mt 1,1 und 1,18, dazu *Frankemölle*, I, 142; *Mayordomo*, Anfang, 206–217.323f. sowie *Fiedler*, ThKNT, 39, ferner u. Anm. 211; zur Relation des Buchanfangs zum Buch „Genesis" s. *Hieke*, BIBLOS GENESEOS, zum Rückverweis v.a. auf Gen 3,4 und 5,1 bes. 638ff. Thomas Hieke zeigt in diesem Beitrag u.a. „die Einbindung Jesu in das genealogische System und das Toledot-System des Buches Genesis" (ebd., 647), dazu auch *Heckl*, Begründungsrahmen, hier bes. 164ff.

[6] Gerade von diesen beiden Arbeiten – das sei gleich zu Anfang betont – habe ich viel gelernt und sie, besonders die Monographie Mayordomos, ausgiebig verwendet. Dass ich an einigen Stellen zu etwas oder auch ganz anderen Ergebnissen komme, widerspricht dem nicht.

[7] Ein knapper Hinweis auf diese Möglichkeit bei *Davies/ Allison*, Commentary, 182; etwas ausführlichere Erwägungen finden sich bei *H.C. Waetjen*, Genealogy as the Key to the Gospel According Matthew, JBL 95 (1976) 205–230, hier 225ff., sowie *R.E. Brown*, The Birth of the Messiah. A Commentary on the Infancy Narratives in Matthew and Luke, Garden City/ New York 1977, 111f.; Waetjens und Browns Hinweise sollen im Folgenden aufgenommen und weitergeführt werden. – Auch die 2008 erschienene Monographie von Ansgar Wucherpfennig, Josef, geht nur peripher auf Verbindungen der beiden biblischen Josefsgestalten ein (im Verweis auf Davies/ Allison [5.30 Anm. 21] und etwas ausführlicher im Blick auf die Träume beider [209–212]). Sachlich und auch sprachlich befremdlich wirkt Wucherpfennigs Ausführung: „seine" (des neutestamentlichen Josefs) „Annahme Marias ... und seine Enthaltsamkeit erinnern an die Weigerung des Patriarchen Josef, sich mit der Gemahlin des Potifar zum Ehebruch zu verbinden" (ebd. 30 [diese Verknüpfung findet sich allerdings auch schon bei Bernhard von Clairvaux, dazu u. Anm. 22]). An anderen Stellen verblüfft Wucherpfennig durch eine

Ein erstes Motiv, das den alt- und den neutestamentlichen Josef verbindet, ist der gemeinsame Name. Die Namensverknüpfung verstärkt sich in der Verbindung mit dem (in Mt 1,16 anders als in Lk 3,23[8]) ebenfalls gleich lautenden Namen des jeweiligen Vaters beider Josefsgestalten. Wir haben es also in beiden Testamenten mit einem Josef zu tun, der ein Sohn Jakobs ist.

Eine weitere auffällige Verbindungslinie der Geschichten beider Josefs bilden die Träume. In der Josefsgeschichte in Gen 37–50 spielen drei Träumepaare, dazu die formal ganz anders figurierte nächtliche Begegnung Jakobs (Gen 46,2–4) eine zentrale Rolle für die Entwicklung des Geschehens. In Mt 1f. sind es vier Träume Josefs (1,20ff.; 2,13.19f.22) sowie einer der Magier (2,12), die das jeweils gebotene Tun in Gang setzen. In diesem Zusammenhang ist auch nach Aspekten zu fragen, welche die Geschichte der Magier in Mt 2,1–12 mit der Josefsgeschichte verbinden. Immerhin lässt sich im Bild des aufgehenden Sterns, der einen neugeborenen König anzeigt, über den vieldiskutierten Bezug zu Num 24,17 hinaus auch ein Anklang an die Josefsgeschichte wahrnehmen, nämlich an Josefs Gestirnetraum (Gen 37,9–11), der die künftige Vorrangstellung Josefs anzeigt und der von den Brüdern wie selbstverständlich als Anspruch auf die Königswürde gehört wird. So sehr in beiden Geschichten Träume eine Rolle spielen, so sehr unterscheidet sich die „Funktion" der Träume. Bedürfen die Träume in Gen 37–50 der Deutung, so dienen die Träume in Mt 1f. umgekehrt der Erklärung des ohne sie Rätselhaften. Nicht nur an dieser Stelle ist zusammen mit den Verbindungsmomenten der Erzählungen um Josef und Josef auch nach den spezifischen Differenzen zu fragen.

Beide Josefsgestalten verbindet ferner der Aufenthalt in Ägypten, der jedoch – anders als für den Josef der hebräischen Bibel – für den Josef des Neuen Testaments nur von kurzer Dauer ist. Der Weg nach Ägypten wird in beiden Fällen zu einem Weg des Überlebens nicht nur des jeweiligen Josef, sondern seiner ganzen Familie. Josef ist es jeweils, der für dieses Überleben Sorge trägt.[9]

In beiden Josefsgeschichten spielt ein König eine große Rolle. Dabei fällt zwar das Charakterbild Pharaos in Gen 37–50 ganz anders aus als das des Herodes in Mt 2, doch ist hier Raymond Edward Browns Hinweis auf jenen neuen Pharao ins Spiel zu bringen, den nämlich, der „Josef nicht kannte" (Ex 1,8) und dessen Vergessen-Wollen zum Befehl der Tötung der Kinder wird. In dieser Lektüre kommt eine deutliche Beziehung zum „Kindermord von Betlehem" ins Bild.[10]

---

geradezu historistisch-biographische und zugleich recht idyllische Darstellung der Familiengeschichte des neutestamentlichen Josef, wenn er z.B. erklärt, auch Maria habe „sicherlich" die Gerechtigkeit an die Söhne Jesus und Jakobus weitergegeben, aber Matthäus erzähle nicht davon (1), oder wenn er von Maximen spricht, die Jesus „von seinem Pflegevater gelernt haben" könne (219). Ansprechend dagegen ist Wucherpfennigs Hinweis, im Weg Josefs nach Ägypten wiederhole sich der Weg Israels und damit ein Motiv der Josefsgeschichte (201). – Zu Bemerkungen von Kirchenvätern über Josef und Josef s.u. Anm. 22.

[8] Zu der v.a. in der alten Kirche vielverhandelten Frage, wie sich diese Differenz erklären lasse (die Hauptlösung besteht in der Annahme einer „Leviratsehe") s. neben den Kommentaren die Informationen in dem von Peter Nagel verfassten Art.: Joseph II (Zimmermann), RAC 18, 749–761, hier bes. 749 und 753.

[9] Diesen Aspekt betont *Waetjen*, Genealogy, 226.

[10] *Brown*, Birth, 111f.

Zwischen den Träumen, welche in Mt 2 den Weg nach Ägypten und dann den Rückweg inaugurieren, findet sich in Mt 2,17f. eine Erfüllungssequenz, die das Weinen der toten Rahel (Jer 31,15) in Erinnerung bringt. Ins Spiel kommt damit die in der erzählten Zeit von Gen 37 bereits verstorbene[11] Mutter des alttestamentlichen Josef, die jener sich herbeiträumt (Gen 37,9–11).[12] Die Erwähnung Rahels fällt in Mt 1f. auch deshalb ins Auge, weil die Genealogie gerade nicht über *Rahels* Söhne verläuft, sondern – mit Juda – über einen der Leasöhne. Gerade darum aber hat die Einspielung der Klage Rahels in die Ursprungsgeschichte Jesu ihre eigene Bedeutung, der nachzugehen sein wird.

Josef und Josef schließlich haben im Rahmen ihrer genealogischen Einbindung einen Verlust zu tragen: Die Söhne des alttestamentlichen Josef werden von seinem Vater Jakob adoptiert. Efraim und Manasse werden nunmehr als Jakobs Kinder Israels Stämme (Gen 48). Damit fällt Josef selbst in gewisser Weise aus der Genealogie der „Kinder Israels" heraus. Beim Josef des Neuen Testaments erscheint das Motiv – folgt man den biblischen Texten – in umgekehrter Weise. Josef bildet als Adoptivvater das Bindeglied zwischen dem Sohn der Mirjam/ Maria und den Vätern und Müttern Israels. Freilich kann man auf einer anderen Ebene diese Figur auch umdrehen und in Jesus den von Gott als Kind angenommenen leiblichen Sohn Josefs sehen.[13]

Dazu kommen weitere Querbezüge: Josef soll seinen Sohn Jesus nennen (Mt 1,21). Der Name Jesus entspricht dem Namen Josua.[14] Josua spielt in der Geschichte des alttestamentlichen Josef insofern eine große Rolle, als er es ist, der die Gebeine Josefs beisetzt (Jos 24,32). Josef und Josua sind zudem in den in der hebräischen Bibel oft hintergründig eingesetzten Angaben über die Lebensalter[15] eng verbunden: Nur diese beiden erreichen ein Alter von 110 Jahren. Erhellend ist hier ein Blick auf ein Motiv in einer außerkanonischen Schrift. Die legendarische „Geschichte von Josef, dem Zimmermann" (XV,1)[16] lässt den Vater Jesu geradezu demonstrativ ein wenig älter werden, nämlich 111 Jahre. Darauf ist (wie auf die weiteren genannten Motivverbindungen) zurück zu kommen.

Ein vorletzter der hier zunächst nur aufgelisteten möglichen Bezüge zwischen den beiden Josefsfiguren bekommt mit der Charakterisierung beider zu tun. Jakobs=Israels Sohn Josef heißt in der jüdischen Tradition הַצַּדִּיק, *ha-Zaddiq*, „der

---

[11] Anders urteilt hier *J. Lanckau*, Der Herr der Träume. Eine Studie zur Funktion des Traumes in der Josefsgeschichte der Hebräischen Bibel (AThANT 85), Zürich 2006, hier bes. 142 u. 183ff., dazu *Ebach*, HThKAT, bes. 68ff.

[12] Von daher ist der Traum auch noch anders lesbar denn als Hinweis auf die Zukunft, nämlich (mit Freuds Traumdeutung) als Deutung der Vergangenheit und auch als Wunsch für eine bessere Gegenwart, dazu (über die Interpretation im HThKAT hinaus) *J. Ebach*, Da war doch noch was? Frauen in der Josefsgeschichte, in: *ders.*, „Iss dieses Buch!" (Theologische Reden 8; Neue Folge 2), Wittingen 2008, 89–105, hier 94ff.

[13] Zur (allerdings selten belegten) Textvariante, nach der Josef der Vater Jesu war *Davies/ Allison*, Commentary, 183f. Anm. 71, dazu ausführlich *Wucherpfennig*, Josef, 79ff. 92ff. 168ff.

[14] Zum Jesus-Namen *Wucherpfennig*, Josef, 102f.; zur Verbindung Jesus – Josua s.u. 76f.

[15] Dazu die instruktiven Beobachtungen und Überlegungen bei *Lanckau*, Herr, 137ff.

[16] Die Angabe findet sich in beiden Fassungen, vgl. die Edition von *S. Morenz*, Die Geschichte von Joseph dem Zimmermann (TU 56), Berlin/ Leipzig 1951, 7.

Gerechte".[17] In der christlichen Tradition wächst dieses Prädikat (ausgehend von Mt 1,19 [δίκαιος]) dem Mann der Maria zu. Aber wie ist die Charakterisierung dieses Josef als δίκαιος („gerecht") zu verstehen? War Josef „gerecht" und hat Maria *deshalb* nicht verstoßen? Oder war er „gerecht", d.h. wusste sich den Gesetzen der Tora verpflichtet, und hat sie *dennoch* nicht verstoßen? Die hier aufscheinende doppelte Lektüremöglichkeit bekommt im Kontext einer Josef-Josef-Konfiguration auch mit einer durchaus ambivalenten Rolle des alttestamentlichen Josef zu tun.

Schließlich findet auch das vieldiskutierte „Ναζωραῖος" in Mt 2,23 – geographische Herkunftsbezeichnung oder/ und Hinweis auf eine naziräische Lebensweise oder noch andere und weitere Bedeutungen? – einen Widerhall in der Geschichte des alttestamentlichen Josef. Der nämlich wird im Jakobsegen in Gen 49,26 mit dem – an dieser Stelle ebenso vielschichtigen und vieldiskutierten – „Titel" נָזִיר (*nazir*, der Geweihte, Besondere, Auserwählte, Ausgesonderte?) belegt.

Manche der genannten Bezüge zwischen den beiden biblischen Josefsgestalten lassen sich, soweit sie Mt 1f. betreffen, auch und z.T. stärker noch mit anderen alttestamentlichen Figuren und mit anderen Motiven und Worten der hebräischen Bibel verbinden. Hinzu kommt, dass sich in Mt 1f. wörtliche Zitate aus den Büchern Exodus, Jesaja, Jeremia, Hosea, Micha und 1. Chronik finden, nicht aber aus der „Josefsgeschichte" in Gen 37–50. „Überraschenderweise begegnet (scil. der alttestamentliche) Josef in den Stammbäumen Jesu nicht", resümiert Hermut Löhr.[18] Aber warum – das ist die eine Rückfrage an Löhrs Feststellung – sollte er in einer Genealogie begegnen, die eben nicht über den Rahelsohn Josef, sondern über den Leasohn Juda verläuft?[19] Zum andern aber ist zu prüfen, ob Josef und seine Geschichte in Mt 1f. womöglich hintergründig doch ins Spiel kommen. Und weiter ist zu fragen, ob die Beziehungen zwischen Josef und Josef auf der Ebene lockerer Motivverbindungen verbleiben oder ob sich in Gen 37–50 – einschließlich der Kapitel 38 und 49[20] – *als* Josefsgeschichte bzw. – mit der biblischen Überschrift in Gen 37,2 – als תלדות יעקב, als „Geschichte der Kinder Jakobs", *Grundmotive* auch der Genealogie in Matthäus 1 finden.

Lohnen mithin die Bezüge zwischen „Josef" und „Josef" einen genaueren Blick oder wird, wer diesen Spuren nachgeht, ein (wie Mayordomo in anderem Zu-

---

[17] Dazu E. *Wiesel*, Josef oder die Erziehung eines Gerechten, in: ders., Adam oder das Geheimnis des Anfangs (frz. Originalausgabe Célébration biblique, Paris 1975), Freiburg u.a. ²1980, 139–171; in diesem Zusammenhang sind die Hinweise bei *Waetjen*, Genealogy, 225f., auf entsprechende Aussagen in den Testamenten der Patriarchen, im Jubiläenbuch und bei Josephus zu beachten (dazu und zu rabbinischen Belegen für Josefs Gerechtigkeit u. 22).

[18] Isaak, Jakob, Esau, Josef, in: M. Öhler (Hg.), Alttestamentliche Gestalten im Neuen Testament. Beiträge zur Biblischen Theologie, Darmstadt 1999, 75–96, hier 77. Erwähnt wird (dieser) Josef im Neuen Testament in Joh 4,5; Apg 7,9.13f.18; Hebr 11,21f.; Offb 7,8.

[19] Mose aus dem Stamm Levi begegnet in Mt 1f. ebenfalls nicht explizit, aber er kommt eben doch ins Spiel, indem mehrere Zitate und Allusionen in Mt 2 auf ihn verweisen.

[20] Die Zugehörigkeit der Kap. 38 und 49 zur Josefsgeschichte zu begründen ist eines der Hauptthemen meines Kommentars (HThKAT); dass die Geschichte in neutestamentlicher Zeit unter Einschluss dieser Kapitel vorlag und so rezipiert wurde, versteht sich.

sammenhang formuliert) „textueller Geisterfahrer"[21]? Gehören diese Fragen gar
zu den nutzlosen und vergeblichen Streitigkeiten über Genealogien, vor denen der
Titusbrief (3,9) warnt? Eine Antwort auf dieses Fragenbündel kann nur die Ent-
faltung einer Konfiguration von Josef und Josef selbst erbringen.[22]

---

[21] Anfang, 215. (Christian Frevel machte mich im Gespräch darauf aufmerksam, dass der Begriff „textueller Geisterfahrer" nicht unbedingt nur negativ verstehbar ist. Immerhin kann es –
in der Lektüre von Texten und Textzusammenhängen anders als auf der Autobahnspur – zuweilen durchaus nützlich sein, nicht der vorgegebenen und von den Vielen eingehaltenen Richtung
zu folgen, sondern zu wenden, sich in Gegenrichtung zu bewegen und ins Unbekannte zu wagen.) *D. Daube,* The New Testament and Rabbinic Judaism, London 1956, 190–192, sieht viele
Parallelen zwischen Mt 2 und Jakob-Laban, dazu methodisch *Mayordomo*, ebd., 275 (kritisch
auch *Luz,* Matthäus, 127f. mit Anm. 15 und ausführlich *Vögtle,* Messias und Gottessohn, hier
43–53).

[22] Immerhin gibt es in den Auslegungen der alten Kirche und des Mittelalters solche Konfigurationen beider Josefsgestalten, so im 5. Jh. bei Petrus Chrysologus (PL 52, 592f. – hier gerinnen
auf eigentümliche Weise beide Josefs nahezu zu einem), bei Haimo von Auxerre im 9. Jh. (PL
118, 76 [dort – wie inzwischen deutlich ist, fälschlich – dessen Namens- und Zeitgenossen
Haimo von Halberstadt zugeschrieben]) und recht ausführlich bei Bernhard von Clairvaux im
12. Jh., der an Bezugspunkten das Ägyptenmotiv, das Motiv des Verkaufs – das typologisch
den alttestamentlichen Josef und Christus verknüpft – sowie die Keuschheit, die Träume und
die Rolle beider als Versorger nennt (PL 183, 69f., dazu insgesamt DictSpir 8, 1289–1308 [*P.
Grélot/ G.M. Bertrand*]). Dagegen urteilt P. Nagel (Art. Joseph I [Zimmermann], RAC 18,
749–761) im Blick auf das beide Josefsgestalten verbindende Traummotiv, hier sei „wohl nur
ein assoziativer Anklang zu verzeichnen" (ebd. 750).

II. Parallele Züge der beiden Namensträger

„Abraham ist gehorsam,
Isaak mutig und Jakob treu.
Nur Josef ist gerecht."

Elie Wiesel[23]

1. Der Name und der Vatername

Die zentralen Figuren, in deren Geschichte der Beginn des Matthäusevangeliums die Lesenden hineinführt, tragen Namen, mit denen sich in der hebräischen Bibel Geschichten und Traditionen verbinden. Wer die Namen Jesus, Josef und Maria hört (in dieser Reihenfolge erscheinen sie in Mt 1[24]), wird daher – ungeachtet der Frage, ob es sich dabei um „wirkliche", d.h. tatsächlich historische Namen handelt[25] – die Namen Josua, Josef und Mirjam mithören und mit ihnen das, was die hebräische Bibel und die weitere jüdische Literatur über die diese Namen Tragenden berichten.[26]

Ein Seitenblick auf die Namen in der Genealogie Jesu in Lk 3,23–38 zeigt, dass der Name Josef dort als einziger *dreimal* vorkommt, nämlich in V. 23f.30.[27] In V. 29f. wird ein Josef zusammen mit einem Levi, einem Simeon und einem Juda genannt, sodass hier gleich vier Namen der zwölf Jakobsöhne auftauchen. Allerdings ist keiner von ihnen einer der Söhne Jakobs=Israels und keiner dieser drei Josefs ist derjenige der „Josefsgeschichte" in Gen 37–50.[28] Von den Gestalten, die in Gen 37–50 genannt sind, werden Hezron, Perez, Juda und Jakob in V. 33f.

---

[23] Josef, hier 141.

[24] Gleichwohl ist Josef im Neuen Testament die erste in ihrem Hören und ihrem Tun charakterisierte Gestalt; um so auffälliger ist, dass Josef selbst kein Wort sagt.

[25] Der Name „Josef" ist zunächst selten – für die Zeit vor dem 6. Jh. liegt bisher nur ein einziger epigraphischer Beleg für den Namen Josef (יסף) aus dem 7. Jh. v. Chr. vor (HAE II/2, 323); in der späteren Antike begegnet er dann häufig, dazu *T. Ilan*, Lexicon of Jewish Names in Late Antiquity, I, Tübingen 2002 – zum Namen Josef dort 150–168; zum Josef-Namen auch *Davies/ Allison*, Commentary, 182f., ferner *A. Sand*, Das Matthäusevangelium, EdF 275, Darmstadt 1991, 63ff. sowie *Wucherpfennig*, Josef, 35f.

[26] Methodisch ähnlich bei *K. Schiffner*, Lukas liest Exodus. Eine Untersuchung zur Aufnahme ersttestamentlicher Befreiungsgeschichte im lukanischen Werk als Schrift-Lektüre (BWANT 172), Stuttgart u.a. 2008, hier bes. zum Namen Mirjam/ Maria, 259–278.

[27] Einige andere Namen begegnen in dieser Liste, auf jeweils verschiedene Namensträger bezogen, zweimal, nämlich Mattat, Levi, Melchi, Mattatias, Juda und auch Jesus (zur Wiedergabe des Namens *dieses* Jesus in Bibelausgaben s.u. Anm. 246). Zu den Namen in der lukanischen Genealogie im Einzelnen *J.A. Fitzmyer*, The Gospel according to Luke, I, New York 1981 (AncB 28), 492–494.499–501.

[28] Ebenso wenig ist der in V. 28 genannte Er (῍Ηρ) der Judasohn von Gen 38.

aufgeführt. Die genealogische Einordnung Judas in Lk 3 entspricht in dieser Hinsicht der von Mt 1[29]; beide Listen basieren in dieser Passage auf 1 Chr 2,3–16.

Mt 1,16 nennt als Namen des Vaters Josefs und somit des Großvaters Jesu einen Jakob.[30] Der Erzvater Jakob ist in 1,2 als Vater „Judas und seiner Brüder" aufgeführt. Jakob ist mithin neben David (in V. 1 und doppelt in V. 6) ein betont mehrfach genannter Name, der in Mt 1,1–16 zweimal bzw. – wenn man die je doppelte Nennung in V. 2 und 15f. berücksichtigt – viermal genannt ist. Der Name Jakob bezieht sich in dieser Genealogie zudem als einziger auf zwei Namensträger. Dass der in V. 15f. genannte Jakob der Vater Josefs ist, erfahren die Lesenden an eben dieser Stelle; dass der in V. 2f. genannte Jakob einen Sohn namens Josef hatte, wissen sie aus den Erzählungen und den Genealogien der Tora und aus der Chronik. So scheint der alttestamentliche Josef, auch wenn er in Mt 1 nicht explizit genannt ist, spätestens dann auf, wenn mit dem Mann der Maria abermals ein Jakobsohn Josef auftritt. Implizit kommt er auch schon zuvor mit in den Blick, nämlich in V. 2. Hier erfolgt die erste Erweiterung der genealogischen Grundform, indem Mt 1,2 als Jakobs Sohn nicht allein Juda, sondern „Juda und seine Brüder" nennt.[31] Die Frage, worauf diese Notiz aufmerksam macht und welche Geschichten sie einspielt, ist in einem späteren Abschnitt aufzunehmen. Bereits jetzt lässt sich festhalten: Die Namen „Josef" und „Jakob" sind in Mt 1 gerade auch in ihrer Verbindung sprechend; der *doppelte* Jakob verweist implizit auch auf den *anderen* Josef.

2. Lebensalter

Eine subtile Verbindung der beiden Josefsgestalten zeigt sich im Motiv des von ihnen jeweils erreichten Lebensalters. Diese Verknüpfung ergibt sich nicht aus Mt 1f., denn weder hier noch sonst im Neuen Testament findet sich eine Angabe, wie alt Josef wurde. Die Tradition, jener Josef sei bereits bei seiner Verheiratung mit Maria ein alter Mann gewesen, ist freilich verbreitet.[32] Eine konkrete Angabe über das Alter, in dem er starb, findet sich in der bereits genannten in Ägypten tradierten koptischen „Geschichte von Josef, dem Zimmermann". Nach dieser legendarischen Tradition ereicht Josef ein Alter von 111 Jahren.[33] Er übertrifft damit das Lebensalter seines alttestamentlichen Namensvetters um exakt *ein* Jahr.

---

[29] Zu den Differenzen gehört, dass Mt neben Perez auch Serach und vor allem explizit deren Mutter Tamar nennt.

[30] Dass sich bei Lk an entsprechender Stelle der Name Eli findet, ist hier nicht weiter zu verfolgen (doch s. dazu o. Anm. 8); erwähnt sei aber noch der bei Hieronymus überlieferte Spott des römischen Kaisers Julian darüber, dass die Christen nicht einmal den Namen des Großvaters ihres Stifters kennen (vgl. *Luz*, Matthäus, 96).

[31] Das gehört zu den mit *Mayordomo*, Anfang, 225, „auffälligen", aber wenig beachteten Unterbrechungen des Textes". Die Genealogie läuft nicht über den Ältesten. Damit aber ist ein zentrales Thema der Geschichte der Kinder Jakobs in Gen 37–50 in die matthäische Genealogie einbezogen.

[32] Materialien im Art. Joseph, RAC 18, 749–761 (*P. Nagel*).

[33] XV,1 in beiden Fassungen, vgl. die Edition von *Morenz*, Joseph, 7. Die Datierung jener Schrift ist unsicher. Morenz nimmt das 4. Jh. an, doch legen neuere Untersuchungen eher eine

Lothar Störk[34] hat gezeigt, dass es sich dabei um ein gezielt eingesetztes typologisches Erzählmotiv handelt. Denn in einer anderen romanhaften Ausschmückung von Motiven der Josefsgeschichte, in der Legende von „Josef und Asenet", begegnet ein komplementäres Motiv. Der Pharao der Josefsgeschichte wird danach nämlich 109 Jahre.[35] Josefs Alter von 110 Jahren entspricht in ägyptischer Tradition einem „schönen Alter"[36]; es ist das ägyptische Idealalter, wie die von Mose erreichten 120 Jahre (Dtn 34,7 in Verbindung mit Gen 6,3) als hebräisches Idealalter zu verstehen sind.[37] Pharao, der „gute Heide" in der Perspektive der einen Legende, erreicht mithin das Alter seines hebräischen Vizekönigs bis auf ein Jahr, der – in der Perspektive der anderen Legende – „Christ" übertrifft das Alter seines alttestamentlichen Namenspatrons um ein Jahr. Hier wird das in christlicher Lektüre betonte Surplus der Figuren des Neuen Testaments gegenüber denen des Alten in Szene gesetzt. Die Josefsfigur der hebräischen Bibel wird zum Maßstab, an den der vorbildliche „Heide" (dieser Pharao) fast heranreicht und den der neutestamentliche „Heilige" (dieser Josef) noch überbietet. Diese Josef-Josef-Konstellation ergibt sich nicht aus Mt 1 selbst und geht über die biblischen Daten hinaus, doch sie demonstriert auf ihre Weise eine Lektüre biblischer Altersangaben und sie mag zeigen, wie Mt 1 in Verbindung mit der Josefsgeschichte gelesen und wie dann beide Überlieferungen konfiguriert werden konnten.

Die Frage nach dem erreichten Lebensalter kann im Text- und Motivgeflecht noch auf eine weitere – nun biblisch-kanonische – Knüpfung aufmerksam machen. Denn die 110 Lebensjahre Josefs erreicht in der Bibel nur noch *eine* weitere Person. 110 Jahre alt wird auch Josua. Diese inneralttestamentliche Verbindung zwischen Josef und Josua ist kaum zufällig. Denn sie verknüpft den, der Josef zu seiner letzten Ruhestätte bringt, mit dem, den er dort bestattet. Mit der entsprechenden Notiz in Jos 24,32 ist in gewisser Weise die Geschichte Josefs erst zu ihrem Ende gekommen. Josua setzt Josefs Gebeine in Sichem bei – an eben dem Ort, an dem Josef seine Brüder einst nicht fand.[38]

Hier kommt im Aufbau der Großerzählung (des Hexateuchs) eine Linie zum Abschluss, die von Gen 50,25 über Ex 13,19 bis zu Jos 24,32 reicht und Gen 33,19 sowie 48,22 einschließt.[39] Mindestens fragen lässt sich, ob auch diese Josef-Josua-Linie in Mt 1f. ein Sub- und Intertext sein könnte, wenn es um den Namen Jesus geht, dessen Beziehung zum Namen Josua womöglich nicht nur auf der sprachlichen Ebene ins Spiel kommt. Auch diese Spur ist in einem späteren Abschnitt wieder aufzunehmen.

Abfassung erst im 6. oder 7. Jh. nahe (dazu *G. Aranda Perez*, Art. Joseph the Carpenter, CoptEnc 5, 1371–1374, sowie RAC 18, 755–759 [*P. Nagel*]).

[34] *L. Störk*, 109, 110, 111 – Schön, schöner, am schönsten, GöMisz 157 (1997) 93–94.

[35] Josef und Asenet, 29,9 – in der Ausgabe von *Ch. Burchard*, Joseph und Asenath (JSHRZ II/4), Gütersloh 1983, 720.

[36] Belege bei *J. Vergote*, Joseph en Égypte. Genèse Chap. 37–50 à la lumière des études égyptologiques récentes (OBL 3), Louvain 1959, 200f., vgl. *Ebach*, HThKAT, 669.

[37] Aaron, der Mosebruder und Ahnherr der Priester, erreicht jedoch ein Alter von 123 Jahren (Num 33,39). Solche Altersangaben sind wohl auch als „Kampffeld" von Prioritäts- und Dignitätsansprüchen derer zu lesen, die sich auf die jeweiligen Gestalten zurückführen.

[38] So in der eigentümlichen Episode in Gen 37,12–17, dazu *Ebach*, HThKAT, 79–88.

[39] Vgl. dazu *Ebach*, HThKAT, bes. 666f. 675f.

3. „Gerecht"

Fand sich für das von den beiden Josefs erreichte Alter eine präzise Angabe in der Geschichte des alttestamentlichen Josef, während sie für den neutestamentlichen Josef lediglich in späterer Tradition aufscheint, so ist es bei der Charakterisierung der beiden gleichnamigen Figuren als „gerecht" umgekehrt. Den Vater Jesu nennt Mt 1,19 δίκαιος[40]; die in der jüdischen Tradition dem alttestamentlichen Josef zugewachsene Bezeichnung als צַדִּיק[41] findet sich dagegen im Text von Gen 37–50 nicht explizit. Gleichwohl scheint auch in dieser Hinsicht ein Beziehungsgeflecht zwischen beiden Josefsgestalten auf. In den Testamenten der Patriarchen gibt es mehrere Hinweise in dieser Richtung, auf die Herman C. Waetjen[42] aufmerksam gemacht hat. Im Testament Simeons (4,4) wird Josef als ein guter Mann bezeichnet, im Testament Dans (1,4) als guter und wahrhaftiger, und im Testament Josefs (17) findet sich eine ganze Reihe von Charakterisierungen, die sich insgesamt als Ausweis gerechten Tuns verstehen lassen. Von Josefs Toragehorsam spricht im Zusammenhang der Episode mit Potifars Frau das Jubiläenbuch (Jub 39,6), als geradlinig und unbestechlich schildert ihn Jub 40,8; dazu gesellt sich die Schilderung in den Antiquitates des Josephus (Ant II,4), die (wiederum im Kontext der Geschichte mit der Frau Potifars) Josefs Skrupulosität und Verantwortung ins Bild setzt.

Keine dieser Stellen enthält jedoch eine direkte Bezeichnung der Gerechtigkeit des alttestamentlichen Josef, die dem δίκαιος ὤν in Mt 1,19 entspräche. Sie findet sich allerdings mehrfach in der rabbinischen Diskursliteratur in Talmud und Midrasch. Im Talmud Bavli kommt Josef als „Gerechter" (צדיק) im Traktat Megilla (im letzten Wort des Blattes 16a) ins Bild. Dass er sich selbst (zu Recht) als vollkommener Gerechter (צדיק גמור) gesehen habe, formuliert Ketuvot 111a; nach Baba Qamma 17a übte er praktische Liebeswerke (גמילות חסדים). Als „einer der Gerechten" erscheint er im Midrasch Bereschit rabba in Par 86 (zu Gen 39,5) und explizit in Par 87, wo es unter Hinweis auf Ps 125,3[43] heißt, unter „Gerechte" sei Josef zu verstehen. Mit diesen Belegen rückt das Prädikat „der Gerechte" für den alttestamentlichen Josef zeitlich näher und sprachlich nahe an die entsprechende Charakterisierung seines neutestamentlichen Namensvetters

---

[40] Dazu *Wucherpfennig*, Josef, der die Gerechtigkeit Josefs zum Leitthema seiner Studie macht. Der Autor verweist in diesem Zusammenhang auf den Ehrentitel „der Gerechte" in der „Himmelfahrt Jesajas" (AscJes 4,22), wobei es allerdings unklar sei, ob sich diese Titulierung hier auf den alt- oder den neutestamentlichen Josef beziehe (1). Bedenkenswert sind auch Wucherpfennigs Ausführungen, zur Gerechtigkeit des neutestamentlichen Josef gehöre als deren Teil das auffällige Schweigen dieser ersten (handelnden) Figur des Neuen Testaments, sowie die Verknüpfung dieses Motivs v.a. mit der Figur Noahs, der (in Gen 6,9) ebenfalls als „gerecht" bezeichnet wird (zur Thematik ebd. 7. 202f. 216ff., dazu auch die Beobachtungen zur Konturierung der Gerechtigkeit Josefs nach dem Vorbild Abrahams [ebd. 124–127]).

[41] Zum Motiv *Wiesel*, Josef.

[42] Genealogy, 225ff.

[43] An dieser Psalmenstelle heißt es: „Ja, das Zepter der Bosheit wird nicht mehr ruhen auf dem Los (גורל) der Gerechten (צדיק), damit nicht auch die Gerechten (הצדיקים) ihre Hände nach Unrecht ausstrecken."

heran, ohne dass daraus verlässlich auf eine bewusste Anspielung auf den ersten Josef in Mt 1,19 geschlossen werden könnte.

Auf eine andere, nämlich eine inner*biblische* Spur kommt man, wenn man bei der Frage nach einem Gegenstück zur Bezeichnung des matthäischen Josef als δίκαιος bei der Geschichte von Gen 37–50 bleibt, sich dabei jedoch nicht auf Josef beschränkt. Denn von einer anderen in Mt 1 genannten Figur in dieser Geschichte heißt es explizit und betont, sie habe „gerecht gehandelt" (צָדְקָה). Diese Prädikation des Tuns Tamars ist geradezu der Schlüsselsatz in Gen 38. Wir stoßen abermals auf ein Kapitel der „Josefsgeschichte", dessen Zugehörigkeit zu Gen 37–50 *als* Josefsgeschichte nicht unumstritten ist und das sich doch wie das entsprechend diskutierte Kapitel 49 für das Verstehen der ganzen Erzählung als konstitutiv erweist. Unabhängig von der Frage der literarischen Entstehung von Gen 37–50 ist die im Neuen Testament rezipierte Geschichte die von Gen 37–50 im ganzen Zusammenhang. Gen 38 rückt vor allem dann ins Zentrum der Aufmerksamkeit, wenn man die in Gen 37–50 erzählte „Geschichte der Kinder Jakobs" nicht (*allein*) als Geschichte von „Josef und seinen Brüdern" wahrnimmt, sondern unter dem Vorzeichen der Bemerkung in Mt 1,2 (mindestens *auch*) als Geschichte von „Juda und seinen Brüdern".

Eine Lektüre, die eine Genealogie *auch* als eine Abbreviatur von Erzählungen wahrnimmt und dies vor allem an den Stellen, an denen die genealogische Grundform erweitert ist, wie es in Mt 1 an mehreren Orten geschieht, wird in der Erwähnung der Tamar als Mutter von Perez[44] und Serach in Mt 1,3 nicht nur die Tatsache in Erinnerung gebracht sehen, dass Juda diese beiden Söhne von Tamar bekam, sondern die ganze Geschichte, die in Gen 38 erzählt wird und in der Tamar das Urteil zuteil wird, sie habe – anders als Juda – *gerecht* gehandelt. Judas Satz צָדְקָה מִמֶּנִּי (Gen 38,26) – in welcher der möglichen Nuancen man ihn letztlich übersetzen will: „sie ist gerechter als ich"/ „sie ist im Verhältnis zu mir gerecht"/ „sie ist im Recht gegen mich"[45] – setzt ein Tun Tamars ins Recht, welches nicht den Normen entsprach und doch *gerecht* war, weil es die Solidarität mit den Toten, den Lebenden und denen, die zum Leben kommen sollen und werden, höher achtete als das formale Recht. Indem Tamar mit ihrem Schwiegervater schlief, um von ihm schwanger zu werden, verstieß sie gegen die Tora[46], und sie wird doch gerecht gesprochen.

Fällt von der Gerechtsprechung Tamars womöglich ein Licht auf das Prädikat δίκαιος, welches dem Mann der Maria in Mt 1,19 zuerkannt wird? Die alte und

---

[44] Der Name Perez bedeutet „Riss" und hängt vermutlich mit einem Dammriss der Mutter bei seiner Geburt zusammen. Hintergründig verweist er aber auch darauf, dass die Kontinuität der Geschichte(n) durch Risse und Brüche hindurchgeht, ja dass es zuweilen die Risse sind, welche die Kontinuität herstellen. Gerade das erweist sich als ein Thema in Gen 38, in der ganzen Josefsgeschichte und in den weiteren in Mt 1 anklingenden Frauengeschichten.

[45] Dazu ausführlicher *Ebach*, HThKAT, 145–149, zu Geschichte und Rezeptionsgeschichte auch *P. Weimar*, Die doppelte Thamar. Thomas Manns Novelle als Kommentar der Thamarerzählung des Genesisbuches (BThSt 99), Neukirchen-Vluyn 2008.

[46] In der Lektüre von Mt 1,3 ist mit der Nennung Tamars diese Konsequenz jedenfalls unvermeidlich; die Frage, wie sich das in Gen 38 Geschilderte literatur- und rechtsgeschichtlich zu den einschlägigen Bestimmungen der Tora (hier Lev 18,15; 20,12) verhält, steht methodisch auf einem anderen Blatt. Zu Tamars Gerechtigkeit auch Jub 41,19.

vieldiskutierte Frage, ob Josef δίκαιος war, *weil* er Maria nicht verstoßen und öffentlich bloß stellen wollte, oder ob er sie nicht öffentlich bloßstellen und verstoßen wollte, *obwohl* er δίκαιος war[47], erhält in der Konfiguration mit Tamars Gerechtigkeit womöglich eine Tiefenschärfe. In den Blick kommt eine Auffassung von Gerechtigkeit, die sich in der Einhaltung des formalen Rechts gerade nicht erschöpft, ja, die in bestimmten Fällen den Verstoß gegen das formulierte Recht einschließt.[48] In den Blick kommt dann, grundsätzlich formuliert, eben die Auffassung von Gerechtigkeit als צְדָקָה, welche die hebräische Bibel kennzeichnet und von jeder *iustitia* unterscheidet.[49]

Die Wahrnehmung der in Gen 38 erzählten und positiv gewerteten Geschichte Tamars in der Lektüre von Mt 1f., die sich von der Notiz in Mt 1,3 aufgefordert sieht, die Geschichte von Tamar und Juda in ihrer Gänze und nicht nur im Blick auf eine ungewöhnliche Generationenfolge wahrzunehmen, gibt dieser außergewöhnlichen Generationenfolge einen Hintergrund, der für das Verstehen des in Mt 1f. Erzählten hilfreich sein könnte – für die damaligen Lesenden *und* für die je gegenwärtigen. Was Gerechtigkeit im Sinne von צדקה ist, lernt in Gen 38 Juda von Tamar. Er bekommt von ihr nicht nur die Kinder Perez und Serach, er erhält von ihr auch eine Lektion. In der Folge dieser Lektion wird Juda in der weiteren Geschichte ein anderer werden, als der, der seinen Bruder Josef buchstäblich zu Geld machen wollte (Gen 37,26f.). Juda wird – von Tamar dazu belehrt, für sein eigenes Tun und Unterlassen einzustehen – zu dem, der sich mit dem Einsatz seiner ganzen Person für das Wohlergehen seines Bruders Benjamin verbürgt. Dieser Einsatz Judas wird in der Josefsnovelle – und in dieser Hinsicht ist die Bezeichnung „Novelle" zutreffend – zum „Falkenmotiv", zum Wendepunkt der ganzen Geschichte. Denn auf die große Rede Judas hin, die diesen Wandel erweist (Gen 44,18–34), wandelt sich auch Josef und gibt sich den Brüdern zu erkennen (45,1–15), nachdem er seine Identität lange vor ihnen verborgen und mit ihnen auch ein böses Spiel gespielt hatte.

In mehreren Passagen in Gen 37–50 wird in verschiedenen Variationen das Thema der Identifikation (von Personen und von Personen kennzeichnenden Sachen[50]) verhandelt. Wie an anderen Stellen der Josefsgeschichte vollzieht sich auch in Gen 38 eine Bewegung vom Geheimen zum Öffentlichen. Was Onan im Geheimen tat (bzw. nicht tat), wenn er in der Verweigerung der Schwagerpflicht sowohl seiner Schwägerin Tamar als auch seinem verstorbenen Bruder Er das

---

[47] Zur Debatte und zu den Auslegungstypen (antithetisch bzw. komplementär) *Mayordomo*, Anfang, 257f. (mit weiteren Literaturhinweisen), vgl. auch die Kommentare von *Luz* und *Fiedler* z. St. sowie *D.O. Via*, Narrative World and Ethical Response: The Marvelous and Righteousness in Matthew 1–2, Semeia 12 (1978) 123–149.

[48] Hier geht es um die Bestimmung in Dtn 22,23–27; ein Beispiel für eine *antinomische* Erfüllung der Tora findet sich in 1 Makk 2,39–41, dazu (in einer Rede zum 80. Geburtstag von Rolf Rendtorff) *J. Ebach*, Verbindliche Vielfalt. Über die „Schrift" als Kanon, KuI 20 (2005) 109–119, hier 116f. (= in: *ders.*, „Iss dieses Buch!", 77–88, hier 85f.).

[49] Dazu *J. Ebach*, Gerechtigkeit und ..., in: *ders.*, Weil das, was ist, nicht alles ist! (Theologische Reden 4), Frankfurt a.M. 1998, 146–164.

[50] Zum Stichwort נכר (Hif'il) als Verbindungselement in Gen 37 und 38 und dann auch (in Hif'il und Nif'al) in 42,7 sowie zu den mit diesem Wort hergestellten Verknüpfungen zu anderen Genesisstellen *Ebach*, HThKAT, bes. 142ff.

ihnen Zukommende vorenthielt, war böse.[51] Aber auch was Juda tat (bzw. nicht tat), wenn er die Schwiegertochter, die er insgeheim für den Tod zweier seiner Söhne verantwortlich macht, unter einem Vorwand wegschickt, erweist sich als Unrecht. Ja, Juda selbst erkennt in seinem Tun bzw. Unterlassen gerade das Gegenteil des gerechten Handelns Tamars (Gen 38,26). Aber auch Tamar tut, was sie tut, zunächst im Verborgenen, indem sie ihre Identität verschleiert und eine andere vortäuscht. Am Ende hängt aber alles daran, dass das Geschehen nicht im Heimlichen verbleibt, sondern dass es offenbar wird und dass die Handelnden in ihrer Identität erkennbar werden.

Eine direkte Parallelisierung von Gen 38 und Mt 1,19–25 ginge angesichts der offenkundigen Differenzen fehl. Aber womöglich gibt es – ausgehend von der Charakterisierung, nach der Josef „gerecht" gewesen sei (δίκαιος ὢν, Mt 1,19) und Tamar gerecht gehandelt habe (צדקה, Gen 38,26) – weitere kleine Verbindungsfäden. In der Passage Mt 1,19–25 steht das Urteil „gerecht" am *Anfang*; es ist die erste Charakterzeichnung des zuvor nur genannten und als Mann der Maria eingeführten Josef. In Gen 38 erfolgt die Gerechtsprechung am *Ende* des langen Abschnitts, der von Tamars Handeln berichtet und der von einer Reihe von genealogischen Ausführungen gerahmt ist. Darauf folgt die Passage, welche die Geburt der Zwillinge Perez und Serach berichtet. Das δίκαιος ὢν des neutestamentlichen Josef führt diesen in einen Konflikt zwischen dem nach der Tora Gebotenen und dem Versuch, die öffentliche Bloßstellung seiner augenscheinlich ehebrecherischen Frau zu vermeiden. Johann Gottfried Herder schildert in kongenialem Gespür für eine „shame-and-honour-Kultur"[52] den Konflikt in Josef so:

„Er schwebte zwischen Ehre und Liebe! Gottesfurcht, Redlichkeit und Mitleid: er kämpfte und hatte den Kampf also geendet, daß der Entschluß gefaßt war, Ehre zu retten, Ehre zu retten, Gottesfurcht, Redlichkeit, Treue zu retten; Mitleid und Liebe aber auch, so viel er könnte, nicht zu beleidigen. [...] Und nun, hätte er ihn ins Werk gesetzt, welche Bitterkeit von Folgen auf beiden Seiten! [...] Auf der Spitze einer so scharfschneidenden Klippe stand das Schiff – Ein Augenblick mußte es retten, oder es ward Trümmer! Und Gott wollte und thats. Er schonte und heilte zwei zarte edelste Herzen von ihren empfindlichsten Seiten: Liebe und Ehre!"[53]

Nüchterner und letztlich doch ähnlich urteilt Dan O. Via: „He hesitates between ‚legal' righteousness and ‚compassionate' righteousness".[54] Zu beachten sind hier

---

[51] Dazu *Ebach*, HThKAT, 126–131 (mit weiteren Literaturhinweisen).

[52] Zu dieser Verstehenskategorie *Mayordomo*, Anfang, 257, sowie v.a. *L.J. Lawrence*, Ethnography, bes. Kap. 1 (7–36).

[53] *J.G. Herder*, Nachricht an Joseph. Am 4. Advent, in: *ders.*, Sämtliche Werke XXXI, hg. von B. Suphan, Zweite Nachdruckauflage, Hildesheim u.a. 1981, 267–275. 268f. Ich verdanke den Hinweis auf diese Stelle Magdalene L. Frettlöh, die sie in einem Entwurf ihrer u. Anm. 60 genannten Predigtmeditation zitiert hatte, dann aber für die Druckfassung aus Umfangsgründen auf sie verzichten musste.

[54] *Via*, Narrative World, 136.

auch Erwägungen von Jane Schaberg[55] zur Frage, was Josef Maria habe ersparen wollen. In Frage kommen die Bestimmungen aus Dtn 22,23–27.[56] Josef will Maria womöglich davor bewahren, vor Gericht beweisen zu müssen, ob sie verführt oder ob sie vergewaltigt wurde und ob sie sich in letzterem Falle durch lautes Schreien gewehrt habe.[57] Die Absicht, sie nicht einem solchen Verhör auszusetzen[58], ersparte ihr zwar die öffentliche Demütigung, beließe allerdings das zu vermutende Geschehen im Zwielicht – gerade auch für Josef selbst. Es wäre so – um noch einmal Gen 38 zum Vergleich heran zu ziehen –, wie wenn Juda über die auf vermeintliche Unzucht zurück zu führende Schwangerschaft Tamars gleichsam gnädig hinweggegangen wäre. Wie in Gen 38 muss aber auch in Mt 1f. die Geschichte in ihrer Gänze offenbar werden. Nur dann erweist sich die anscheinende Spannung zwischen Gerechtigkeit und Mitleid als eine scheinbare.

Die in Mt 1,19 mit einem bloßen „und" (καί) verknüpfte Spannung zwischen legaler Gesinnung (δίκαιος ὤν) und mitleidigem, besser: mitleidendem Handeln-Wollen (μὴ θέλων αὐτὴν δειγματίσαι) wird nicht ganz aufgelöst; es bleibt bei der Tendenz zu letzterem. Dann aber weist ein Engel[59] in einem ersten Traum Josefs einen ‚dritten Weg'[60]. Wie auch sonst in Mt 1f. ist es die Funktion des Traums, in einem rätselhaften und bedrohlichen Geschehen einen klaren und rettenden Weg zu weisen.

Am Ende der Passage wird buchstäblich traumhaft die zunächst aufscheinende Alternative zwischen öffentlich demonstrierter Gerechtigkeit und heimlich gewährter Barmherzigkeit zugunsten einer „liebevollen Gerechtigkeit"[61] aufgelöst. Und die hat – anders als es sich Josef zunächst darstellen musste – das Licht der

---

[55] *J. Schaberg*, The Illegitimacy of Jesus. A Feminist Theological Interpretation of the Infancy Narratives, San Francisco 1987 (erweiterte Neuausgabe Sheffield 2006); *dies.*, Die Stammütter Jesu, Concilium 25 (1989) 528–533.

[56] Gerade hier ist der LXX-Sprachgebrauch zu beachten: In V. 23 und 28 meint παρθένος gewiss keine junge Frau, die trotz der Vergewaltigung Jungfrau blieb oder „wie die Jungfrau zum Kinde kam", sondern eine, die zuvor Jungfrau war. Von daher ist es nicht auszuschließen, (mit Jane Schaberg) die Formulierung von Jes 7,14 auch in LXX so zu lesen. Zur Einschätzung der LXX-Fassung ist allerdings auf *M. Rösel*, Die Jungfrauengeburt des endzeitlichen Immanuel. Jesaja 7 in der Übersetzung der Septuaginta, in: I. Baldermann u.a. (Hg.), Altes Testament und christlicher Glaube (JBTh 6), Neukirchen-Vluyn 1991, 135–151, zu verweisen, der in der griechischen Fassung von Jes 7 *insgesamt* die LXX-Tendenzen herausgearbeitet. Wenn man andere LXX-Stellen hinzu nimmt (etwa Ex 22,16; Lev 2,13f.), bleibt es bei dem Fazit, dass παρθένος in LXX überwiegend, doch nicht immer eine „Jungfrau" bezeichnet; vgl. auch Art. Jungfrau/ Jungfräulichkeit, NBL 2, 227f. 416–419 (*K. Engelken*), sowie Art. Jungfrauengeburt, ebd., 419f. (*M. Görg*); zum Thema auch *Wucherpfennig*, Josef, 132ff.

[57] So *Schaberg*, Stammütter, 531; der Sache nach ist dieses Verständnis in Luise Schottroffs Übersetzung in der *Bibel in gerechter Sprache* aufgenommen: „Er wollte nicht, dass sie einem öffentlichen Verfahren unterzogen wurde".

[58] Zum Aspekt der Vermeidung einer Bloßstellung Marias auch *B. Wells*, Sex, Lies and Virginal Rape: The Slandered Bride and False Accusation in Deuteronomy, JBL 124 (2005) 41–72.

[59] Zur (literarischen) Rolle solcher „Engel" *S. Crites*, Angels We Have Heard, in: J. Wiggins (Hg.), Religion as Story, New York 1975, 23–63.

[60] So *M.L. Frettlöh*, Josefs Empfängnis. Predigtmeditation zu Mt 1,(1–17)18–21(22–25), GPM 63 (2008) 43–48.

[61] *Frettlöh*, ebd., 47, vgl. auch *Via*, Narrative World, 136: „he accepts it with unhesitating certainty".

Öffentlichkeit nicht zu scheuen. Die am Beginn der Passage stehende Charakterisierung Josefs als δίκαιος wird damit in einem dialektischen Sinn *aufgehoben*; sie wird zur Gerechtigkeit im Sinne der צדקה.[62] Josef wird zu einem matthäischen Modell *der* Gerechtigkeit, in welcher ihm Tamar vorangeht.

Mit einer so gelesenen Amplifikation der die genealogische Grundform nach der Erwähnung von „Juda und seinen Brüdern" (Mt 1,2) in V. 3 ein zweites Mal erweiternden Notiz, Juda habe Perez und Serach von Tamar bekommen, kommt nicht nur die Rolle Tamars als Mutter der Zwillinge Judas in den Blick. Vielmehr ist die ganze Geschichte von Tamar und Juda als Bestandteil der „Genesis" des Messias Jesus zu lesen.[63] Diese ganze Geschichte mit all ihren dramatischen Ver- und Entwicklungen und mit ihrem in der Erzählung aufscheinenden Lehrstück über Moral und Solidarität und darin über das, was biblische Gerechtigkeit ist, ist ihm und auf andere Weise den Lesenden ins *Stammbuch*[64] geschrieben.

---

[62] צדק / צדקה bezeichnet in der hebräischen Bibel gerade nicht die „strafende Gerechtigkeit"; eine Allegorie der biblischen Gerechtigkeit trüge nicht wie die der *Iustitia* ein Schwert. Sie hätte auch keine verbundenen Augen, denn sie verschafft denen, denen das Recht verweigert wird, Recht in Ansehung ihrer Person. Schließlich hätte sie auch nicht die Waage als Symbol der *iustitia distributiva* in der Hand. Beim Leitsatz solcher Iustitia – „Jedem das Seine" – ist immer auch daran zu erinnern, dass dieser Satz auf dem Eingangstor des KZ Buchenwald stand. Womöglich ist das nicht nur eine böse Verfälschung, sondern eine *Fälschung bis zur Kenntlichkeit*. Beherzigenswert ist jedenfalls die Bemerkung von Ernst Bloch: „*... wirkliche Gerechtigkeit* als *eine von unten* richtet sich gegen die vergeltende und austeilende selber, gegen die wesenhafte Ungerechtigkeit, die überhaupt den Anspruch erhebt, Gerechtigkeit zu üben" (*E. Bloch*, Naturrecht und menschliche Würde, GA 6, Frankfurt a.M. 1961, 229), dazu auch *Ebach*, Gerechtigkeit.
Eine am Anfang des Jahres 2009 aktuelle Kontroverse sei hier erwähnt, weil sie geeignet ist, auf eine eigentümliche Konstellation von Verschweigen und öffentlicher Brandmarkung aufmerksam zu machen. Die Firma Tschibo warb für ihr Kaffeesortiment mit dem Slogan „Jedem den Seinen". Ein Sturm der Entrüstung erhob sich wegen der fatalen Nähe zum „Jedem das Seine" auf dem KZ-Tor. Die Empörung ist nicht nur verständlich, sondern auch berechtigt. Aber gibt es eine ähnliche Empörung auch angesichts der Tatsache, dass jenes „Jedem das Seine" in einschlägigen philosophischen und theologischen Wörterbüchern aufgeführt, belegt und interpretiert wird, ohne dass dort das Tor von Buchenwald auch nur erwähnt wird? Warum werden (womöglich vergleichsweise junge) Werbemanager so heftig kritisiert und unverzeihlicher Geschichtsvergessenheit bezichtigt, während es ein solch scharfes Urteil über (vermutlich vergleichsweise ältere und geschichtskundigere) Verfasser von Artikeln über jenen Leitsatz der Gerechtigkeit kaum gibt?
[63] Zur Beziehung des zweiten Teils von Gen 38,26 auf Mt 1,25 („Josef schlief nicht mit ihr, bis sie ein Kind geboren hatte" [*Bibel in gerechter Sprache*]) und zu weiteren Querverbindungen s.u. 80ff.
[64] So übersetzt *Fiedler*, ThKNT, 39, βίβλος γενέσεως in Mt 1,1. Zu γένεσις in 1,18 *Mayordomo*, Anfang, 252, dazu auch *J. Nolland*, What kind of Genesis do we have in Matt 1.1?, NTS 42 (1996) 463–471. Zur jeweiligen Übersetzung von γένεσις in V.1 und V.18 s.u. Anm. 211.

III. Ins Stammbuch geschrieben

> Die Deutschen Christen sagen: Das
> Erscheinen Jesu Christi in der Weltge-
> schichte ist in seinem letzten Gehalt
> ein Aufflammen nordischer Art
> (…)
> Die Bibel sagt: Dies ist das Buch von
> der Geburt Jesu Christi, der da ist ein
> Sohn Davids, des Sohnes Abrahams
> (Matth. 1,1)
>
> Aus einem Flugblatt der Bekennenden
> Kirche zur Kirchenwahl am 13.7.33[65]

1. „Juda und seine Brüder"

Die erste Erweiterung der genealogischen Grundform in Mt 1, welche eine rein
männliche Generationenfolge lediglich mit den jeweiligen Namen bezeichnet[66],
ist die Bemerkung in V. 2, nach der Jakob „Juda und seine Brüder" als Kinder
bekam.[67] Welche Funktion hat diese zu den „auffälligen, aber wenig beachteten

---

[65] Das (von Franz Hildebrandt verfasste) Flugblatt ist abgedruckt bei *D. Bonhoeffer*, Kirchenkampf und Finkenwalde. Resolutionen – Aufsätze – Rundschreiben 1933–1943, Ges. Schr. Bd.
2, München 1959, 59 (zitiert auch bei *Mayordomo*, Anfang, 354f.).

[66] Einige Literaturhinweise zu Formen und Funktionen von Genealogien neben *Mayordomo*,
Anfang, bes. 217–224, sowie den Lexikonartikeln in RAC 9, 1145–1268 (*W. Speyer*); HrwG 2,
486–491 (*J. Ebach*); RGG⁴ 3, 658–660 (*R. Neu*); *M.D. Johnson*, The Purpose of Biblical Ge-
nealogies, with Special Reference to the Setting of the Genealogies of Jesus (SNTSMS 8),
London/ New York 1969; *F. Kramer/ Chr. Sigrist* (Hg.), Gesellschaften ohne Staat, Bd. 2,
Genealogie und Solidarität, Frankfurt a.M. 1978; *R.B. Robinson*, Literary Functions of the
Genealogies of Genesis, CBQ 48 (1986) 595–608; *A.-J. Levine*, The Social and Ethnic Dimensions of Matthean Salvation History, Lewiston 1988; *W.E. Aufrecht*, Genealogy and History in
Ancient Israel, in: L. Eslinger/ G. Taylor (Hg.), Ascribe to the Lord. Biblical and Other Studies
in Memory of P.C. Craigie (JSOT.S 67), Sheffield 1988, 205–235; *J.D. Levinson*, The Universal Horizon of Biblical Particularism, in: M.G. Brett (Hg.), Ethnicity and the Bible, Leiden
1996, 143–169; *H. Moxnes*, Constructing Early Christian Families. Family and Social Reality
and Metaphor, London 1997; *F. Crüsemann*, Menschheit und Volk. Israels Selbstdefinition im
genealogischen System der Genesis, EvTh 58 (1998) 178–193, u.v.a. *Th. Hieke*, Die Genealogien der Genesis (HBS 39), Freiburg u.a. 2003.

[67] γεννάω kann, wie oft angemerkt wird, „zeugen" und „gebären" meinen, umfasst also sowohl
den weiblichen Part (empfangen, gebären) als auch den männlichen (zeugen). Eben darin unterscheidet sich der Sprachgebrauch von γεννάω (wie der der entsprechenden hebr. Wurzel ילד
[im Qal auf das „Zeugen" von Männern bezogen z.B. in Gen 4,18]) von der im Deutschen
üblichen Terminologie grundsätzlich. Darum treffen auch die Übersetzungen „zeugen" und/
oder „gebären" nicht, denn sie implizieren stets eine Differenzierung des weiblichen und des
männlichen Anteils. Dazu kommt die noch nicht in Mt 1,2, wohl aber an den Stellen, an denen
die Mutter der Kinder mit genannt ist, begegnende Verbindung des Verbs γεννάω mit der
folgenden Präposition ἐκ. Die Wiedergabe der Wortverbindung mit „zeugen … aus" ist m.E.

Unterbrechungen des Textes"[68] gehörende Erweiterung; warum ist nicht nur von Juda die Rede? Dass in Mt 1 die Genealogie nicht über den Erstgeborenen läuft – das wäre hier Jakobs ältester Sohn Ruben –, ist in der Bibel nichts Ungewöhnliches. Denn auch andere die Generationenfolge tragende Personen waren nicht die Erstgeborenen ihrer Väter – man denke nur an Jakob selbst, aber z.B. auch an David oder Salomo. Gleichwohl erfolgt die Notiz, dass es nicht nur diesen einen Sohn gab, in Mt 1 nicht an allen entsprechenden Stellen. Sie findet sich in V. 2 bezogen auf „Juda und seine Brüder", im folgenden Vers auf die Abkunft der Zwillinge Perez und Serach von Juda und Tamar und dann noch einmal in V. 11 bezogen auf „Jojachin und seine Brüder um die Zeit der Zwangsumsiedlung[69] nach Babylon"[70]. Jede dieser Erweiterungen spielt auf ihre Weise Geschichte und Geschichten[71] ein.

Die erste dieser Erweiterungen in V. 2 erinnert die Lesenden an alle Jakobsöhne[72] und damit auch daran, dass zu diesen Brüdern schon einmal ein Josef gehör-

---

sprachlich, aber auch sachlich ziemlich unangemessen. Die vertrackte Frage einer angemessenen Wiedergabe von γεννάω und ילד und die damit verbundenen Verstehensprobleme werden im Folgenden noch zum eigenen Thema (dazu bes. u. Anm. 165, 202 sowie das ganze Kapitel „Das ἐκ in Matthäus 1").

[68] *Mayordomo*, Anfang, 225.

[69] Die Wiedergabe des Wortes μετοικεσία mit „Zwangsumsiedlung" folgt Luise Schottroffs Übersetzung in der *Bibel in gerechter Sprache*; in anderen deutschen Bibelübersetzungen ist von „Wegführung" (Elberfelder) oder „Gefangenschaft" (Einh, LB) die Rede. Das Wort(feld) μετοικεσία/ μετοικίζω bezieht sich an fünf der sechs neutestamentlichen Belege auf das Babylonische Exil, der sechste Beleg dagegen auf Abra(ha)ms „Umsiedlung" nach Kanaan (Apg 7,4). Das Gewicht liegt bei diesem Wort daher wohl auch beim Bezug auf das Exil nicht auf der Deportation bzw. der Gefangenschaft, sondern auf der geforderten bis erzwungenen Umsiedlung (Vulgata: *transmigratio*).

[70] Mit dieser Erweiterung wird ein entscheidender Einschnitt und eine neue Epoche der Geschichte Israels betont. Im Blick auf Jojachin (bzw. Jechonja) taucht hier allerdings ein Problem auf, denn Jojachin hatte nur *einen* und zwar einen *jüngeren* Bruder (1 Chr 3,15f.). Die Nennung eines bzw. mehrerer Brüder kann bei ihm daher auch nicht die Funktion haben, darauf aufmerksam zu machen, dass die Genealogie nicht über den Ältesten läuft (wie es bei „Juda und seinen Brüdern" immerhin denkbar ist). Anders verhält es sich bei Jojakim. Der hatte nach 1 Chr 3,15f. Brüder (nämlich drei) und er war selbst auch nicht der älteste Sohn. Sind hier beide (Jojakim und Jojachin) verwechselt? Oder sind irgendwie beide gemeint? Dazu u.a. *Mayordomo*, Anfang, 234f., sowie die Kommentare – dort auch zur Frage der an dieser Stelle in Mt 1 fehlenden (Königs-)Namen und überhaupt der Anzahl der in diesem Teil der Genealogie erfassten Generationen, die zu gering ist, als dass sie den nötigen Gesamtzeitraum umfassen könnte (anders hier Lk mit deutlich mehr Generationen), zu diesem Aspekt auch *Ostmeyer*, Stammbaum, hier bes. 176. Zur Bedeutung des Exils in der genealogisch gefassten Epocheneinteilung in Mt 1 M. *Eloff*, Exile, Restoration and Matthew's Genealogy of Jesus Ὁ ΧΡΙΣΤΟΣ, Neotest 38 (2004) 75–87.

[71] Es ist Eugen Drewermanns Verdienst, dass er in seinem Kommentar (Das Matthäusevangelium. Bilder der Erfüllung, 3 Bde, Olten 1992–1995) diese Geschichten nicht nur erwähnt, sondern sie *erzählt*.

[72] Die Formulierung τὸν Ἰούδαν καὶ τοὺς ἀδελφοὺς αὐτοῦ enthält ein Verstehens- und Übersetzungsproblem, das hier wegen seiner exemplarischen Bedeutung etwas ausführlicher angesprochen werden soll. Sind hier exklusiv männlich „Juda und seine Brüder" gemeint oder trifft die Übersetzung der *Bibel in gerechter Sprache* mit der Wiedergabe „Juda und seine Geschwister" eher zu? Die Frage lässt sich durch den lexikalischen Befund nicht lösen, denn

z.B. in den Anreden paulinischer Briefe bezeichnet ἀδελφοί inklusiv die „Geschwister" (so gibt auch die Übersetzung der Neuen Zürcher Bibel [2007] in Röm 15,14; 1 Kor 1,10 u.ö. ἀδελφοί zutreffend mit „Brüder und Schwestern" wieder). Im Blick auf Mt 1,2 stellt sich die Frage zunächst als die nach der Relation der in der Genesis dargestellten Familienstruktur und der Perspektive der Genealogie in Mt 1. Juda hatte nicht nur elf Brüder, sondern nach Gen 30,21 auch eine Schwester, nämlich die Dina, deren Mutter – wie die seine – Lea war. Auf dieser Ebene wäre die naheliegende Übersetzung auch für Mt 1,2 „Juda und seine Geschwister". Nun fällt aber bereits in der Genesis auf, dass die Notiz über die Geburt Dinas in 30,21 eigentümlich nachgetragen wirkt und dass es dort für ihren Namen, anders als bei den (bis Kap. 30) elf Söhnen Jakobs von vier Müttern, keine erklärende Bemerkung gibt. In Gen 32,23 ist es so, wie wenn es Dina gar nicht gäbe; hier ist davon die Rede, dass Jakob seine elf *Kinder* (יְלָדָיו) über die Jabboq-Furt bringt. (Auch hier gibt es in den Bibelübersetzungen etwas zu beobachten: Zutreffend von *Kindern* sprechen die Lutherbibel 1912, die *Bibel in gerechter Sprache* und die Neue Zürcher Bibel. Dagegen sprechen von *Söhnen* Luther '84, Elberfelder und Einheitsübersetzung. Im *Text* steht hier eben *nicht* Söhne, obwohl nur die Söhne gemeint sein können.) An dieser Stelle ist Dina also gar nicht im Blick. Sie spielt dann allerdings eine ebenso wichtige wie tragische Rolle in Gen 34. Wiederum literarisch nachgetragen erscheint Dina in der Liste der nach Ägypten Übersiedelnden der Jakobfamilie in Gen 46; dagegen gehört eine andere Frau, nämlich die Ascher-Tochter Serach, konstitutiv zu dieser Liste (dazu *Ebach*, HThKAT, 435–465, hier bes. 451. 459f.). In den Sprüchen des sterbenden Patriarchen in Gen 49 kommt Dina gar nicht vor.

Auch wenn diachrone Erwägungen zur Schichtung der Texte und ihrer Traditionen im Blick auf die neutestamentliche Rezeption methodisch außer Betracht bleiben können, stellt sich schon aus der in der Endgestalt der Genesistexte erkennbaren eigentümlichen Randstellung Dinas die Frage, welche Konsequenzen dieser zwiespältige Befund für eine Übersetzung von Mt 1,2 hat. Diese Frage ist nicht leicht zu beantworten. Denn es geht dabei ja nicht nur um die Frage, ob Juda „in Wirklichkeit" (scil. in der *literarischen* Wirklichkeit) nur Brüder oder auch eine Schwester und somit Geschwister *hatte*, sondern auch und letztlich vor allem, ob in Mt 1,2 nur die Brüder erwähnt sein *sollen* oder ob die Bezeichnung ἀδελφοί inklusiv verstanden werden *soll*. Wäre letzteres nicht der Fall, so sollte es auch nicht in einer Übersetzung implementiert werden. Es kann nicht das Ziel einer *Übersetzung* sein, die AutorInnen eines Besseren zu belehren, wohl aber, das, was die AutorInnen sagen, ggfls. gegenüber gegenwärtigen Sprachgewohnheiten zu verdeutlichen. Aber was folgt daraus? Dass Frauen in dieser Genealogie keine Rolle spielten, trifft erkennbar nicht zu, denn die eigens genannten Frauen haben, wie noch genauer zu zeigen sein wird, im Zusammenhang ihrer *ganzen* Geschichten eine entscheidende Bedeutung im Stammbuch Jesu. Aber das betrifft eben die Frauen, deren eigene Erwähnung gezielt den zunächst rein männlichen Stammbaum erweitert. Wäre die Rede von „Juda und seinen *Geschwistern*" (gesetzt, so wäre die Phrase zu verstehen) eine *implizite* Erweiterung? Wäre damit auch auf die schreckliche Vergewaltigungsgeschichte und deren ebenso furchtbare Folgen in Gen 34 angespielt? Das wäre in der Tat eine beziehungsreiche Erweiterung. Aber müsste sie dann nicht deutlicher sein? Und weiter: Konsequent spricht Luise Schottroff in der Übersetzung der *Bibel in gerechter Sprache* auch in V. 11 von „Jojachin und seinen Geschwistern". An beiden Stellen stellt sich die Frage, ob die Rede von den „Geschwistern" unspezifisch ist, also offen lassen will, welches Geschlecht die Geschwister haben, oder ob sie gezielt Schwestern sichtbar machen will. Nun ist, wie o. erwähnt, der Plural ἀδελφοί im Blick auf Jojachin auch unabhängig vom *gender*-Aspekt der Übersetzung nicht leicht einzuordnen. An dieser Stelle ist kaum an eine Überlieferung zu denken, welche die implizite Erwähnung einer Schwester Jojachins (oder mehrerer) wahrscheinlich macht. Festzuhalten bleibt, dass das Wort ἀδελφοί und entsprechende Worte wie υἱός oder hebr. בֵּן/ בָּנִים , bzw. πατήρ oder אָב weder grundsätzlich maskulin noch grundsätzlich inklusiv wiederzugeben sind. In jedem Einzelfall ist zu fragen, was jeweils plausibel oder auch nur etwas plausibler ist. In Erwägung der verschiedenen Gesichtspunkte komme ich für Mt 1,2.11 zu dem Ergebnis, dass mir z.Zt. an *diesen* Stellen für ἀδελφοί die Wiedergabe „Brüder" die plausiblere erscheint.

te. Sie spielt somit die ganze in Gen 37–50 erzählte Geschichte ein. Josef hat in dieser Geschichte die Hauptrolle, aber der Vorrang unter den Brüdern kommt letztlich Juda zu. Warum das so ist und wie es kam, ist ein Hauptthema der ganzen, d.h. unter Einschluss der Kapitel 38 und 49 zu lesenden Geschichte, die – mit der *biblischen* Überschrift in Gen 37,2 – die תלדות יעקב, „die Geschichte der Kinder Jakobs"[73] ist. Die übliche Bezeichnung „Josefsgeschichte" ist ein Terminus der Lektüre- und Auslegungsgeschichte, nicht eine der „Schrift" selbst. Die Erzählung, die meist als Geschichte von Josef und seinen Brüdern firmiert und die in der Bibel selbst die Geschichte der Söhne Jakobs ist, kommt in Mt 1 in der spezifischen Fokussierung auf die Judalinie in der Rede von Juda und seinen Brüdern ins Bild. Es geht in Gen 37–50 mindestens *auch* um die letztliche Priorität unter den Jakobsöhnen zwischen den Ansprüchen Rubens, Josefs und Judas. Ruben hat sein Erstgeburtsrecht verloren[74], es ist Josef zugefallen – und nach 1 Chr 5,2[75] auch bei ihm geblieben. Doch die Genealogie in Mt 1 läuft (wie die in manch anderer Hinsicht divergierende in Lk 3) über Juda, denn David kommt aus dem Stamm Juda und der Messias wird aus dem Stamm Juda kommen.

Die im Neuen Testament (und so auch in Mt 1 und ausgeführter noch in Mt 2) grundlegende Auffassung, dass der Messias aus dem Hause Davids und damit aus Juda komme, entspricht der Hauptlinie der jüdischen Messiaserwartungen. Doch muss man sich vor Augen halten, dass es im Judentum der ersten Jahrhunderte vor und nach der christlichen Zeitrechnung kein festes Messiaskonzept gab, sondern ein in mancher Hinsicht offenes und auch umstrittenes Nebeneinander verschiedener Linien. Für die Frage des Neben- und auch des Gegeneinanders von Juda und Josef von Interesse ist dabei diejenige Form messianischer Erwartungen, die sich nicht nur auf einen Messias aus Juda und aus dem Hause Davids (*Maschiach ben David*) richtet, sondern auch auf das daneben bzw. zuvor erfolgende Kommen eines Messias aus dem Hause Josef (*Maschiach ben Josef* bzw. *ben Efraim*). Die rabbinische Grundstelle solcher Erwartungen ist ein Diktum des Rabbi Dosa im Talmud Bavli (Sukka 52a[76]). Dazu kommen weitere Belege dieser Erwartung, u.a. im Targum Pseudo-Jonatan zu Ex 40,11. Umstritten ist die Frage, ob es für diese Figur des Messias ben Josef bereits Belege aus vorchristlicher Zeit gibt. Während viele Gelehrte das nicht annehmen, halten andere dafür – so u.a. Charles Cutler Torrey[77] und in neuester Zeit in einer Reihe von korrespondieren-

---

[73] Die Übersetzung von תלדות als „Geschichte der Kinder von ..." ist womöglich am ehesten mit allen Belegen kompatibel (in der Genesis beginnend mit 2,4).

[74] In Gen 35,22 werden der Vorfall und Jakobs Kenntnisnahme dieses Geschehens genannt, doch erst in 49,3f. erfolgt die Sanktion.

[75] Die Chronik-Passage (V. 1–10) unternimmt den Versuch der Klärung der jeweiligen Ansprüche; Ruben ist der Erstgeborene, doch nach V. 2 gebührt das Erstgeburts*recht* (LXX: der Segen!) Josef und bleibt auch trotz des faktisch höheren Ranges Judas (V. 3) bei ihm. Auf diese Weise wird das verwickelte und konflikthaltige Dreiecksverhältnis Ruben – Josef – Juda bedacht und in gewisser Hinsicht befriedet. Die Genealogie von Perez bis David in Mt 1 folgt genau 1 Chr 2,4–16.

[76] Es stammt aus tannaitischer Zeit (vielleicht um 250 n. Chr.).

[77] The Messiah Son of Ephraim, JBL 66 (1947) 253–277.

den Aufsätzen David C. Mitchell.[78] Wenn man denen folgt, die die Erwartung einer Messiasgestalt aus dem Haus Josef bereits in den ersten vorchristlichen Jahrhunderten angelegt sehen, kann man in der Struktur der matthäischen Genealogie mit ihrem Josef *aus* Juda einen Subtext wahrnehmen, der auf seine Weise die Juda- und damit die Davidabkunft des Messias (d.h. hier des *christos*) betont. Sie folgt in dieser Hinsicht der rabbinischen Hauptlinie und sie leitet diesen Messias (*christos*) zugleich von einem Josef her.[79]

Bei diesen Beobachtungen und Überlegungen handelt es sich abermals um *mögliche* Knüpfungen. Sind sie ein wenig haltbar, so können sie das Gewebe noch verdichten, in dem sich im Geflecht der in Mt 1 anklingenden Namen und Geschichten nicht nur ein Nebenmotiv, sondern ein zentrales Thema der תלדות יעקב in Gen 37–50 zeigt. In dieser „Geschichte der Kinder Jakobs" spielen unter den Jakobsöhnen neben Josef auch Ruben und vor allem Juda ihre jeweils geprägte und die Erzählung prägende Rolle. Die Formulierung „Juda und seine Brüder" in Mt 1,2 ruft die ganze Geschichte der Jakobfamilie auf und damit auch die Geschichte eines Jakobsohns Josef.

2. Genesis 38 und 49 als konstitutive Teile der תלדות יעקב

An dieser Stelle empfiehlt sich ein knapper Blick auf die Stellung der Kapitel 38 und 49 in Gen 37–50 als Josefsgeschichte. Denn die für die Frage nach Josef und Josef, d.h. den Beobachtungen und Überlegungen zur alttestamentlichen Josefsgeschichte als Sub- und Intertext in Mt 1f. offenkundigsten Bezüge zu Gen 37–50 beziehen sich auf die Kapitel 38 und 49. So verhält es sich mit der expliziten Erwähnung Tamars als erster der in diesem Stammbuch genannten fünf Frauen und damit der in Gen 38 erzählten Geschichte. Aber auch die (unter Rückgriff auf Gen 35,22) in 49,3f. erfolgende Depotenzierung Rubens, der sein Erstgeburtsrecht verlor, weil er mit einer Frau seines Vaters schlief, ist eine Hintergrundinformation für die nicht über ihn, sondern über Juda laufende Genealogie. Daher könnte sich der Eindruck nahe legen, dass zwar jene beiden Kapitel Gen 38 und 49 in die Genealogie in Mt 1 hineinspielen, nicht aber die „Josefsgeschichte" als ganze.

In der Tat nehmen diese beiden Kapitel im Textgefüge von Gen 37–50 eine besondere Rolle ein. Gen 38 ist das einzige Kapitel in 37–50, in welchem Josef nicht erwähnt wird[80], und die Bewertung der zwölf Söhne Jakobs im Stämme-

---

[78] Rabbi Dosa and the Rabbis Differ: Messiah ben Joseph in the Babylonian Talmud, Review of Rabbinic Judaism 8 (2005) 74–90; *ders.*, The Four Deliverer. A Josephite Messiah in 4QTestimonia, Bib 86 (2005) 545–553; *ders.*, Messiah bar Ephraim in the Targums, Aramaic Studies 4 (2006) 221–241; *ders.*, Firstborn Shor and Rem: A Sacrificial Josephite Messiah in 1 Enoch 90.37–38 and Deuteronomy, JSPE 15 (2006) 211–228; *ders.*, Messiah ben Joseph: A Sacrifice Atonement for Israel, Review of Rabbinic Judaism 10 (2007) 77–94.

[79] Bemerkenswert ist in diesem Zusammenhang eine Passage im Midrasch Ber.r. Par 85 (zu Gen 38), in welcher der Gedanke anklingt, Potifars Frau habe Josef einen Messias als Nachkommen schenken wollen.

[80] Dazu neben *Ebach*, HThKAT, 121–157, und der dort genannten Lit. auch *P. Weimar*, Gen 38 – Eine Einschaltung in die Josefsgeschichte, Teil 1, BN 138 (2008) 5–37.

segen in Gen 49 enthält keinen *expliziten* Rückgriff auf das in Gen 37.39–48.50 Erzählte, wohl aber – Ruben sowie Simeon und Levi betreffend – auf Ereignisse, die in Gen 34 und 35 berichtet sind. Gegen eine Reduktion der in Mt 1 impliziten Präsenz von Gen 37–50 auf die beiden Kapitel Gen 38 und 49 spricht jedoch zum einen, dass denen, die Mt 1 hörten oder lasen, die Geschichte der Kinder Jakobs in ihrer kanonischen Gestalt unter Einschluss jener beiden Kapitel vertraut war.[81] Dagegen spricht aber ebenso, dass Gen 38 und 49 (ungeachtet ihrer möglichen Vorgeschichte außerhalb der kanonischen Endgestalt von Gen 37–50) zu konstitutiven Abschnitten der Josefsgeschichte geworden sind, die eben nicht nur *Josefs* Geschichte ist. Ohne die Tamar-Juda-Erzählung in Gen 38 wäre nicht zu verstehen, warum sich Juda so grundlegend gewandelt hat; ohne die Sprüche des sterbenden Patriarchen Jakob in Gen 49 wäre nicht zu verstehen, dass letztlich Juda der Vorrang unter der Zwölfen zukommt – noch über Josef hinaus.

Die in Mt 1 virulente Juda-Josef-Konstellation (auf den neutestamentlichen Josef bezogen, aber implizit auch auf dessen alttestamentlichen Namensvetter bzw. Namenspatron) ergibt sich aus Gen 37–50 als Gesamterzählung. Dazu kommt – auf den genealogischen Vorrang bezogen –, dass sich Rubens Depotenzierung in Gen 49,3f. zwar unmittelbar auf den in 35,22 erwähnten Inzest bezieht, dass jedoch das Verhalten Judas und Rubens in Gen 37–50 auch außerhalb der Kap. 38 und 49 eine entscheidende Rolle spielt. In Gen 37 setzen sich Ruben und Juda für das Überleben Josefs nur halbherzig ein. Das folgende Kapitel 38 zeigt, dass Juda etwas Entscheidendes gelernt hat, nämlich dass er selbst für das einzustehen hat, was er getan oder nicht getan hat. Begegnet in der Josefsgeschichte fortan ein zutiefst verwandelter Juda, so hat Ruben nichts gelernt.[82] Auf der Grundlage dieses Befundes legt sich noch einmal nahe, dass die Rede von „Juda und seinen Brüdern" (Mt 1,2) nebst der folgenden Erwähnung der Tamar die ganze in Gen 37–50 erzählte Geschichte dem Messias Jesus ins Stammbuch schreibt.

3. Ein Josef *aus* Juda

Im „Stammbuch" des Messias Jesus in Mt 1 erfolgt geradezu eine Auflösung der Konflikte der Kinder Jakobs. Denn hier erscheint ein *Josef* aus dem Stamm *Juda*. Mit Juda verbindet sich in Mt 1 die erste der Erweiterungen der Genealogie, mit Josef deren letzte. Die Geschichte dieses Josef ist in die Geschichte Judas integriert und nicht länger deren Gegengeschichte. Die Josef-Juda-Konstellation ist ein hintergründiges Thema in Gen 37–50, sie kommt aber auch darüber hinaus als Opposition in den Blick. Einer dieser Gegensätze ist dadurch gekennzeichnet, dass Juda für das Südreich steht, das „Haus Josef" mit den Stämmen Efraim und

---

[81] In dieser Gesamtgestalt erscheint der Stoff der Josefsgeschichte auch im Liber Antiquitatum Biblicarum („Pseudo-Philo"), im Jubiläenbuch und in den Antiquitates des Josephus.

[82] Das zeigt sich instruktiv im Vergleich der Einlassungen Rubens (Gen 42,22) und Judas (Gen 44,18–34) in der Situation der eigenen Beklemmung, aber auch in der Differenz der Angebote der beiden gegenüber dem Vater (Gen 42,37 im Vergleich zu 43,8f.). Gerade hier wird deutlich, dass Juda mit seiner ganzen eigenen Person für Benjamin eintritt.

Manasse dagegen für das Nordreich. Während sich die Tradition Judas auch in neutestamentlicher Zeit in der (in Mt 2 gebrauchten) Bezeichnung Judäa ('Ιουδαία) unmittelbar fortsetzt, hat die Verortung der alten Nordstämme in der geopolitischen Landschaft des Israellandes im 1. Jh. n.Chr. keine direkte Korrespondenz.[83] Es bleibt aber auffällig, dass Josef (und dann mit ihm Jesus) bereits zu Beginn geographisch doppelt verortet ist, nämlich in den recht weit voneinander entfernt liegenden Orten Betlehem und Nazaret. Das führt auf die Frage, ob und in wie weit sich in den in Mt 1f. genannten Orten – neben Betlehem und Nazaret auch Rama sowie Jerusalem und weiter die Großbereiche Judäa, das Land Israel, Ägypten und das Morgenland (ἀνατολή) – eine programmatische Konstellation abbilden könnte.[84]

Die alttestamentliche Figur „Josef" steht aber nicht nur als Repräsentation des Nordreichs in einem Gegensatz zu Juda, sondern – gerade im Blick auf die in Gen 37–50 erzählte Geschichte – als Repräsentant eines Lebens der „Kinder Israels" in fremdem Land. In dieser Rolle ist der Josef der Genesis eine durchaus ambivalente Gestalt. Er ist „Israels Sohn und Ägyptens Herr"[85]; er lebt, wie Elie Wiesel in seiner Studie über Josef formuliert, „ständig auf zwei Ebenen, in zwei Welten, und wird von Kräften hin und her gerissen, die sich widersprechen."[86] Auf der einen Seite ist und bleibt Josef der Sohn Jakobs=Israels und setzt sich mit größter Kraft für das Leben der Seinen ein. Auf der anderen Seite hat er sich bis fast zur Aufgabe seiner hebräischen Identität ganz in ein neues Leben in Ägypten und in vieler Hinsicht ein Leben als Ägypter eingewöhnt. Er hat einen ägyptischen Namen bekommen, er hat die Tochter eines ägyptischen Priesters geheiratet und er lebt nach der Übersiedlung der Jakobsippe nach Ägypten von dieser getrennt.[87]

---

[83] Zu beachten ist allerdings die Rede vom „Israelland" (εἰς γῆν 'Ισραήλ) in 2,21, die im Neuen Testament nur an dieser Stelle vorkommt (dazu u. 94f.).

[84] Auch das ist eine Frage, welche die folgenden Beobachtungen und Überlegungen immer wieder berühren, s. v.a. u. im Kapitel „Die Huldigung der Magier aus dem Morgenland".

[85] So der Titel meines Aufsatzes, der dieser zwiespältigen Zeichnung der Josefsgestalt nachgeht: J. Ebach, Israels Sohn und Ägyptens Herr. Zur Ambivalenz der Josefsfigur in Gestaltung und Lektüre von Gen 37–50, in: I. Kottsieper u.a. (Hg.), Berührungspunkte. Studien zur Sozial- und Religionsgeschichte Israels und seiner Umwelt. FS R. Albertz (AOAT 350), Münster 2008, 39–56.

[86] *Wiesel*, Josef, hier 167. Unmittelbar davor steht der auch über die Charakterisierung der Josefsfigur hinaus *anthropologisch* bemerkenswerte Satz: „In Josef existiert eine polare Spannung, die seine Handlungen, und seine Entscheidungen erst lebendig und aus ihm einen wahren, d.h. zerrissenen Menschen macht."

[87] Das zeigt sich plastisch in der Segensszene in Gen 48. Denn die Frage Jakobs, wer die beiden seien (V. 8), legt nahe, dass der Großvater an dieser Stelle seine Enkel zum ersten Mal sieht. Folgt man der Zeitschiene in Gen 47ff., so geschieht das, nachdem Jakob bereits 17 Jahre in Ägypten lebt. Über die markante Zahl des Zeitraums von 17 Jahren hinaus (am Beginn der Erzählung lebt Josef 17 Jahre in der Obhut seines Vaters, am Ende lebt Jakob 17 Jahre in der Obhut seines Sohnes) wird hier deutlich, dass die Übersiedlung der Jakobfamilie nach Ägypten keine vollständige Reintegration Josefs und seiner engeren Familie in die Großfamilie Jakobs=Israels bewirkt hat.

Die Josefsgeschichte lässt durchaus eine Lektüre zu, die ein zwiespältiges bis negatives Josefsbild generiert.[88] In dieser Perspektive wird verständlich, warum Josefs Söhne Manasse[89] und Efraim von Jakob an Sohnes Statt angenommen und in die Reihe *seiner* Söhne eingefügt werden (Gen 48, bes. V. 5[90]). Josef fällt geradezu aus der Genealogie heraus.[91] In dieser Perspektive wird aber auch verständlich, warum der Vorrang unter den Jakobsöhnen letztlich nicht Josef, sondern (in Gen 49) Juda zukommt, wobei sich für Juda bereits in Gen 49,10 nicht nur eine davidische, sondern auch eine messianische Linie andeutet.[92] Während Josef für das Leben in der Fremde steht, für eine universale Dimension oder, anders akzentuiert, für ein Judentum in weltbürgerlicher Absicht[93], verbindet sich

---

[88] Zu einer solchen Fokussierung der Josefsfigur *A. Wildavsky*, Assimilation versus Separation. Joseph the Administrator and the Politics of Religion in Biblical Israel, New Brunswick (New Jersey)/ London 1993; *ders.*, Survival Must not be Gained through Sin. The Moral of the Joseph-Stories Prefigured through Judah and Tamar, JSOT 62 (1994) 37–48, sowie *R. Pirson*, The Lord of the Dreams. A Semantic and Literary Analysis of Genesis 37–50 (JSOT.S 355), Sheffield 2002; dazu auch *Ebach*, Israels Sohn.

[89] Josefs Benennung seines ersten Sohnes mit dem Namen Manasse zeigt auf instruktive Weise die Dialektik von Vergessen und Erinnern. Der Name Manasse (מְנַשֶּׁה) wird im erklärenden Satz des Vaters in Gen 41,51 mit dem Verb נשה „vergessen" zusammengebracht („Vergessen lassen [נַשַּׁנִי] hat Gott mich ja all meine Qual und mein ganzes Vaterhaus"). Doch wann immer Josef den Namen dieses Sohnes hört oder ausspricht, kehrt unweigerlich die Erinnerung an das wieder, was vergessen sein soll.

[90] Zum Segen, den Jakob mit (um die beiden möglichen Bedeutungen des Verbs שׂכל in Gen 48,14 wiederzugeben) „überlegt-über(einander)gelegten" Händen spendet, und zur „Wiederholung" von Jakobs eigener Geschichte *Ebach*, HThKAT, bes. 546–550. Die modifizierende Wiederholung, die gerade nicht die Wiederkehr des Gleichen ist, erweist sich als immer wieder auftauchendes und die Geschichte als ganze kennzeichnendes Motiv in Gen 37–50.

[91] Dazu u. im Kapitel „Adoption".

[92] Sie verbindet sich v.a. mit der schwierigen und vieldiskutierten Frage nach der Bedeutung des Wortes שִׁילֹה (Schilo) in diesem Vers; dazu *Ebach*, HThKAT, 600–605, sowie u. 117f.

[93] In dieser Perspektive könnte eine weitere Josef-Josef-Konfiguration in den Blick kommen, nämlich die zwischen dem, der von Pharao einen neuen, ägyptischen Namen bekommt, und jenem anderen Josef, der seinen Namen Joseph(us) mit dem Namen des römischen Kaiserhauses verknüpft und sich Flavius nennt. Auf der Ebene der literarischen Rezeptionsgeschichte im 20. Jh. könnte das zu einer die Parallelen und die Kontraste zu Tage treten lassenden Lektüre zweier großer Werke reizen, die je eine dieser Josefsfiguren ins Zentrum stellen und in denen sich jeweils auch die Erfahrungen des 20. Jh.s im Allgemeinen und die Exilserfahrungen der Autoren im Besonderen widerspiegeln, nämlich Thomas Manns Josephstetralogie und Lion Feuchtwangers Josephustrilogie. Für Th. Manns Werk in Relation zur biblischen Erzählung sei bes. verwiesen auf *F.W. Golka*, Jakob – Biblische Gestalt und literarische Figur. Thomas Manns Beitrag zur Bibelexegese, Stuttgart ²2000; *ders.*, Joseph – Biblische Gestalt und literarische Figur. Thomas Manns Beitrag zur Bibelexegese, Stuttgart 2002, sowie *ders.*, Die biblische Josefsgeschichte und Thomas Manns Roman, in: H.M. Niemann u.a. (Hg.), Nachdenken über Israel, Bibel und Theologie. FS K.-D. Schunck (BEAT 37), Frankfurt a.M. u.a. 1994, 37–49, ferner zu den Abraham-Geschichten *E. Drave*, Strukturen jüdischer Bibelauslegung in Thomas Manns Roman „Joseph und seine Brüder". Das Beispiel Abraham, in: J. Ebach/ R. Faber (Hg.), Bibel und Literatur, München ²1998, 195–213. Zu Thomas Manns „Ägypten" v.a. *J. Assmann*, Thomas Mann und Ägypten. Mythos und Monotheismus in den Josephsromanen, München 2006 (weitere Lit. zu Manns Josephsromanen bei *Ebach*, HThKAT, 25ff.). Zur Zeitgeschichte der Josephus-Trilogie Feuchtwangers (d.h. der des 1. *und* der des 20. Jh.s) *C. Colpe*, Zwischen Nativismus und Römertum. Zeitgeschichtliche Nacharbeiten von Flavius' Josephus' „Jüdi-

die jüdische Identität mit Juda.[94] Während Josef in der Fremde aufging – die Figur der Josefserzählung *wie* das „Haus Josef", d.h. das Nordreich –, repräsentiert Juda das Fortdauern jüdischen Lebens im Israelland selbst. Diese beiden Positionen kommen in der Josefsgeschichte in Gen 37–50 selbst zu Wort. Eine redaktions- und literaturgeschichtliche Analyse der Josefserzählung zeigt als Botschaft ihres exilischen Stratums, d.h. ihrer vermutlich ersten Gesamtfassung[95], dass Menschen Israels im fremden Land nicht nur überleben, sondern auch auf Dauer leben können. Das Leben der Jakob=Israel-Sippe findet in Ägypten statt, im Lande Kanaan sind nur noch die Gräber.[96] Dieser Grundlinie haben einige wenige, die Tendenz der Erzählung nachdrücklich umgestaltende Ergänzungen eine entscheidende Modifikation hinzugefügt: Überleben und auch eine längere Zeit leben kann man in Ägypten, im fremden Land, doch das fremde Land soll Israel nicht zur Heimat werden. Heimat ist, bleibt und wird wieder das Israelland, Israel wird in dieses Land zurückkehren.[97]

Was sich aus gegenwärtiger literarkritischer und literarhistorischer Sicht als Abfolge zweier Grundperspektiven darstellt, liegt den Hörenden und Lesenden in neutestamentlicher Zeit als die *eine* Geschichte vor, d.h. in der Form ihrer Endgestalt, in der die Perspektive des Israellandes den Leitton erhalten hat. In dieser Perspektive bliebe ein Josef als Gegenfigur zu Juda prekär. Vielleicht wird von hier aus eine Lektüre von Mt 1 und 2 möglich, die den neutestamentlichen Josef betont als einen Josef *aus* Juda wahrnimmt.[98]

Auch Mt 1 und 2 entfalten eine universalgeschichtliche Perspektive, in der Ägypten und (im Motiv der Reise der Magier) auch das andere Exilland Babylonien ins Bild kommen. Die Ägyptenepisode ist dabei jedoch von vornherein als begrenzter, das Überleben in einer akuten Notlage ermöglichender Aufenthalt in Szene gesetzt, und in der Reise der Magier kehrt sich die Richtung der Begeg-

---

schem Krieg" und Lion Feuchtwangers Josephus-Trilogie, in: R. Faber/ B. Kytzler (Hg.), Antike heute, Würzburg 1992, 155–182. Verwiesen sei in diesem Zusammenhang auf Thomas Manns 1954 aus Anlass des 70. Geburtstag Feuchtwangers verfasste persönlich freundliche, doch auf dessen literarisches Werk bezogen auch etwas distanzierte Glückwunschnotizen „Freund Feuchtwanger", in: *Th. Mann*, Autobiographisches, hg. v. H. Bürgin, Frankfurt a.M. 1968, 401–404, in dem – letztlich nicht einmal so erstaunlich – weder der „Joseph" noch der „Josephus" erwähnt sind.

[94] Dazu pointiert *V. Kal*, Der Barmherzige (Ha-Rachaman) und die Freiheit des Menschen, in: J. Ebach u.a. (Hg.), Gretchenfrage. Von Gott reden – aber wie? Bd. I (Jabboq 2), Gütersloh 2002, 111–126, hier bes. 120f.; zum Gegensatz zwischen der „weltbürgerlichen Perspektive" und der Bewahrung der besonderen Identität Israels als einem die Geschichte des Judentums durchziehenden, ja seine Gestalten und Gestaltungen prägenden Konflikt *Ebach*, Israels Sohn, bes. 52f.

[95] Zu dieser Auffassung *Ebach*, HThKAT, zusammenfassend 679–697, zur literaturgeschichtlichen Situierung der Josefsgeschichte auch *K. Schmid*, Literaturgeschichte des Alten Testaments. Eine Einführung, Darmstadt 2008, bes. 122ff.

[96] Deutlich wird das bei Jakobs Beisetzung in Kanaan, nach der alle Mitglieder der Jakobfamilie wie selbstverständlich nach Ägypten zurückkehren (Gen 50,1–14, weiter dazu u. 97).

[97] Diese Linie zeigt sich am Ende von Gen 50 im Zusammenhang von Josefs Mumifizierung und ihrem Ziel der Rückführung des Toten ins Israelland, dazu und zur Kette von Gen 50,25 über Ex 13,19 bis Jos 24,32 o. 21, sowie u. 97.

[98] Hier kommt auch noch einmal die o. (31f.) erwähnte Frage eines Messias aus Josef neben bzw. vor einem davidischen Messias aus Juda ins Spiel.

nung mit dem anderen Exilland um. Man muss nicht, wie es damals war (und wie es in Mt 1,11f. in einer der Erweiterungen des Stammbaums in Erinnerung gerufen ist), nach Osten gehen, sondern die Weisen des Morgenlandes kommen von dort ins Israelland. Der König der Juden wird nicht wie einstmals in den Osten verschleppt – vielmehr kommen die Weisen des Ostens, um sich vor dem König der Juden tief zu verbeugen (Mt 2,2).[99]

Womöglich bekommt gerade die so gelesene Magiergeschichte mit einer Perspektive zu tun, welche die Genealogie selbst entfaltet. In ihr kommt das Exil in den Blick, aber die Katastrophe bleibt sozusagen eine Episode in der weitergehenden und die Kontinuität (freilich durch manchen „Riss"[100]) bildenden Generationenfolge.[101] Die Weltgeschichte wird in Mt 1 zu einem Teil der besonderen Geschichte von Abraham bis Josef. Die universale Perspektive ist in die partikulare eingeschrieben und nicht umgekehrt.

In der Generationenfolge in Mt 1 begegnet ein Josef *aus* Juda. Auch dieser Josef träumt, auch er wird nach Ägypten gehen, auch er trägt für das Überleben der Seinen Sorge, auch er hat es mit einem mächtigen König zu tun. Diesen Aspekten ist in ihren parallelen und ihren gegenläufigen Zügen weiter nachzugehen. Zu fragen ist aber zunächst, ob die Perspektive einer in die besondere Geschichte Israels eingeschriebenen Universalität auch etwas für die vieldiskutierte Frage nach der Bedeutung der in Mt 1 genannten Frauen austrägt.

---

[99] Die Verbindung des hier begegnenden Verbs προσκυνέω mit dem entsprechenden hebr. Schlüsselwort השתחוה der Josefsgeschichte ist an späterer Stelle ausführlicher aufzunehmen (s.u. „Stern und Proskynese").

[100] Noch einmal sei an Gen 38,29 und den Namen des Tamar- und Judasohns Perez (Riss) erinnert.

[101] Die Generationenfolge und die Genealogie als ihre narrative Abbreviatur halten den Fluss des Lebens durch die Katastrophen hindurch fest. So erscheint die universale Flut als eine Episode in Noahs Leben (dazu J. *Ebach*, Noah. Die Geschichte eines Überlebenden [BG 2], Leipzig 2001, bes. 36f.). Diese Bedeutung der Genealogien erkannt und in seinem Genesis-Kommentar dargestellt zu haben ist das große Verdienst Claus Westermanns in seiner 1974 in 1. Auflage erschienenen Kommentierung von Gen 1–11 (Genesis 1–11, BK I/1, Neukirchen-Vluyn, bes. 8ff. 23f.).

IV. Die Frauen im Stammbuch

„Jesus, Maria und ein Stückerl Josef!"
Ödön von Horváth[102]

1. Warum Tamar und die anderen drei – bzw. vier?

Jesus als dem Christus sind in Mt 1,1–17 dreiundvierzig Männer[103] und fünf

---

[102] Geschichten aus dem Wiener Wald. Volksstück in drei Teilen, [1931], Frankfurt a.M. 1970, 45.

[103] Die Genealogie umfasst dreimal 14 Glieder, dabei ist David doppelt zu zählen; dazu kommen als mitgenannte Männer Serach und Uria. Die Fragen, die sich mit den Zahlen, mit deren Bedeutungen und den durch sie markierten Epochen verbinden, sind immer wieder diskutiert worden, dazu u.a. *Ostmeyer*, Stammbaum. Aber sind die Zahlenprobleme tatsächlich so groß wie oft angegeben? Die erste Reihe nennt 13 Erzeuger + David als Ziel = 14; die zweite Reihe nennt 14 Erzeuger (mit dem abermals genannten und zu zählenden David am Anfang), die dritte Reihe nennt – beginnend mit Jechonja – 13 Erzeuger, dazu kommt Jesus am Ende und als Ziel. Die Folge von dreimal 14 Gliedern in der Leseanweisung von V. 17 ist demnach in bestimmter Hinsicht schlüssig. (Die fehlenden Könige und die für den zu überbrückenden Zeitraum zu wenigen Glieder der dritten Reihe stellen ein anderes Problem dar.) Bei vielen AuslegerInnen findet sich der Hinweis auf die Beobachtung, dass die in dieser Genealogie zentrale und in 1,17 noch einmal ausdrücklich betonte Zahl 14 den Zahlenwert des Namens David (ד=4 + ו=6 + ד=4, d.h. 14 als Summe) abbilde. Kritisch wird dagegen eingewandt, eine solche allein auf der (und genau dieser) hebräischen Buchstabenfolge und zudem auf der Kenntnis der Gematrie als rabbinischer Interpretationsform beruhende Lektüreweise habe sich für die griechischsprachigen LeserInnen des Evangeliums nicht erschließen können, zumal es hier (anders als etwa an der berühmten Stelle über die Zahl „666" in Offb 13,18) keine Aufforderung zur Aufmerksamkeit auf die Bedeutung der Zahl gebe (so etwa *Mayordomo*, Anfang, 240ff. – dort auch zu anderen Deutungen des 14er-Schemas; verwiesen sei hier bes. auf die o. Anm. 70 genannte Untersuchung von Karl-Heinrich Ostmeyer [Stammbaum], der den Zahlen, Rhythmen und Epochen in der Genealogie in Mt 1 ausführlich und mit vielen bemerkenswerten Beobachtungen nachgeht, dazu auch *Wucherpfennig*, Josef, bes. 60f. 69).
Mayordomos Einwand ist nicht von der Hand zu weisen, doch ist es umgekehrt auch nicht auszuschließen, dass hier ein Zahlenspiel vorliegt, welches sich, wenn auch nicht allen, aber doch womöglich manchen Lesenden, erschließen könnte. Eine solche Möglichkeit zeigt die Liste der nach Ägypten Übersiedelnden der Jakobsippe in Gen 46. Dort werden in V. 16 Gad und seine Söhne genannt. Der Zahlenwert des Namens Gad (ג=3 + ד=4) ist 7. Er wird in der Reihe der Jakobsöhne an dieser Stelle als siebter genannt und er hat sieben Söhne. Die Zahl „7" wird nicht erwähnt, doch könnte sie eine Rolle spielen (dazu *Davies/ Allison*, Commentary, 164, sowie *Ostmeyer*, Stammbaum, 178). Zufall, Eisegese oder/ und ein Element des Textes und somit allemal einer *intentio operis*? Auszuschließen ist aber auch nicht, dass es sich um ein bewusstes und bewusst verstecktes „Spiel" handelt und darin um eine *intentio auctoris*. Dass nur wenige Lesende und Auslegende es wahrnehmen können, ist kein zwingendes Gegenargument. (Man wird ja – um für einen Moment neuere Literatur zum Vergleich heranzuziehen – auch kaum argumentieren, in Umberto Ecos „Der Name der Rose" könne es keine subtilen Anspielungen auf recht entlegene historische und philosophische mittelalterliche Texte und Motive geben, weil der größte Teil seiner LeserInnen die gar nicht habe verstehen können ...) Ein weiteres Mal plädiere ich dafür, die ersten AdressatInnen nicht für dümmer zu halten als die gegenwärtig Lesenden und Exegesierenden. Zugegebenermaßen fällt ein solches Plädoyer

Frauen – vier Frauengestalten der hebräischen Bibel sowie Maria – ins „Stammbuch" geschrieben.[104] Es ist dabei nicht ohne Gewicht, dass die alttestamentlichen
Frauen den drei Teilen der hebräischen Bibel entnommen sind, nämlich Tamar
der Tora, Rahab und Batscheba den Nevi'im und Rut den Ketuvim. Eine etwas
andere Zuordnung nimmt Christian Frevel vor; er betont die Verbindung Tamars
mit der „Väterzeit", Rahabs mit der Landnahme, Ruts mit der Richter- und
Batschebas mit der Königszeit. Mit Maria begänne dann eine neue Epoche, die
freilich keinen Bruch bezeichnet, sondern etwas Neues in einem heilsgeschicht-
lichen Kontinuum. Diese Sicht vermag in ansprechender Weise das Neue zu
betonen, ohne damit das Bleibende (und Erneuerte) zu mindern.[105] Aber warum
sind es gerade *diese* vier (bzw., mit Maria als Zielgestalt, fünf) Frauen und was
verbindet sie? Auch wenn diese vieldiskutierte Frage die Ebene einer Josef-Josef-
Konfiguration überschreitet, bekommt sie doch mit der Rolle der unter diesen
Frauengestalten in Mt 1 zuerst genannten Tamar und mit Gen 38 zu tun und allemal mit der Grundfrage der matthäischen Lektüre des Alten Testaments. Darum
empfiehlt es sich, die Debatte um die möglichen Verbindungslinien jener vier
(bzw. fünf) Frauen in Mt 1 noch einmal aufzunehmen.

Unstrittig ist, dass die Nennung jener Frauen, welche die Grundform einer
exklusiv männlichen Genealogie[106] erweiternd durchbricht, auf etwas aufmerksam machen soll. Aber auf was? Ginge es darum, wenigstens an einigen Stellen
darauf hinzuweisen, dass auch bedeutende *Frauen*gestalten in die Genealogie
Jesu gehören, so würde man *prima vista* mindestens *auch* die Erwähnung anderer
Frauen erwarten und dabei vor allem an die „Erzmütter" denken. Aber weder Sara
noch Rebekka sind hier genannt und auch keine der Frauen Jakobs.[107] Daher
dürfte die Annahme, mit den (exemplarisch) genannten Frauen seien auch die
anderen, hier ungenannten, ins Gedächtnis gerufen[108], wenig überzeugen. Gerade
die Nichterwähnung der „Erzmütter" widerrät auch der für die Gemeinsamkeit
der genannten Frauen erwogenen „irregularity" der Geburt(en).[109] Denn in einem
allgemeinen Sinn „außergewöhnlich" war ja allemal auch, dass Sara im hohen

---

leichter als eine schlüssige Beweisführung. Doch ein auf die ursprünglichen AdressatInnen
bezogenes *„in dubio pro intellectu recipientium"* ist womöglich keine schlechte Maxime für die
Exegese.
[104] Dazu u.a. *E.D. Freed*, The Women in Matthew's Genealogy, JSNT 29 (1987) 3–19; *J.P.
Heil*, The Narrative Roles of the Women in Matthew's Genealogy, Bib 72 (1991) 538–545
(John Paul Heil will die Differenzen zwischen Maria und den vier stärker sehen als die
Gemeinsamkeiten der fünf, bes. 544, diese Tendenz vertritt u.a. auch Raik Heckl [weiter dazu
u. 62]).
[105] Das Buch Rut (NSK.AT 6), Stuttgart 1992, 171f.
[106] Nach der Klassifizierung von *Th. Hieke*, Genealogien, 31f. entspricht sie dem Yalad-Typ.
[107] *J. Becker*, Maria. Mutter Jesu und erwählte Jungfrau (BG 4), Leipzig 2001, 112, führt unter
den zu erwartenden Frauen auch Zippora auf, doch gehört die nicht in die Genealogie, die über
Juda läuft (und nicht über Levi und Mose).
[108] *L.J. Lawrence*, Ethnography, 234, nennt diese als erste von mehreren Verstehensmöglichkeiten.
[109] Diese Auffassung vertritt u.a. *B.R. Gaventa*, Mary: Glimpses of the Mother of Jesus (Studies
of Personalities of the New Testament), Columbia 1995, 38, die ausführt: Keine der Stories
dieser Frauen „fits the way, things are ‚supposed' to be", kurz: Es lief nicht so wie erwartet,
keine der Frauen passt in die Normalität der Gesellschaftsordnung.

Alter und (im doppelten Sinne) außer der Regel den Isaak bekam.[110] Die „Irregularität" hinsichtlich der genannten vier (fünf) Frauen bedarf mithin mindestens noch einer Näherbestimmung, welche erklärte, warum diese und nicht andere außergewöhnliche Geburtenfolgen erwähnt sind. Es gibt dazu mehrere Erklärungstypen, die im Folgenden anzusprechen und zu erörtern sind.

Mehrere Auslegende machen als eine mögliche Näherbestimmung jener „irregularity" geltend, dass mit dem Zur-Welt-Kommen der von diesen vier (bzw. fünf) Frauen geborenen Kinder jeweils ein Skandal oder jedenfalls der Anschein eines Makels verbunden sei.[111] Die so formulierte Fragestellung ist eine Modifikation der These, die vier Frauen aus dem Alten Testament seien als exemplarische „Sünderinnen" gezeichnet. Sie unterscheidet sich zugleich grundlegend von der „Sünderinnen"-These[112], indem sie die Männer (Juda, Salmon, Boas und v.a. David) und deren Verhalten nicht aus dem Spiel lässt.[113] Gegen diese Auffassung

---

[110] Nicht erst Marias „Jungfrauengeburt" fügt sich nicht den biologischen Regeln, allerdings spielt bei ihr das bekannte Motiv der lange unfruchtbaren Frau keine Rolle. Das mag *ein* Grund sein, warum Saras Geschichte in Mt 1 nicht explizit ins Stammbuch geschrieben ist. (Das Motiv der lange unfruchtbaren Frau begegnet im Neuen Testament jedoch bei Elisabet [Lk 1,7].)

[111] Von skandalösen Beziehungen spricht *Lawrence*, Ethnography, 234.

[112] Die „Sünderinnen"-These ist sehr alt und wurde u.a. von Origenes und Johannes Chrysostomus vertreten, aber auch noch in neuerer Zeit. So formuliert G. Kittel in seinem die Frauen in Mt 1 verbindenden Wörterbuchartikel Θαμάρ, Ῥαχάβ, Ῥούθ, ἡ τοῦ Οὐρίου (ThWNT III [1938], 1), diese „vier Frauen" seien als „geradezu Gegen-Typen jener anderen vier" (nämlich der „Patriarchinnen" – gemeint sind Sara, Rebekka, Lea und Rahel) „als Unwürdige, nämlich in Sünde und als Fremde, von Gott gewürdigt worden, Mütter Seines Messias zu werden." Hier fällt die „Sünderinnen-These" mit der „Heidinnen-These" in eins. Mit Recht kritisch dazu *Mayordomo*, Anfang, 245f., aber auch *Luz*, Matthäus, 94.

[113] So wäre z.B. eine Charakterisierung Batschebas als „Ehebrecherin" problematisch, denn es geht in der in 2 Sam 11 erzählten Geschichte um *Davids* Tun und um *Davids* Schuld, wie in der wertenden Abschlussnotiz in V. 27 ausdrücklich betont ist. David als der Schuldige wird im folgenden Kap. 12 entlarvt, in dem er – das wird von Natan geschickt inszeniert – über sich selbst das Urteil spricht. In der „Natanfabel" selbst (12,1–4) kommt Davids Tun nachgerade als Eigentumsdelikt in den Blick. So fragwürdig diese Vergleichsebene heute auch scheinen mag, so deutlich macht sie doch auch, dass eine Mittäter(innen)schaft „der des Uria" ebenso wenig in Frage kommt wie ein aktives Tun des Lamms in der Fabel. Am Text und an der Intention von 2 Sam 11f. vorbei geht daher jeder Versuch, Batscheba als schuldig oder mitschuldig darzustellen – wie es nicht zuletzt in schwülstigen Bildern zu sehen ist, welche (nicht selten in moralistisch getarntem Voyeurismus) die vor den Blicken des Königs Badende als Verführerin zeigen. Von Batscheba selbst wird in 2 Sam 11 in dieser Hinsicht kein aktives Tun berichtet; sie lässt David lediglich mitteilen, dass sie schwanger ist (V. 5) und sie hält Totenklage über ihren von David bewusst in den Tod geschickten Mann (V. 26).

Diese Entlastung der Frau ist jedoch die andere Seite der ihr (literarisch – „Raped by the Pen", nennt das Cheryl Exum in ihrem so überschriebenen Aufsatz in: *dies.*, Fragmented Women. Feminist [Sub]Versions of Biblical Narratives [JSOT.S 163], Sheffield 1993, 170–201) buchstäblich abgesprochenen *Mündigkeit*. Die Erzählung in 2 Sam 11 verweigert ihr, ein eigenes Subjekt zu sein (dazu und zu weiteren Aspekten der Figur in der Bibel und ihrer Rezeptionsgeschichte *I. Müllner*, Batseba, WiBiLex [Juni 2007, mit zahlreichen Hinweisen auf weitere Literatur und dabei auch auf unterschiedliche Fokussierungen der Erzählung und ihrer Hintergründe]). Umso wichtiger wird, dass „die des Uria", die in 2 Sam 11 als Objekt der Männer gezeichnet ist und geradezu wie ein Gegenstand den Besitzer wechselt, dann als Frau Davids selbst aktiv werden wird. Dass die Ehebruchsgeschichte als Schuldgeschichte Davids gesehen wird – nun als Schuld allein gegenüber *Gott* –, zeigt sich in der Zuschreibung von Ps 51 zu (wie schon gegen die „Sünderinnen"-These) wird immer wieder eingewandt, jene Frauen seien in der jüdischen Tradition gerade nicht negativ bewertet.[114] Doch darf dabei nicht übersehen werden, dass die positive Wertung der Tamar – und *mutatis mutandis* auch der anderen – gerade als *Umwertung* eines auf den ersten Blick negativen Eindrucks erfolgt. Die Erwähnung dieser Frauen in Mt 1 korrespondiert daher womöglich einer solchen Umwertungstradition, indem sie an Ereignisse, Verhaltensweisen und Konstellationen erinnert, die *letztlich*, aber eben nicht *fraglos* positiv zu stehen kommen.

Diese Möglichkeit ist für die vier (fünf) Frauen im Einzelnen zu überprüfen. Doch zuvor ist noch eine weitere Verstehenslinie der thematischen Verknüpfung dieser Frauengestalten in Mt 1 zu skizzieren. Viel Zustimmung hat nämlich die Auffassung gefunden, in den vier genannten alttestamentlichen Frauengestalten kämen Nichtjüdinnen in Erinnerung und die ausdrückliche Erwähnung von „Heidinnen" markiere gleich am Beginn eine universale Perspektive des Matthäus-evangeliums.[115] Aber ist die „Heidinnen-These" tatsächlich für alle vier alttestamentlichen Frauengestalten triftig – von Maria ganz abgesehen? Sie trifft auf Rahab und Rut zu[116], doch schon bei Tamar ist die Sache so offenkundig nicht. Im Text von Gen 38 ist sie jedenfalls nicht als Kanaanäerin bezeichnet. Dafür dass Batscheba eine Ausländerin gewesen sei, gibt es keinen schlüssigen biblischen Beleg.[117] Nun kann man zur Stützung dieser These gerade im Fall Batschebas stark machen, dass sie womöglich eben deshalb in Mt 1 nicht namentlich genannt, sondern als ἡ τοῦ Οὐρίου („die des Uria") bezeichnet ist. Uria ist in der Geschichte von 2 Sam 11 als Hethiter eingeführt.[118]

David als „Autor" und zu 2 Sam 11f. als (redaktionell geschaffenem) „Sitz im Leben" dieses Psalms (dazu und zur Schuldfrage überhaupt *K. Butting*, Schuld und Sündenvergebung. Überlegungen zu 2 Samuel 12,1–15, in: J. Ebach u.a. [Hg.], „Wie? Auch wir vergeben unsern Schuldigern?", Jabboq 5, Gütersloh 2004, 59–73).
Ähnlich verhält es sich im Blick auf die Verantwortlichkeit der Handelnden in Gen 38 bei Tamar und Juda. *Mayordomo*, Anfang, 233f. 246, sieht gerade das Verhalten der *Männer* als thematisch an; ähnlich kritisch gegen die frauenfeindliche „Sünderinnenthese" auch *Frevel*, Rut, 169f. sowie *W.J.C. Weren*, The Five Women, hier bes. 288.

[114] So etwa *Luz*, Matthäus, 94, der die positive Sicht der jüdischen Tradition vor allem auf Rut, aber auch auf Rahab und Tamar betont.

[115] So bereits Luther (Genesisvorlesung, WA 44, 327), in neuerer Zeit u.a. *H. Stegemann*, „Die des Uria", in: G. Jeremias u.a. (Hg.), Tradition und Glaube. FS K.G. Kuhn, Göttingen 1971, 246–276, sowie *Luz*, Matthäus, 94f., ferner *R. Bauckham*, The Gentile Foremothers of the Messiah, in: ders., Gospel Women. Studies of the Named Women in the Gospels, Grand Rapids MI, 2002, 17–46, aber auch *Ostmeyer*, Stammbaum, hier bes. 180f. 186.

[116] Ginge es vorrangig um repräsentative „Heidinnen", so wäre u.a. die Erwähnung der Naama zu erwarten, der ammonitischen Frau Salomos und Mutter Rehabeams (1 Kön 14,21; 2 Chr 12,13), dazu *Heckl*, Begründungsrahmen, hier 167f.

[117] Zu möglichen Auswertungen der Differenzen zwischen dem masoretischen Text und der LXX im Blick auf diese Frage s.u. 45ff.

[118] Allerdings ist die Interpretation der Wendung „die des Uria" als Hinweis auf die wenn schon nicht nichtjüdische Herkunft, so doch nichtjüdische Verbindung nur *eine* Möglichkeit. Ebenso möglich ist es, die so „benannte" Frau dezidiert als Ehefrau bezeichnet zu sehen und damit Davids Ehebruch zu betonen. Als eine dritte Verstehensmöglichkeit wird sich zeigen, dass der Name der Frau des Uria und der späteren Frau Davids und Mutter Salomos womöglich in Mt 1 bewusst nicht genannt ist, weil er in den Samuel- und Königsbüchern anders lautet als in der

Aber vollends Maria würde aus einer so bestimmten Gemeinsamkeit der Frauen in Mt 1 herausfallen.[119]

Chronik und weil gerade diese Doppelüberlieferung eine besondere Pointe bereit hält (dazu u. 46f.).

[119] Im Blick auf ein beklemmendes Kapitel neutestamentlicher Forschungsgeschichte müsste man hier allerdings hinzufügen: *oder eben nicht*! Denn die „Heidinnen-These" konnte durchaus auf Maria bezogen werden, ja in dieser Beziehung geradezu als ein Zielpunkt der Genealogie Jesu reklamiert werden. So entwickelte *R. Seeberg*, Die Herkunft der Mutter Jesu, in: H. Achelis u.a. (Hg.), Theologische FS für G.N. Bonwetsch, Leipzig 1918, 13–24, daraus die These einer nichtjüdischen Maria. Diese Auffassung wurde von Emanuel Hirsch aufgenommen (Frühgeschichte des Evangeliums, Bd. 2, Die Vorlagen des Lukas und das Sondergut des Matthäus, Tübingen 1941, 324) und von *W. Grundmann*, Jesus der Galiläer, Leipzig 1940, 196, rezipiert. Sie gehört zur Armatur des „arischen Jesus" (dazu *M. Leutzsch*, Jesus der Galiläer, WUB 24 [2/2002] 7–13, bes. 11; *ders.*, Der Mythos vom arischen Jesus, in: L. Scherzberg [Hg.], Vergangenheitsbewältigung im französischen Katholizismus und deutschen Protestantismus, Paderborn u.a. 2008, 173–186 – Martin Leutzsch ist mit der Erarbeitung einer ausführlichen Monographie zu diesem Thema befasst.) Zur Komplexität dieses Themas gehört auch die jüdische (gegenüber der Figur Jesu und dessen Anhängern polemische) Tradition, jener Jesus sei ein „Ben Pantera", dazu die Materialien bei *Wucherpfennig*, Josef, 37ff. Die These von einem nichtjüdischen Jesus ist daher nicht allein als ein antisemitisches Machwerk abzubuchen.

Hier empfiehlt sich eine grundsätzliche Überlegung. Denn die These vom nichtjüdischen oder gar „arischen" Jesus stellt wissenschaftslogische und -theoretische Urteile vor ein schwieriges Problem. Eine konsequent rezeptionsgeschichtliche Betrachtungsweise sähe sich der breiten Bezeugung dieser in mancherlei Modifikationen erscheinenden These gegenüber (zu ihren Vertretern gehörten u.a. Johann Gottlieb Fichte und Arthur Schopenhauer, Richard Wagner und Paul de Lagarde, Houston Steward Chamberlain und Friedrich Delitzsch, Reinhold Seeberg und manche weitere) und müsste sie darum als eine faktisch erfolgte Rezeption rubrizieren und dann wohl auch als solche akzeptieren. Gewiss basiert diese Auffassung auf der Kompilation mehrerer schon für sich und dann noch einmal in ihrer Gesamtheit unwahrscheinlicher Annahmen. In Teilen basiert sie auch auf Auffassungen, die als widerlegt gelten können (so ist es bei der Annahme eines nichtjüdischen Galiläa, dazu auch u. 135) oder die von vornherein hochgradig ideologisch sind (wie die Kategorie „arisch" und die Vorstellung von menschlichen Rassen und entsprechender Vererbungslehren). In diesen Hinsichten lässt sich die These vom nichtjüdischen Jesus allemal nicht bestreiten, sondern auch widerlegen.

Doch wenn man (unabhängig von den vielfachen ideologischen Verzerrungen und Verfälschungen) in neuzeitlicher Logik fragt, wer der biologisch-faktische Vater Jesu gewesen sei, lässt sich die Erwägung, ob es sich nicht womöglich um einen nichtjüdischen Vater gehandelt haben könne, gewiss nicht verifizieren, aber sie lässt sich auch nicht eindeutig verneinen. Wir werden hier kaum über den Befund der biblischen Texte hinaus kommen, welche diese Frage nicht stellen. Über die Rubrizierung als „sehr unwahrscheinlich" wird eine „wertfreie" historisch-kritische Beurteilung dabei kaum hinauskommen und man wird wohl auch einräumen müssen, dass es in der Exegese nicht unüblich ist, Hypothesengebäude zu errichten, die letztlich weder beweisbar noch schlüssig zu widerlegen sind. (Das gilt z.B. für die hier zur Diskussion gestellte Josef-Josef-Konfigurationen in vielen Punkten.) Eine – etwa in der Linie von Karl Popper – wissenschaftstheoretisch begründete Auffassung, nach welcher Sätze, die kategorial nicht falsifizierbar sind, in der Wissenschaft keinen Ort haben, würde m.E. die historisch-hermeneutischen Wissenschaften und vollends die Interpretation von literarischen Texten zu sehr einengen. Es bedarf daher – nicht nur, aber gerade auch in diesem Fall – einer wissenschaft*sethischen* Beurteilung. Zugespitzt formuliert: Ich kann nicht schlüssig beweisen, dass jene These *falsch* ist; ich kann aber sehen, dass sie in ihren Absichten und ihren Folgen *böse* war und – sie ist mit dem Ende der NS-Zeit nicht erledigt, sondern taucht in neuheidnischem Gewand bis in neueste Zeit immer wieder auf – böse *ist*.

In diesen Hauptlinien der Interpretation der und eben dieser Frauengestalten in der Genealogie in Mt 1 zeigt sich ein von vielen Auslegenden empfundenes Dilemma. Man muss nämlich, so scheint es, entweder bei der eher unscharfen „irregularity" als dem Motiv ihrer Verbindung bleiben oder in Kauf nehmen, dass eine genauere Bestimmung zwar jeweils auf mehrere dieser Frauen zutrifft, auf mindestens eine jedoch weniger bis gar nicht. Das Stichwort „Makel" lässt sich auf Rahab beziehen, die als Hure bezeichnet wird[120], sowie auf Tamar, die sich als eine solche ausgibt, und womöglich auch auf Batscheba bzw. auf die skandalöse Beziehung Davids mit ihr. Doch in der Geschichte Ruts ist ein solcher Makel schwer zu sehen.[121] Eine Stärke dieser Verstehenslinie ist jedoch, dass in ihrer Perspektive die immer mit im Blick befindliche fünfte Frau, nämlich Maria, die Mutter Jesu, nicht herausfällt. Ihre Mutterschaft und deren Geschichte ist gegen den Augenschein nicht mit einem Makel behaftet. Eben darum geht es in den Passagen, die auf die einleitende Genealogie in Mt 1 und 2 folgen. Doch sie konnte sehr wohl als Skandal erscheinen, ja sie musste sich Josef als eine Ehebruchsgeschichte darstellen. Der Schein trog – wie er bei Tamar trog! Daher wird diese Line im Folgenden aufzunehmen, für die einzelnen Frauengestalten und deren Geschichte(n) zu überprüfen und dann auch zu modifizieren sein.[122]

Angesichts dieser in keiner Spielart voll aufgehenden Hypothesen über das, was jene vier bzw. fünf Frauen im „Stammbuch" in Mt 1 verbindet, spricht viel für das zurückhaltende Fazit, das Mayordomo zieht, indem er resümiert, die Frauennamen seien „insgesamt Leerstellen, die die narrative Phantasie und mnemische Kompetenz der Hörer/innen unterschiedlich aktivieren", und hinzufügt: „Im Verlauf jeder individuellen Lektüre entscheidet sich, welche der möglichen Gestalten am ehesten realisiert wird."[123]

Die ExegetInnen, welche die „Heidinnen-These" vertreten und die genannten Konsequenzen im Blick auf Maria dezidiert nicht ziehen wollen, werden zwischen den vier alttestamentlichen Frauengestalten der Genealogie in Mt 1 und der Mutter Jesu nicht vor allem nach Verbindungen suchen. Doch ist es plausibel, dass jene alttestamentlichen Frauen genannt sind, ohne dass ihre Geschichte ein Licht auf die der fünften Frau des Stammbuchs wirft und werfen soll? Wären dann nicht die gezielten Erweiterungen eines in der Grundform exklusiv männlichen Stammbaums nachgerade um ihre Pointe gebracht? Träfe die Bemerkung von *J. Becker*, Maria, 113 zu („Für ihn" [Matthäus] „war wohl die vom heiligen Geist empfangende Maria so singulär, dass das Schicksal anderer Frauen nur in sehr ungefährer Weise damit in Beziehung gebracht werden konnte"), so ginge der Aufwand der expliziten Nennung der und gerade dieser alttestamentlichen Frauengestalten doch letztlich eben ins *Ungefähre*, wenn nicht ins Leere.

[120] Dabei ist zu beachten, dass Prostitution in der hebräischen Bibel nicht an sich verurteilt wird. Allerdings wird die vermeintliche Prostitution seiner Schwiegertochter für Juda zum Anlass, sie hinrichten lassen zu wollen. Rahabs Gewerbe wird in Jos 2 und 6 nicht verurteilt. Das mag sich in neutestamentlicher Perspektive anders dargestellt haben. Wird (*auch*) darum die Rettung der Rahab und deren Begründung im Jakobus- und im Hebräerbrief zu einem so wichtigen Thema?

[121] Allerdings wird ein genauerer Blick dieses Bild verschieben, dazu u. 58–62.

[122] Mit zu berücksichtigen ist auch die These von Amy-Jill Levine (Social and Ethic Dimensions, bes. 102f.), es gehe um den sozialen Status zwischen Elite und Nicht-Elite.

[123] *Mayordomo*, Anfang, 250.

Gleichwohl soll hier das Fragenbündel vor allem in einer Hinsicht noch einmal aufgeschnürt werden. Zur Debatte gestellt sei nämlich die Überlegung, ob und in wie weit sich der für die Aufnahme der Tamargeschichte aus Gen 38 wahrscheinlich gemachte Befund auch für die anderen alttestamentlichen Frauengestalten erhärten lässt. Bezieht sich die die genealogische Grundform jeweils durchbrechende Nennung der Frauen, *von* (ἐκ[124]) denen der jeweils aufgeführte Ahnherr den die Genealogie weiterführenden Sohn bekam, lediglich auf eine Besonderheit der Generationenfolge oder ruft die Namensnennung darüber hinaus die mit den genannten Frauen verbundene(n) Geschichte(n) jeweils *als ganze* in Erinnerung? Letzteres dürfte jedenfalls für Tamar und das ganze Kapitel Gen 38 gelten. Sie ist nicht nur die, die auf außergewöhnlichem Weg die Mutter von Perez und Serach wurde, sie ist auch und vor allem die, von der Juda lernt, was gerechtes Tun ist.[125] Ist Entsprechendes auch für Rahab, Rut und „die des Uria" in Anschlag zu bringen? Was leistet es, jene Frauengestalten nicht nur als Mütter der dann jeweils genannten Söhne zu rubrizieren, sondern sie in ihren Geschichten aufzusuchen und in den Geschichten, mit denen sich ihre Geschichten verknüpfen? Diese Frage soll nun für die drei weiteren Frauengestalten aus dem Alten Testament geprüft werden.

2. „Die des Uria" *und* die aktiv werdende Mutter Salomos

Beginnen wir mit „der (Frau) des Uria" (ἡ τοῦ Οὐρίου). Die in der oben skizzierten Fragestellung angedeutete Perspektive auf Batscheba wird sich nicht allein auf die in 2 Sam 11 erwähnte Ehebruchgeschichte beschränken, sondern die Geschichte Batschebas auch in 2 Sam 12 und dann vor allem in 1 Kön 1 und 2 in den Blick nehmen. Dafür gibt es ein in der Interpretation von Mt 1 selten berücksichtigtes Indiz. Sowohl bei Tamar als auch bei Rut (von Rahab wissen wir in dieser Hinsicht nichts) sind die im unmittelbaren Zusammenhang genannten Söhne (bzw. bei Tamar die Zwillinge) die jeweils ersten Kinder der Beziehung mit dem genannten Vater, ja die ersten Söhne der jeweiligen Frau. Wenn die Formulierung „die des Uria" im Fall Batschebas den Ehebruch Davids in Erinnerung ruft, es jedoch heißt, David habe von ihr *Salomo* bekommen, so fällt auf, dass Salomo gerade nicht das Kind der ehebrecherischen Beziehung ist.[126] Als Mutter Salomos agiert Batscheba jedoch in 1 Kön 1f., ja sie ist es, deren Einsatz erst dazu führt, dass Salomo König wird und die für Mt 1 entscheidende Linie Davids weiterführt. Schon dieser Umstand nötigt geradezu, nicht nur 2 Sam 11, sondern auch 2 Sam 12 und 1 Kön 1f. im Blick zu haben, wenn es um die Frage zu tun ist, an

---

[124] Dem Gebrauch dieses ἐκ in Mt 1f. gilt u. in einem eigenen Kapitel besondere Aufmerksamkeit.

[125] Dazu o. im Abschnitt „gerecht" sowie bei *Mayordomo*, Anfang, 226–229, mit zahlreichen Belegen und Literaturhinweisen zur Tamargeschichte und deren jüdischen Auslegungen.

[126] Zur Legitimierung der Beziehung und auch zur Ehrenrettung Davids am Schluss von 2 Sam 12 *T. Veijola*, Salomo – der Erstgeborene Bathsebas [1979], in: ders., Gesammelte Studien zu den Davidüberlieferungen des Alten Testaments, Helsinki/ Göttingen 1990, 84–105, ferner *W. Dietrich*, David. Der Herrscher mit der Harfe (BG 14), Leipzig 2006, 59.

welche Geschichte(n) die Erwähnung der Batscheba als „der des Uria" in Mt 1 erinnern soll.

Auffällig und erklärungsbedürftig bleibt, dass Mt 1,6 den *Namen* der Frau des Uria nicht nennt. Nach den Erzählungen in 2 Sam 11 und 1 Kön 1f. heißt sie Batscheba (בַּת־שֶׁבַע).[127] 1 Chr 3,5 nennt für die Mutter Salomos (und dreier weiterer zuvor genannter Davidsöhne) dagegen den Namen Batschua (בַּת־שׁוּעַ) und gibt ihr damit den Namen der Frau Judas (wie er aus Gen 38,2.12[128] entnommen werden kann).[129] Handelt es sich um eine Namensvariante[130] oder um eine bewusste Angleichung an Gen 38 im Kontext der Josefsgeschichte und somit an die Judafamilie[131], so dass Juda und David noch enger zusammen rücken?[132] Als direkte Verbindungslinie zwischen den Notizen über Batscheba und Tamar in Mt 1 mag dieser Faden zu dünn sein. Doch gilt Ähnliches auch für manche anderen Fäden, die den Beginn des Matthäusevangeliums in die Geschichte der hebräischen Bibel einknüpfen. Viele dünne Fäden bilden, miteinander verbunden, zuweilen ein haltbares *Gewebe*, d.h. wörtlich: einen *Text*.

---

[127] Zu den verschiedenen Möglichkeiten der Namenserklärung *Müllner*, WiBiLex.

[128] Judas Frau wird jedoch in Gen 38 nicht mit einem eigenen Namen genannt. Schua ist der Name ihres Vaters, in V. 12 ist sie als בַּת־שׁוּעַ („Schua-Tochter") aufgeführt. Diese Formulierung kann allerdings in Entsprechung zu ähnlichen Namensbildungen (darunter auch zu „Batscheba") als ihr Name verstanden werden, wie es in 1 Chr 2 geschieht. Zu den Genealogien der Chronik unter *gender*-Aspekten *A. Labahn/ E. Ben Zvi*, Observations on Women in the Genealogies of 1 Chronicle 1–9, Bib 84 (2003) 457–478.

[129] In der LXX lautet der Name an beiden Stellen Βηρσαβεε.

[130] So ist es vermutlich innerhalb der Stellen der hebräischen Bibel beim Namen ihres Vaters, der nach 2 Sam 11,3 Eliam (אֱלִיעָם) und nach 1 Chr 3,5 – in vertauschter Silbenfolge und ohne einschneidende Bedeutungsveränderung – Ammiel (עַמִּיאֵל) lautet. Die Differenz zwischen der Namensform Eliam im MT und Eliab in der LXX führt dagegen auf weitere Aspekte, s. dazu im Folgenden die Erwägungen zur Frage, ob „die des Uria" ihrerseits als Ausländerin gekennzeichnet ist. Erwähnt sei aber schon hier, dass die LXX-Tradition im Blick auf die Väter der Mutter Salomos in den Angaben von 2 Sam 11,3 (Ελιαβ) und 1 Chr 3,5 (Αμιηλ) auf zwei unterschiedliche Figuren führt (auch dazu Weiteres u.).

[131] In dieser Richtung als Möglichkeit *S. Japhet*, 1 Chronik, HThKAT, Freiburg u.a. 2002, 122, mit dem Hinweis darauf, dass „die Namen Batschua und Tamar in Judas Biographie (1 Chr 2,3–4) ausdrücklich genannt sind" (ebd.). Denkbar ist aber auch, dass die Chronik (in ihrer Tendenz zu einer einlinig positiven Sicht auf David) den Namen Batscheba vermeiden will, um nicht an die Geschichte von 2 Sam 11 zu erinnern (so ABD I, 628 [*G.A. Yee*]).

[132] Angesichts der zentralen Rolle Davids, der in der Genealogie von Mt 1 doppelt genannt ist (der damit zweien der dreimal 14 Glieder des Stammbaums angehört und dessen Name, wie o. erwähnt, den Zahlwert 14 hat), ist zu erwägen, ob und in wie weit die in Mt 1 genannten alttestamentlichen Frauengestalten zur engeren Geschichte bzw. Vor-Geschichte Davids gehören. Gab es schon vor Mt 1 eine Tradition, welche diese alttestamentlichen Frauen (oder mehrere von ihnen) in eine besondere Beziehung zu David stellte? Für Rut ist das evident (David wird am Schluss des Buches Rut explizit genannt). Gab es eine solche Verbindung (über die Generationenfolge hinaus) auch mit Tamar? Aber auch wenn man nicht alle genannten Frauengestalten in enger Verbindung mit David sehen will, ist die Davidbeziehung bei ihrer Mehrheit evident. Wenn Mt 1f. die „*genesis*" des Messias aus Juda und von David her erzählt, geht es nicht allgemein darum, dass es in der Geschichten von Menschen immer wieder auch ungewöhnliche Umstände gibt, in, mit und unter denen Menschen auf die Welt kommen. Es geht vielmehr um solche besonderen Geschichten in Judas und Davids Haus, welches das des Messias sein wird.

Da die Genealogie in Mt 1 auch an anderen Stellen auf den Angaben der Chronik fußt und der Name der Frau des Uria und Mutter Salomos in Mt 1,6 nicht genannt ist, ist jedenfalls ein gleichsam schweigend anklingender Name „Batschua" (und damit eine weitere Verbindung in die Geschichte von Gen 37–50 hinein) nicht auszuschließen. Zu den meist vertretenen Lektüremöglichkeiten, warum ihr Name in Mt 1 nicht explizit genannt ist – die Wendung „die des Uria" bringe auf ihre Weise den Ehebruch zur Sprache oder/ und der Name des Mannes sei genannt, weil Uria als Hethiter eben den Status des Nichtjuden hat[133], der für seine Frau nicht belegt ist[134] – käme somit als eine dritte: Der Name ist nicht genannt, damit neben der Namensform „Batscheba" aus 2 Sam 11 und 1 Kön 1f. auch der Name „Batschua" aus 1 Chr 3 im Spiel ist.

Hier empfiehlt sich eine methodische Bemerkung zum Status dieser (und mancher in dieser Studie vergleichbarer) Beobachtungen und Überlegungen, die den in der Forschung diskutierten Auffassungen und Perspektiven weitere *mögliche* an die Seite stellen. Auf die Wendung „die des Uria" bezogen: Die Aufmerksamkeit für die Namensform der Chronik und deren Beziehung auf Gen 38 insinuiert keineswegs, dass die in den vorliegenden Arbeiten zur Genealogie in Mt 1 vor allem stark gemachten Lektüreperspektiven damit falsch seien. Sie sollen nicht mehr und nicht weniger als weitere Facetten des Textes eröffnen.[135] Das Plädoyer für die Möglichkeit, in der Vermeidung des Namens der Mutter Salomos in Mt 1

---

[133] Wenn *Mayordomo*, Anfang, 233, argumentiert, die Tatsache, dass Batscheba nicht mit Namen genannt, sondern als „die des Uria" aufgeführt sei, könne nicht für die „Heidinnen-These" in Anschlag gebracht werden, so ist das m.E. zu kurz gegriffen. Auch wenn der Autor (ebd. Anm. 163) darauf verweisen kann, dass Josephus (Ant VII, 7,1f.) Uria als tapferen Soldaten darstellt, seine hethitische Herkunft jedoch nicht erwähnt, so ist jener Uria doch in 2 Sam 11,3 als Hethiter eingeführt und heißt auch im weiteren Text mehrfach „Uria, der Hethiter" (V. 6.17.21.24). (Im Übrigen verzichtet Josephus auch auf jede Kennzeichnung der Rahab als „Hure" [dazu u. Anm. 151]. Dass damit die entsprechende Angabe in Jos 2 und 6 für die Frage nach ihrer „Rolle" in Mt 1 hinfällig wäre, wird man daraus nicht schließen dürfen, und das schließt auch Mayordomo daraus nicht [vgl. ebd., 230].)
Interessant ist die Argumentation bei *Fiedler*, ThKNT, 41, der das Augenmerk auf Uria selbst richtet. Er sei ein Nichtisraelit, der für Israel kämpft; das verbinde ihn mit den drei zuvor genannten Frauen. Es könnte daher sein, dass auch Uria selbst hier nicht nur als Mann der nicht namentlich genannten Frau, sondern auch als eine eigene Figur ins Spiel kommt. Peter Fiedlers Bemerkung, jener Uria gleiche in gewisser Weise dem „Hauptmann von Kapernaum" (ebd.), sei hier ebenfalls erwähnt.
[134] *Frankemölle*, I, 142, argumentiert: „Als Frau des Hethiters Urija (...) dürfte sie ebenfalls Nichtjüdin gewesen sein." Das ist kaum tragfähig; man könnte dann ja auch argumentieren: Als Frau der Söhne Judas wird Tamar Jüdin gewesen sein. Sowohl für Tamar als auch für Batscheba muss im Blick auf die Auskunft der hebräischen Bibel die Frage ihrer Herkunft daher offen bleiben.
[135] Dazu sei abermals eine textile Textbetrachtung ins Spiel gebracht. Ich denke an das ehrwürdige Beispiel der „*stromata*" bzw. „*stromateis*" („Teppiche") des Clemens von Alexandrien. Ein Teppich besteht aus Knüpfungen. Echte Teppiche erkennt man (vor allem, wenn man sie umdreht) an den Unregelmäßigkeiten. Reinigen sollte man Teppiche, indem man sie gegen den Strich bürstet, und nichts sollte man unter den Teppich kehren. Es gäbe zu den Gemeinsamkeiten von Texten und Teppichen noch mancherlei zu bemerken (dazu z.B. *Ebach*, Kassandra und Jona 1987, 153–158), hier sei nur noch eine genannt: Nur *ausgelegt* zeigen beide ihre Strukturen ganz.

auf indirekte Weise vermittelt durch 1 Chr 3,5 den Namen der Schua-Tochter aus Gen 38 *mit* zu hören, soll andere Verstehensmöglichkeiten nicht *eo ipso* ins Abseits stellen, diese aber sehr wohl einer abermaligen Betrachtung unterziehen.

Wie erwähnt wird die Wendung „die des Uria" für beide hauptsächlich vertretenen Auffassungen (in plakativer, wenn auch mindestens in der Formulierung problematischer Kurzfassung: „Sünderinnen" oder „Heidinnen") in Anschlag gebracht. Der Hinweis auf eine dritte Verstehensweise eröffnet immerhin die Möglichkeit, dass man sich nicht für eine dieser beiden Hauptthesen entscheiden muss. Im Blick auf die „Sünderinnen"-These sei noch einmal betont, dass sie jedenfalls in keiner Verstehensweise akzeptabel ist, in der Batscheba als Schuldige erscheint. Das widerspräche der biblischen Wertung entschieden und wäre zudem ein fatales Beispiel für die insinuierte Mitschuld einer Frau, der von einem Mann Gewalt angetan wird.[136] Eine Schuld oder Mitschuld nicht bei „der des Uria" zu suchen macht es jedoch nicht falsch, in der Wendung „die des Uria" in Mt 1 eine Geschichte aufgerufen zu sehen, die mit dem *Thema* „Schuld" und „Sünde" zu tun hat. Dabei ist aber auch daran zu erinnern, dass die Wendung „die des Uria" in Mt 1 einen Zug aufnimmt, der bereits in 2 Sam 11 zu erkennen ist. Denn bereits da wird Batscheba als „Frau des Uria" (אשת אוריה, 11,3) eingeführt. Sie wird mithin gleich am Beginn des Erzählten zugleich mit ihrem Namen und dem ihres Vaters als *verheiratete* Frau identifiziert. Damit ist für das Folgende bereits das Thema einer prekären sexuellen Beziehung angezeigt. Dabei liegt viel daran, dass dieses *Thema* nicht *eo ipso* auf eine Verurteilung der beteiligten Frauen führt. Entsprechende Fragen lassen sich auch an die anderen in der Genealogie in Mt 1 genannten Frauengestalten und ihre Geschichten stellen; dieser Aspekt ist daher bald wieder aufzunehmen.

Jetzt wieder aufgenommen sei die Frage, was die Beobachtung der verschiedenen mit Salomos Mutter verbundenen Namenstraditionen in den Samuel- bzw. Könige- und in den Chronikbüchern für die „Heidinnenthese" auszutragen vermag. Wie erwähnt, findet sich an keiner der biblischen Belegstellen eine eindeutige Aussage über den Status der Mutter Salomos als Israelitin oder als Nichtisraelitin. Allerdings führen die unterschiedlichen Namen bzw. Namensformen, die sich für ihren Vater finden, auf Beobachtungen, die indirekt anzeigen könnten, dass es hier ein Problem gegeben haben mag. Während sich die Differenz der Namen Eliam und Ammiel im masoretischen Text in 2 Sam 11,3 und 1 Chr 3,5 als Variante des gleichen Namens erklären lässt[137], ist die Differenz zwischen der Fassung der hebräischen Bibel und der der Septuaginta nicht in der Buchstabenfolge, wohl aber in der Sache größer.[138] Der Name Eliam (אֱלִיעָם) begegnet sonst noch in 2 Sam 23,34. Hier ist er ein Krieger Davids, der als Sohn Achitofels und wie dieser (2 Sam 15,12) als Giloniter bezeichnet ist. Ob 2 Sam 11,3 die Identität des dort genannten Eliam mit dem von 2 Sam 23,34 nahelegt, woraus zu schließen wäre, dass jener Achitofel der Großvater Batschebas sei,

---

[136] Dazu bereits o. Anm. 113.
[137] S.o. Anm. 130.
[138] Ein abermaliger Dank gilt Christian Frevel, der mich auf die Bedeutung dieses Aspekts aufmerksam gemacht hat.

bleibt ganz unsicher.[139] Nimmt man es an, wäre Batschebas Vater in Gilo in Süd-
judäa zu verorten. Unter dieser allerdings fragilen Voraussetzung wäre mithin
eine judäische Herkunft Batschebas nahe gelegt. Die Septuaginta hat für Eliam
sowohl in 2 Sam 23 als auch in 2 Sam 11 die Namensform Eliab (Ελιαβ) und
bietet somit – wie die hebräische Bibel mit ihrem doppelten Eliam – für den
Krieger Davids und den Vater Batschebas denselben Namen. In 1 Chr 3,5 jedoch
folgt sie dem masoretischen Text und nennt als Vatersnamen der dort Batschua
genannten Mutter Salomos Αμιηλ (entsprechend hebr. עַמִּיאֵל). Eliab und Ammiel
sind keine Varianten desselben Namen (wie es für Eliam und Ammiel im MT
anzunehmen sein dürfte). Die Septuaginta führt somit als Vater der Salomomutter
zwei verschiedene Personen an. Die Differenz zwischen Eliam (MT) und Eliab
(LXX) in 2 Sam 11,3 (freilich dann auch in 2 Sam 23,34) lässt einige weitere
Beobachtungen und Überlegungen zu. Denn deutlich stärker noch als der über
Achitofel mit Davids Geschichte verbundene Name Eliam verbindet sich mit dem
Namen Eliab die unmittelbare Familie Davids. 1 Sam 16,6 nennt einen Eliab
(אֱלִיאָב) als Bruder Davids. Er sei der gewesen, den Samuel bei seinem Auftrag,
einen der Söhne Isais zum König zu salben, für den Gemeinten gehalten
habe, ja in dem er zu erkennen glaubte, da stehe „vor Jhwh sein Gesalbter"
(נֶגֶד יְהוָה מְשִׁיחוֹ). Obwohl Samuel sogleich von Gott selbst korrigiert wird, bleibt
jener Eliab angesichts dieser Stelle eine bedeutsame Figur (wenn man so will,
erscheint er als vermeintlicher Messias). Auch weitere Belege nennen den Namen
Eliab für gewichtige Gestalten der innerisraelitischen Geschichten und Familien-
geschichten.[140] Könnte es sein, dass die Septuaginta mit der Namensform Eliab
nicht nur einen bekannteren Namen wählt, sondern auch einen, der anzeigt, dass
die Frau des Uria gewiss keine Ausländerin ist? Aber wenn das so ist, wäre es
auch als Indiz dafür zu lesen, dass der masoretische Text an dieser Stelle womöglich an Deutlichkeit zu wünschen ließ. Freilich schafft ein Eliab als Vater
Batschebas eine noch größere Nähe zu innerisraelitischen Geschichten, ja zur
engsten Geschichte der Herkunftsfamilie Davids. Verstünde man die Namensgleichheit der Septuaginta für 2 Sam 11,3 und 1 Sam 16,6 gar als Identität der
Namensträger[141], wäre Batscheba Isais Enkelin und Davids Nichte. Allerdings
brächte die Verknüpfung mit den Trägern des Namens Eliab auch problematische
Figuren und Geschichten ins Spiel.

Mehr als tastende Erwägungen sind hier kaum möglich; festhalten lässt sich
immerhin dies: An keiner biblischen Stelle ist Salomos Mutter deutlich als Nicht-
israelitin gekennzeichnet; die LXX-Tradition will womöglich noch deutlicher

---

[139] *F. Stolz*, Das erste und zweite Buch Samuel (ZBK AT 9), Zürich 1981, 254, macht darauf
aufmerksam, „wie alt Ahitophel in diesem Fall zur Zeit von Absaloms Aufstand sein müßte."
[140] Ein Eliab ist in Num 1,9; 2,7 Anführer des Stammes Sebulon, ein Träger des gleichen Namens nach Num 16,1 ein Rubeniter und Vater von Datan und Abiram; neben weiteren Gestalten dieses Namens ist auch ein Ahnherr Judits zu nennen (Jdt 8,1).
[141] Allerdings kann der Eliab aus 1 Sam 16,6 nicht der Eliab (LXX) von 2 Sam 23,34 sein; der
eine ist Isais, der andere Achitofels Sohn. So bleibt gerade auf der Ebene der LXX jede über die
Namensgleichheit in 1 Sam 16,6, 2 Sam 11,3 und 2 Sam 23,34 hinausgehende Identifizierung
der Namensträger fraglich und damit muss auch die Frage, *welcher* Eliab in der Perspektive der
LXX als Salomos Großvater mütterlicherseits anzusehen sei, offen bleiben.

machen, dass sie als Israelitin zu sehen sei. Das könnte die These stützen, die in der Formulierung „die des Uria" in Mt 1 gleichsam eine Hilfskonstruktion der „Heidinnenthese" vermutet: Wenn schon nicht für sie, so wäre doch für ihren ersten Mann der Status des Ausländers festgehalten. Ob und wie weit das plausibel ist, lässt sich von der Wendung „die des Uria" allein her nicht beurteilen, sondern nur im Blick auf alle vier bzw. fünf Frauen im Stammbuch Jesu in Mt 1.

Wichtiger als die Leerstelle des fehlenden Namens der Mutter Salomos in Mt 1, die womöglich für mehr als *einen* Namen offen ist (Batscheba oder Batschua) und wichtiger noch als die Frage, wie deutlich die Texte für sie eine israelitische Herkunft nahe legen, ist m.E. die Entscheidung, ob die Wendung „David aber bekam Salomo von der (Frau) des Uria" lediglich an die Batscheba aus 2 Sam 11f. erinnert[142] oder mindestens auch an deren Rolle der Königinmutter[143], d.h. an all das, was in 1 Kön 1f. von ihr und ihrer entscheidenden Mitwirkung bei der Inthronisation Salomos erzählt wird. Hier nämlich wird sie als aktiv Agierende ins Bild gesetzt, während ihre Rolle in 2 Sam 11 passiv bleibt. Sie ist es, die Salomos Anspruch auf die Thronnachfolge mit Nachdruck und Geschick durchsetzt. Könnte es sein, dass die Formulierung in Mt 1,6, David habe Salomo von ihr bekommen nicht allein und nicht einmal vor allem auf die Ehebruchsgeschichte in 2 Sam 11 zu beziehen ist (der Sohn, der dieser Verbindung zunächst entstammt, stirbt), sondern mindestens ebenso auf Salomo selbst und auf das, was „die des Uria" für ihn tat? Könnte es sein, dass (auch) an dieser Stelle in Mt 1 die Erwähnung einer Frau Jesus und auf andere Weise den Lesenden die Geschichten von Frauen „ins Stammbuch" schreibt, die keine Objekte männlicher Machenschaften blieben, sondern zu eigenständig Handelnden wurden? „Die des Uria" wurde zunächst sozusagen ‚die des David', doch sie blieb nicht in dieser Rolle eines bloßen Eigentums wechselnder Besitzer, sondern sie wurde die, die nicht nur die Geschichten (*stories*), sondern auch die Geschichte (*history* und *her story*) Israels prägte. Denn David bekam, so gelesen, den Salomo in 2 Sam 12[144] *und* in 1 Kön 1f. von ihr.[145]

---

[142] Salomos Geburt wird erst in 2 Sam 12,24 berichtet, dabei wird Batscheba explizit mit dem Epitheton „seine" (Davids) „Frau" (אִשְׁתּוֹ) benannt.

[143] Dazu *H. Donner*, Art und Herkunft des Amtes der Königinmutter im Alten Testament, in: R. von Kienle u.a. (Hg.), FS Johannes Friedrich, Heidelberg 1959, 105–145; *N.E.A. Andreasen*, The Role of the Queen Mother in Israelite Society, CBQ 45 (1983) 179–194; *Z. Ben-Barak*, The Status and Right of the gĕbîrâ, JBL 110 (1991) 23–34; *C. Smith*, „Queenship" in Israel? The Cases of Bathsheba, Jezebel and Athaliah, in: J. Day (Hg.), King and Messiah in Israel and the Ancient Near East (JSOT.S 270), Sheffield 1998, 142–162; *S. Ackerman*, The Queen Mother and the Cult in Ancient Israel, JBL 112 (1993) 385–401. Auch wenn umstritten ist, ob es sich um ein reguläres „Amt" der Königsmutter handelt, ist deren wichtige politische Rolle erkennbar, dazu *A. Kiesow*, Löwinnen von Juda. Frauen als Subjekte politischer Macht in der judäischen Königszeit (Theol. Frauenforschung in Europa 4), Münster 2000, vgl. auch *B.W. Cushman*, The Politics of the Royal Harem and the Case of Bat-Sheba, JSOT 30 (2006) 327–343.

[144] In einigen Mss in 2 Sam 12,24 steht eine (womöglich ursprüngliche) fem. Form, nach der „sie" (d.h. die Mutter Batscheba) dem Sohn den Namen Salomo gibt, dazu *W. Dietrich*, David, 56.

[145] Angeführt sei hier ein Ausschnitt einer Predigt (www.melanchthon-akademie.de/123.html), die Rainer Stuhlmann in der Kölner Antoniterkirche im Dezember 2007 über Mt 1,1–17 gehal-

Die Durchbrechung der üblichen Regeln liegt dann nicht (jedenfalls nicht *allein*) in der Ehebruchsgeschichte in 2 Sam 11 – das Irreguläre ist (mindestens *auch*) die Thronnachfolge, die mit Salomo einer antritt, dem sie nach den Regeln der Erbfolge gerade nicht zustünde. Diese Durchbrechung bewirkt (mindestens *auch*) Salomos Mutter. „Die des Uria" ist eine Frau, der etwas widerfährt, das sie zunächst ein bloßes Machtobjekt sein lässt[146], die sich dann aber in ihrem eigenen Verhalten als eigener und eigenständig handelnder Mensch und in diesem Sinne

---

ten hat. Der Prediger erzählt die im Stammbaum Jesu in Mt 1 anklingenden alttestamentlichen (Frauen-)Geschichten knapp und eindrucksvoll nach. Er erzählt sie in der Freiheit der Predigt nicht buchhalterisch korrekt, sondern pointiert und zuweilen amplifizierend. Die im Folgenden zitierte Passage über „die des Uria" ist gerade wegen ihrer kleinen Nuancenverschiebungen erhellend:

„Nachdem die beiden ältesten Söhne Davids früh verstarben, wäre Adonija als Thronfolger an der Reihe gewesen. Und als David auf dem Sterbebett lag, scharrte Adonija schon ungeduldig mit den Hufen. Er lud alle Noblen des Königshofes in einen kleinen Palast vor den Toren der Stadt, um sich von den Aristokraten Jerusalems schon einmal vorsorglich zum König ausrufen zu lassen, noch bevor sein Vater starb.

Eine der Gemahlinnen König Davids war jedoch nicht eingeladen, sie nicht und nicht ihr Sohn Salomo: ‚Das Weib Urijas' wurde die nicht ganz standesgemäße Dame am Hofe genannt. Bevor David sie als seine Lieblingsfrau in seinen Harem aufnahm, war sie mit dem Hethiter Urija verheiratet. David hatte Urijas Ehe gebrochen und die verheiratete Frau mit Namen Batseba geschwängert. Und als misslang, das von ihm gezeugte Kind dem Ehemann unterzuschieben, hatte David Urija kaltblütig ermorden lassen.

Dass David seiner Batseba keinen Wunsch abschlagen konnte, machte sie bei Hofe nicht gerade beliebter. Jetzt an Davids Sterbebett, von der feinen Gesellschaft ausgeschlossen, erwirkt Batseba Davids Entscheidung, dass ihr Sohn Salomo in Zukunft auf dem Throne Davids sitzen soll, der in der Thronfolge irgendwo unter ferner liefen kam. Flugs holen Batseba und ihre Vertrauten den Esel Davids aus dem Stall. Salomo besteigt das königliche Reittier und zieht auf ihm in die Stadt Jerusalem ein. Kreti und Pleti, das einfache Volk, jubelt ihm zu: ‚Hosianna dem Sohne Davids!' So rufen ihn die kleinen Leute, die Machtlosen und Unterdrückten, zum König Israels aus, während die Aristokraten ahnungslos draußen vor der Stadt mit Adonija tafeln, der leer ausgeht.

Was für ein Schauspiel hat ‚Urijas Weib' am Ende inszeniert: Der Triumph einer Frau über versammelte Männermacht! Die bei Hofe Verachtete verschafft sich Achtung. Mit List und Tücke, subversiv, erkämpft sie sich den Weg zur Macht. Gegen die geballte Macht der Prinzen setzt sie sich schließlich durch und avanciert zur Königin Mutter, zur Mutter des Sohnes Davids und Ahnfrau des Messias."

Rainer Stuhlmann erzählt an mehreren Stellen gezielt ungenau, etwa bei der Verwandlung des *Maultiers* aus 1 Kön 1,33.38.44 in einen (quasi-messianischen) *Esel* und ebenso bei der unmittelbaren Mitwirkung der Mutter Salomos bei der Herbeischaffung dieses solchermaßen narrativ-theologisch aufgeladenen Reittiers sowie v.a. in der Implementierung des „Hosianna" aus der Erzählung vom Einzug Jesu nach Jerusalem in die Szenerie von 1 Kön 1f. Gerade in solchen – in der Predigtpassage nicht ausgeführten, doch kräftig angedeuteten – Konfigurationen vermag die Predigt zu verdeutlichen, wie etwa die Geschichte der Batscheba im Kontext eines Evangeliums gehört werden konnte.

[146] Sexualität wird hier als Macht eingesetzt. Ähnlich ist es bei Absaloms öffentlichem Beischlaf mit den Nebenfrauen seines Vaters (2 Sam 16,22), mit dem er die schwindende „Potenz" Davids demonstrieren will, und wohl auch bei Rubens Übergriff auf Bilha (Gen 35,22, dazu 49,3f.). Eine Interpretation solcher Beziehungen auf der Gefühlsebene geht daher fehl (dazu auch *Müllner*, Batseba, in: WiBiLex [mit weiteren Literaturhinweisen]).

als Subjekt erweist. Ist das eine Perspektive, welche nicht nur Tamar und Batscheba verbindet[147], sondern auch etwas über die beiden bzw. die drei weiteren Frauen in Mt 1 zu zeigen vermag?

3. Rahab – Verrat und Rettung

Wie steht es in dieser Hinsicht mit Rahab?[148] Sie wird in Jos 2,1.3; 6,17.23.25 als einzige Person aus der Einwohnerschaft Jerichos namentlich erwähnt[149] und sie ist ausweislich der neutestamentlichen Rezeptionen (neben Mt 1 auch Hebr 11,31 und Jak 2,25, vgl. auch 1 Clem 12,1) eine bedeutende Gestalt der Tradition. Freilich lässt sich über die in Mt 1,5 erwähnte Beziehung zwischen jener Rahab und einem Salmon ($\Sigma\alpha\lambda\mu\dot{\omega}\nu$)[150] nichts finden.[151] Bemerkenswert ist allerdings, dass

---

[147] Verbindet sie auch David und Juda? Hat auch David etwas gelernt? Wenn man Ps 51 (mit der redaktionellen Zuschreibung in V. 1f., dazu *F.-L. Hossfeld/ E. Zenger*, Psalmen 51–100, HThKAT, Freiburg u.a. 2000, bes. 49) als Psalm des Königs David und als Reaktion auf die Vorhaltungen Natans liest (die neutestamentliche Rezeption wird ihn so gelesen haben), dann wird hier ein Sündenbekenntnis Davids hörbar (dazu *Butting*, Schuld). Aber gerade dann lässt der in diesem Psalm zentrale, auf Gott bezogene, Satz in V. 6 („an dir, dir allein habe ich gesündigt" [לְךָ לְבַדְּךָ חָטָאתִי]) die Frage laut werden, ob sich David nicht (mindestens *auch*) an Batscheba vergangen hat. Zugespitzt könnte man sagen: In 2 Sam 12 bekennt sich David schuldig an Uria, in Ps 51 an Gott. Die „Theologisierung" ermöglicht, Schuld in ihrer letzten Abgründigkeit als Sünde wahr zu nehmen, sie kann aber auch (nicht nur hier) davon ablenken, was Menschen Menschen angetan haben und antun. Eine Schuld gegenüber Batscheba kommt aber weder in 2 Sam 12 noch im (so gelesenen) Psalm 51 in den Blick. Das ist in Gen 38 anders, denn Juda erkennt sein Fehlverhalten gegenüber Tamar – und Juda ändert sich, wie die Josefsgeschichte im Folgenden erweist.

[148] Die Schreibweise des Namens Ra(c)hab wechselt (in der hebräischen Bibel רָחָב – in Mt 1 ῾Ραχάβ – in der LXX und sonst im Neuen Testament ῾Ραάβ). Die Etymologie ist unsicher; besser verzichten sollte man(n) auf spekulative und vor allem auf nachgerade machistische Versuche wie bei *H.M. Barstad*, The Old Testament Feminine Personal Name rāḥāb. An Onomastic Note, SEÅ 54 (1989) 43–49, aber auch *R. Bartelmus*, ThWAT VII, 452f., dazu mit Recht sehr kritisch Johannes P. Floß (NBL III, 275f.).
Erwähnt sei immerhin, dass die Identifikation der Rahab aus Mt 1 mit der aus Jos 2 und 6 nicht zweifelsfrei ist. Gegen die Gleichsetzung argumentiert (v.a. mit dem Verweis auf die Differenzen der Schreibweise) *J.D. Quinn*, Is *Rachab* in Mt 1,5 Rahab of Jericho?, Bib 62 (1981) 225–228. Dagegen hat Raymond E. Brown – u.a. seinerseits mit dem Verweis auf die auch sonst in Mt 1 vom üblichen neutestamentlichen Gebrauch unterschiedene Schreibweise auch anderer Namen – noch einmal für die Gleichsetzung plädiert, freilich nicht mit letzter Sicherheit, wie aus dem Titel seines Aufsatzes hervorgeht: *Rachab* in Mt 1,5 Probably is Rahab of Jericho, Bib 63 (1982) 79f.

[149] Zur Erzählung *J.P. Floß*, Kunden oder Kundschafter? Literaturwissenschaftliche Untersuchungen zu Jos 2, 2 Bde (ATS 16. 26), St. Ottilien 1982. 1986.

[150] Salmon begegnet auch sonst nur in genealogischen Notizen (Rut 4,20f.; 1 Chr 2,11 [Salma]). Vielleicht gab es eine entsprechende *story*. Wäre es so und würde man sie kennen, sähe das Bild womöglich ganz anders aus, aber so bleibt es bei der Fehlanzeige.

[151] Auch Josephus, Ant V,1.2, der Rahab als Gastwirtin einführt und einen ihrer Bezeichnung als Hure אִשָּׁה זוֹנָה (Jos 2,1) bzw. הַזּוֹנָה (Jos 6,17.25; LXX πορνή) entsprechenden Ausdruck vermeidet, bietet lediglich eine etwas erweiterte Nacherzählung des in Jos 2 u. 6 Berichteten. Mit einer eigentümlichen Deutung der Wendung זוֹנָה versucht auch der mittelalterliche jüdi-

die jüdische Tradition von einer Ehe zwischen ihr und Josua zu berichten weiß.[152] Da jedoch die einzige Information, die Mt 1 über sie gibt, diese Beziehung zu Josua gerade nicht voraussetzt, bleiben wir bei der Suche nach dem Grund für ihre Aufnahme in die Reihe der Frauengestalten der matthäischen Genealogie auf die Jerichoerzählung des Josuabuches verwiesen. Diese aber deckt eine Beziehung dieser Frauengestalt auf außergewöhnliche Zeugungs-, Empfängnis- oder Geburtsgeschichten und eine entsprechende thematische Verknüpfung mit den anderen genannten Frauen kaum ab, man wollte denn die bloße Tatsache der Verbindung einer Kanaanäerin mit einem Nachkommen Abrahams und Ahnherrn Davids schon für eine solche halten.

So wird man bei dem bleiben, was in Jos 2 und 6 berichtet ist, und von da her nach einem Motiv der Nennung Rahabs in Mt 1 suchen müssen. Aber auch dann kommen mehrere Linien in Betracht. Da ist die kleine Rede, welche Rahab den von ihr versteckten Kundschaftern hält (Jos 2,9–16) und die sich als eine implizite Begründung ihrer Aktion zugunsten der hebräischen Eindringlinge verstehen lässt. Rahab berichtet, welche großen Taten man von Jhwh gehört habe; sie nennt Jhwh „euren Gott" und sagt von dieser Gottheit, sie sei „oben im Himmel und unten auf der Erde" (V. 11). Diese Worte lassen sich geradezu als ein Bekenntnis Rahabs zu Israels Gott verstehen, so dass die Einwohnerin Jerichos in Hebr 11,31[153] als Zeugin des Glaubens genannt werden kann. Eine solche Lektüre von Jos 2 dürfte auch Jak 2,25 zugrunde liegen; allerdings ist für den Jakobusbrief entscheidend, was sie *getan* hat.[154] Aber worin besteht das Entscheidende ihres Tuns? Sie hat sich gegenüber den von Josua ausgesandten Kundschaftern konspirativ solidarisch verhalten, indem sie das Gastrecht als unverbrüchlich erachtete – 1 Clem 12,1 erwähnt die Gastfreundschaft explizit[155] –, und sie tat dies um den

---

sche Kommentator Tanchum Ben Josef ha-Jeruschalmi den mit der alttestamentlichen Bezeichnung verbundenen Makel zu beseitigen, dazu *H.-G. von Mutius*, Der Josuakommentar des Tanchum Ben Josef ha-Jeruschalmi (JTSt 9), Hildesheim 1983, S. 9 des Kommentars. *H. Horn*, Josua 2,1–24 im Milieu einer ‚dimorphic society', BZ 34 (1987) 264–270, zeichnet Rahab als Randfigur einer Gesellschaft, die vom Neben- und Gegeneinander städtischer und nomadischer Kultur geprägt ist (ebd., 269f.).

[152] Dazu Sifre Num § 78 und Bill I, 20–23 (bes. 22).

[153] *M. Karrer*, Der Brief an die Hebräer (5,11–13,25), ÖTK 20/2, Gütersloh 2008, 292f., sieht hier die Nichtisraelitin betont, welche die Kundschafter *aufgenommen* hat, wie Jesus, Apostel und Gottes Wort *aufgenommen* werden sollen (das in Hebr 11,31 [wie in Jak 2,25] gebrauchte Verb δέχεσθαι findet sich in der LXX-Fassung in Jos 2; 6 allerdings nicht).

[154] Dazu *F. Mußner*, Jakobusbrief, HThKNT 1974, 150f. Eine Charakterisierung dieses Tuns als „Werkgerechtigkeit" ginge an sich nicht fehl, wäre „Werkgerechtigkeit" nicht zu einem protestantischen Kampfbegriff geworden, mit dem (je nach Interessenlage) das Judentum und der Katholizismus (oder beide) getroffen bis denunziert werden konnten und können. Aber fordert nicht auch Paulus das Tun des in der Tora Gebotenen (Röm 2,13) und ist nicht die Kritik an den Pharisäern in Mt 23 eine Kritik an ihrem Tun bzw. Nicht-Tun und nicht an ihrer Lehre? Was wäre das für eine Gerechtigkeit, die sich nicht auch im Handeln realisiert? Es möchte Protestantinnen und Protestanten wohl angeraten sein, in theologischen Kontroversen auf den mindestens missverständlichen und von falschen Oppositionen gefüllten Begriff der „Werkgerechtigkeit" zu verzichten, dafür aber die Bedeutung des *Tuns des Gerechten* und (mit Prov 12,28) des *Weges der Gerechtigkeit* stark zu machen.

[155] Ausgedrückt ist das auch in der Formulierung in Jak 2,25. Wenn es dort heißt, sie habe die Boten aufgenommen (ὑποδεξαμένη τοὺς ἀγγέλους), erinnert die (freilich nicht in allen

Preis des Verrats und des Betrugs an den Leuten ihrer Stadt. Dafür wird sie belohnt, indem von allen EinwohnerInnen Jerichos nur sie und ihre engeren Angehörigen am Leben bleiben.[156] Die Notiz in Mt 1,4f. setzt weiter voraus, dass sich Rahab Israel anschloss[157] und eine Verbindung mit einem Israeliten einging.[158]

Welche Gesichtspunkte sind im Blick auf die Rolle Rahabs in Mt 1 festzuhalten? Da ist zuerst ihr Konflikt zwischen Treue und Verrat. Um des Gastrechts willen betrügt sie die Leute ihrer Stadt; die Lüge dient der Lebensrettung der Fremden – sie wird dann für Rahab selbst zur Lebensrettung ihrer Familie. Als Fremde wird sie Teil der Geschichte Israels und der Familiengeschichte Judas, Davids und Jesu. Ferner wird sie in aller Zwiespältigkeit des Handelns[159] selbst aktiv. Diese Aspekte verbinden sie, in teils eng, teils entfernter parallelen Zügen mit den anderen drei bzw. vier Frauen. Bevor die Frage, was die vier alttestamentlichen Frauen untereinander und was sie mit Maria verbindet, zusammenfassend aufgenommen werden soll, bedarf es noch eines entsprechenden Blicks auf die nach Tamar und Rahab und vor „der des Uria" genannten Frauengestalt der hebräischen Bibel. Wie kommt in diesem Zusammenhang Rut bzw. wie kommt die Verbindung zwischen Rut und Boas zu stehen?[160]

Handschriften belegte) Verwendung des in LXX in Jos 2 und 6 nicht gebrauchten Wortes ἄγγελος an Hebr 13,2: τῆς φιλοξενίας μὴ ἐπιλανθάνεσθε, διὰ ταύτης γὰρ ἔλαθόν τινες ξενίσαντες ἀγγέλους („Die Gastfreundschaft vergesst nicht! Denn dadurch haben einige, ohne es zu wissen, Engel beherbergt."). Ob es sich bei einer oder einem Fremden um einen Gottesboten, einen „Engel", gehandelt hat, lässt sich nur im Nachhinein erkennen, und daher mag es im Voraus im Zweifelsfall ratsam sein, es anzunehmen.

[156] Das verabredete Zeichen, nämlich das Anbringen einer roten Schnur (Jos 2,18) am Haus der Rahab, hat schon früh zu christlich-allegorischen Deutungen gereizt; bereits in 1 Clem 12,1 ist eine Verbindung mit dem Blut Christi angedeutet, dazu und zu weiteren Motiven *J. Daniélou*, Sacramentum Futuri. Études sur les origines de la typologie biblique (ETH), Paris 1950, hier 217–232. Inneralttestamentlich lässt sich eine Motiv- und/ oder Wortverbindung zwischen jener „roten Schnur" (die Worte תִּקְוָה und שָׁנִי) und Gen 38 ziehen. Dort kommt das Motiv einer Schnur (deren Vorweisen Leben rettet) im Blick auf Judas Schnur (als Judas zusammen mit Siegel und Stab persönliches Kennzeichen) in V. 18 u. 25 vor (allerdings mit einem anderen Wort für die „Schnur"); ferner ist von einem „roten" (שָׁנִי) Faden bei der Geburt der Zwillinge Perez und Serach die Rede. Die „Schnur" verknüpft mithin, wenn man so will, Tamar und Rahab bzw. deren Geschichten.

[157] Entsprechend Jos 6,25: וַתֵּשֶׁב בְּקֶרֶב יִשְׂרָאֵל עַד הַיּוֹם הַזֶּה („sie lebt[e] mitten in Israel bis auf den heutigen Tag"), dazu auch *Fiedler*, ThKNT, 41.

[158] Dazu die o. genannten rabbinischen Stellen, die in der Folgerung („von ihr stammen Propheten und Priester" [Bill I,22] auf ihrer Verbindung mit Josua basieren, die Mt 1 gerade nicht voraussetzt. Übrigens – das ist für eine Josef-Josef-Konfiguration nicht ohne Belang – gehört Josua zum Stamm Manasse und damit zur Josef- und nicht zur Judalinie.

[159] Rahab fordert die Verschonung der Ihren als Gegenleistung zu ihrer Hilfsaktion für die Kundschafter. Allerdings geht ihr Tun ihrer Forderung voraus: Zuerst versteckt sie die Spione. Nun kann man die ganze Geschichte und vor allem die ihr Tun begründenden Worte in V. 9ff. auch so lesen, dass sich Rahab opportunistisch denen anschließt, von deren Sieg sie überzeugt ist. Nicht weil sie als Hure gekennzeichnet ist, sondern wegen dieses bleibenden Zwiespalts geht Rahab aus der Geschichte nicht als strahlende Heldin hervor. Die Nennung Rahabs erinnert an den immer wieder schwierigen und in einer Situation, in der es um Leben und Tod geht, oft unlösbaren Konflikt zwischen Verrat und Treue.

[160] Auf die Bedeutung des Rahab und Rut verbindenden Stichworts חֶסֶד (vgl. Jos 2,12.14 und Rut 1,8; 3,10) macht Irene Nowell aufmerksam (Great-Grandmothers, hier 6).

4. Rut – die ‚erste Maria'

Die in Mt 1 erfolgende Einknüpfung von Rut (Ῥούθ) und Boas (Βοές) in die Juda-David-Linie ist bereits in der Genealogie am Ende des Rutbuches betont[161] und ebenso in 1 Chr 2,4–15. Dazu kommt, dass Ruts Geschichte aufs Engste mit Betlehem, dem Ursprungsort Davids und Jesu, verbunden ist. Schließlich ist Rut eindeutig als Nicht-Israelitin gekennzeichnet, so dass ihre Erwähnung sich (wie die der Rahab) unschwer der „Heidinnen-These" einfügt. Dass sie eine Moabiterin ist, wird dabei zu einer durchaus dramatischen Frage, denn nach Dtn 23,4 dürfen Moabiter unter keinen Umständen zur Gemeinde Jhwhs kommen. Dieser komplexe Aspekt ist im Folgenden aufzunehmen und genauer zu betrachten. Im Zusammenhang damit stellt sich die Frage, ob sich auch mit ihrer Mutterschaft eine „irregularity" oder gar ein skandalöser Status verbindet.

Unter den in der Genealogie genannten Frauen ist es vor allem Rut, für die jeder Makel in Abrede gestellt wird.[162] In der Tat ist sie weder eine Hure, die Rahab ist und als die Tamar sich ausgibt, noch kann ihre Schwangerschaft in irgendeiner Weise als Folge eines Ehebruchs angesehen werden, was sie von Batscheba – und auch von Maria – unterscheidet. Gleichwohl verbinden sich auch mit Ruts Geschichte Aspekte, Fragen und Lektüreweisen, die sie und die Beziehung des Boas mit ihr nicht fraglos als vorbildlich erscheinen lassen. Vor der Thematisierung dieser problematischen Punkte ist zu skizzieren, welche weiteren Motive die Figur der Rut mit ihrer ganzen im Buch Rut erzählten Geschichte in den Anfang des Matthäusevangeliums einspielt.

Über die genannte engste Beziehung zu Betlehem und damit zu David und Jesus hinaus ist sie selbst in Rut 4,11f. auf mehrfache Weise mit anderen – in Mt 1f. genannten, aber auch mit dort nicht genannten – Frauengestalten verknüpft. Hier findet sich ein expliziter Rückbezug auf Tamar und Juda und deren Geschichte (Rut 4,12). Dabei ist es aufschlussreich, dass die Erinnerung an Tamar an dieser Stelle einem *Mann* ins Stammbuch geschrieben wird, denn sie gehört zu dem, was das Volk von Betlehem, das im Tor war, und die Ältesten gegenüber Boas *bezeugen* (V. 11). Zuvor erfolgt in derselben Bezeugung ein Bezug zu Rahel und Lea.[163] *Lea* ist in Mt 1 als Mutter Judas implizit im Blick, eine bemerkenswerte *Rahel*passage findet sich dann in Mt 2.[164] Die in Rut 4,18–22 folgende Genealogie[165] setzt wiederum bei Tamars Sohn Perez ein und erstreckt sich von

---

[161] Zur Frage, ob diese Genealogie in Rut 4,18–22 ursprünglich zur Rut-Erzählung gehört, *I. Fischer*, Rut, HThKAT, Freiburg u.a. 2001, 67–70, vgl. auch *J. Ebach*, Fremde in Moab – Fremde aus Moab. Das Buch Ruth als politische Literatur, in: ders./ R. Faber (Hg.), Bibel und Literatur, München ²1998, 277–304, hier 299, Anm. 76. Auf der Ebene der Lektüre von Mt 1 gehört der Schluss des Rutbuches jedenfalls ebenso zu seiner überlieferten Gestalt wie Gen 38 zur „Josefsgeschichte" gehört.

[162] Geradezu als „unmöglich" bezeichnet eine solche negative Sicht auf Rut *Luz*, Matthäus, 94.

[163] Rahel dürfte hier wegen des Bezugs zu Betlehem zuerst genannt sein, zu diesem Thema *Ebach*, Fremde, 297 (zustimmend *Fischer*, Rut, 248).

[164] Dazu u. im Kapitel „Rahel".

[165] Diese *männliche* Genealogie ist das komplementäre Gegenstück zur *weiblichen* in 4,11f.17, dazu *Fischer*, Rut, bes. 67–76, u.a. mit dem Hinweis auf den Gebrauch von ילד in 4,13 mit Rut, in 4,21 mit Boas als Subjekt – eine weitere Passage, an der die inklusive Bedeutung von ילד

diesem über zehn Generationen[166] bis zu David. Auch wenn sie keine Frauennamen nennt, schließt sie damit exakt die Generationen ein, zu denen die vier in Mt 1 namentlich genannten Frauen gehören. Tamar ist die Mutter des in Rut 4,18 zuerst genannten Perez; der zuletzt genannte David ist der Mann der Batscheba, und die zwischen beiden aufgeführten Salma (Mt 1: Salmon) und Boas haben ihre Söhne (Boas und Obed) von den in Mt 1 zwischen Tamar und „der des Uria" erwähnten Frauen Rahab und Rut bekommen.

Über diese (von 1 Chr 3 gestützte) prominente genealogische Einbindung der Geschichte Ruts am Ende ihres Buches hinaus ergeben sich weitere Perspektiven auf Mt 1. Denn bereits in den alttestamentlichen Texten und Kontexten zeigt sich eine messianische Linie. Sie setzt noch einmal am Ort Betlehem ein und entfaltet sich in einer Konfiguration zwischen der Rut-Erzählung und der Verheißung in Mi 5. Dazu sei ein kleiner Abschnitt aus Irmtraud Fischers Rut-Kommentar ungekürzt zitiert:

„Aus Betlehem geht der erste König über Israel hervor. Aus diesem Ort erhofft Mi 5,1ff. den, der kommen wird, um über Israel zu herrschen, und dessen Ursprung in ferner Vorzeit liegt (5,1). Wenn man Mi 5 und das Rutbuch intertextuell-kanonisch liest, so wird dem Friedensherrscher eine neue Rut vorausgehen, die ihn gebären wird (5,2a). Boas gleich wird er in der Macht JHWHs feststehen. Es wäre durchaus denkbar, daß sich der sprechende, im AT singuläre Männername Boas an diesem Vers inspiriert hat (vgl. das Wortspiel mit dem Eigennamen Boas, בֹּעַז und בְּעֹז, ‚in der Kraft JHWHs', Mi 5,3a). Der aus Betlehem Erwartete wird selber der universale Friede in Person sein (ein neuer Salomo?), da er bis zu den Enden der Erde als Herrscher anerkannt sein wird."[167]

Im Anschluss an diese Beobachtungen und Überlegungen kommt Irmtraud Fischer auf Mt 1 und 2 zu sprechen – dabei spielt das Zitat aus Mi 5 in Mt 2 eine wichtige Rolle – und kann Maria pointiert als „zweite Rut" bezeichnen.[168] Gerade die angedeutete Salomo-Linie, die sich aus einer so konfigurierenden Lektüre von Mi 5 ergibt, stellt jedoch auch eine weitere Verbindung unter den alttestamentli-

---

und die Problematik der Wiedergabe mit „zeugen" *oder* „gebären" erkennbar wird. Zu nennen ist hier auch die im Zusammenhang der Genealogie am Schluss des Rutbuches öfter verhandelte Frage ihrer Logik. Müsste nicht im Sinne des Levirats Machlon der Vater Obeds sein und nicht Boas? Diese Frage stellt sich auch im Blick auf die Aufnahme des in Gen 38 Erzählten in den Genealogien. Perez und Serach sind in Rut 4,12 sowie 1 Chr 2,4; 4,1 als Söhne Judas aufgeführt und nirgends als Söhne des verstorbenen Erstgeborenen Judas, Er. Als Ziel der Schwagerpflicht ist in Dtn 25,5–10 und bes. V. 6 benannt, der Name des verstorbenen Bruders solle in Israel nicht erlöschen. Wie geht diese Bestimmung mit den genealogischen Angaben zusammen? Hier liegt eine Art doppelter Logik vor, nach der Menschen mehr als *einen* Vater (und mehr als *eine* Mutter) haben können. Da diese Frage für Mt 1 und für eine Josef-Josef-Konfiguration im Besonderen eine große Rolle spielen dürfte, wird sie u. im Kapitel „Adoption" noch einmal eigens aufgenommen.

[166] Die zehngliedrige Genealogie in Rut 4,18–20 hat zwei Teile, sie umfasst fünf Generationen vor und fünf nach dem Exodus. Die Reihe Obed → Isai → David steht am Ende und bildet das Ziel. Der Aufbau weist Gemeinsamkeiten mit Mt 1 auf (dazu *Fischer*, Rut, 258f.). Auch in Mt 1 sind Obed, Isai und David die letzten drei der ersten (allerdings hier 14er) Reihe.

[167] *Fischer*, Rut, 104f.

[168] Ebd., 105.

chen Frauen in der Genealogie von Mt 1 her, nämlich eine zu Salomos Mutter Batscheba. Sie wäre dann gleichsam eine „erste zweite Rut", wie Rut ihrerseits eine zweite Rahel (und Lea) und eine zweite Tamar ist.

Rut ist von daher nicht nur eine der vier bzw. fünf Frauen im Stammbaum von Mt 1; in ihrer Figur und ihrer Geschichte finden sich darüber hinaus mehrere Verbindungslinien zu den drei bzw. vier anderen und ebenso zu der in Mt 2 erscheinenden Rahel. Einzig zu Rahab ist eine solche direkte Verknüpfung nicht erkennbar.

Eine thematische Verbindung zwischen Ruts und Tamars Geschichte ergibt sich vor allem im Blick auf das Motiv des „Lösers"[169], welches mit dem der „Schwagerpflicht"[170] eng verwandt ist. Rut wird ein solcher „Löser" zuteil, während sich Onan in Gen 38 der vergleichbaren Pflicht schnöde entzieht und Juda durch Tamars List in diese Rolle gezwungen wird. Irmtraud Fischer formuliert die gegenstrebige Beziehung bündig, indem sie über Tamar sagt: „Sie gebiert dem Leviratsverweigerer Juda ihren Sohn Perez, den Stammvater des Leviratsvollziehers Boas.[171] Hier zeigt sich, dass die in die Genealogie Jesu in Mt 1 eingespielten Geschichten einerseits parallele Strukturen haben, andererseits aber auch als Geschichten und Gegengeschichten wahrzunehmen sind. In diesem Zusammenhang ist nun ebenfalls zu beachten, dass Boas vor allem das Eigentum *Noomis* auslöst. Boas ist der „Löser" Noomis (so explizit Rut 4,14); die Heirat mit Rut ist sozusagen ein Folgeakt der Reintegration Noomis.

Im Anschluss an die entsprechende Erklärung in Rut 4,14f. folgt eine eigentümliche Szene:

„Noomi nahm den Geborenen und hob ihn auf ihren Schoß. Und sie wurde seine Adoptivmutter. Da riefen die ansässigen Frauen seinen Namen und sagten: ‚Der Noomi ist ein Sohn geboren!' Und sie riefen seinen Namen Obed. Er ist der Vater Isais, des Vaters Davids" (Rut 4,16f.).[172]

Noomi also adoptiert[173] Ruts Sohn Obed, die Frauen nennen ihn explizit *Noomis* Sohn.[174] Im Verknüpfungsgefüge von Mt 1 ist dieser Erzählzug von

---

[169] Bei der Institution des „Lösers" (גֹּאֵל) geht es mehr um Familien- und Sippenrechte als um persönliche Besitzrechte. D.h. im Buch Rut konkret: Noomi bekommt den Acker nicht persönlich gleichsam „zurück überschrieben"; er kommt in den Besitz des Boas und damit der Familie Elimelechs (dazu *R. Kessler*, Zur israelitischen Löserinstitution, in: M. Crüsemann/ W. Schottroff [Hg.], Schuld und Schulden. Biblische Traditionen in gegenwärtigen Konflikten [KT 121], München 1992, 40–53); weitere Lit. zu den Rechtsfragen bei *Ebach*, Fremde, 298 Anm. 72.

[170] Man sollte von einer Schwager*pflicht* und nicht von einer „Schwager*ehe*" sprechen, dazu *Ebach*, HThKAT, bes. 126ff.

[171] *Fischer*, Rut, 249. Zur Frage, warum die Genealogie in Rut 4,18–22 mit Perez beginnt, und den weiteren genealogischen Notizen über Perez auch: *K.D. Sakenfeld*, Why Perez? Reflections on David's Genealogy in Biblical Tradition, in: B.F. Batto/ K.L. Roberts (Hg.), David and Zion, FS J.J.M. Roberts, Winona Lake 2004, 405–416.

[172] In der Übersetzung bei *Fischer*, Rut, 249f.

[173] Zum Begriff und zur Sache *Fischer*, Rut, 255f.; Weiteres dazu u. im Kapitel „Adoption".

[174] Dazu und zu den genealogischen Passagen im Buch Rut und deren Kontexten auch bereits *K. Butting*, Die Buchstaben werden sich noch wundern. Innerbiblische Kritik als Wegweisung feministischer Hermeneutik, Berlin 1993, bes. 29–46.

Bedeutung, denn das Adoptionsmotiv verbindet nicht nur Josef und Josef[175], sondern hat auch auf der Ebene der Frauen eine Art Gegenpart und verbindet in diesem Betracht Rut und Maria. Darauf ist später zurück zu kommen.

5. Der Same einer Frau

Im Zusammenhang der ebenso parallelen wie gegenstrebigen Fügungen gerade zwischen Ruts und Tamars Geschichte ist eine bemerkenswerte Formulierung in Rut 4,12 zu erwähnen. Denn hier ist gegen den üblichen Sprachgebrauch vom Samen (זֶרַע) einer *Frau* die Rede. Boas wird der Glück-Wunsch zuteil:

„Es sei dein Haus wie das Haus des Perez, den Tamar dem Juda gebar,
vom Samen, den JHWH dir von dieser jungen Frau geben wird."[176]
(מִן־הַזֶּרַע אֲשֶׁר יִתֵּן יְהוָה לְךָ מִן־הַנַּעֲרָה הַזֹּאת)

Die eigentümliche Rede vom Samen einer Frau bleibt auch dann bemerkenswert, wenn man das Wort „Same" (זרע) hier metonymisch als „Nachkomme" versteht und entsprechend übersetzt. In Gen 38,9 wird Onans Verweigerung der Schwagerpflicht mit Hilfe der gezielt eingesetzten doppelten Bedeutung des Wortes זרע ins Bild gesetzt: Weil er weiß, dass es זרע (Same im Sinne von Nachkomme) für seinen Bruder sein wird, lässt er den זרע (Same im Sinne von Samenflüssigkeit) daneben fallen und auf der Erde verderben. Der *coitus interruptus*[177] unterbricht, was zusammen kommen soll, d.h. er zerbricht die Generationenfolge und bricht das, was dem verstorbenen Bruder und der Witwe Tamar als ihr Recht zukommt. In jedem Fall bleibt זרע im Sprachgebrauch von Gen 38 und an den meisten anderen alttestamentlichen Stellen in Wort und Sache männlich konnotiert.

Es gibt jedoch neben Rut 4,12 zwei weitere aufschlussreiche Ausnahmen vom maskulinen Sprachgebrauch des Wortes זֶרַע (Same), die sich ihrerseits als subtile Verknüpfungen von Figuren und Geschichten lesen und dann auch auf die matthäische Rezeption beziehen lassen. Von den beiden weiteren Stellen, die vom Samen einer Frau reden, bezieht sich die eine auf Jakobs Mutter Rebekka. Im Rahmen der Segenswünsche zur Hochzeit von Rebekka und Isaak in Gen 24,60 ist, bezogen auf Rebekka, von „deinem Samen" (זַרְעֵךְ – mit. fem. Suffix) die Rede. Dass Gott ihm Samen von dieser Frau (זֶרַע מִן־הָאִשָּׁה הַזֹּאת) geben möge, wünscht in 1 Sam 2,20 der Priester Eli dem Elkana. Die Frau, von deren Samen hier die Rede ist, ist die lange kinderlose Hanna. Wenn sich Maria im „Magnificat" in Lk 1,46–55 an mehreren Stellen zitierend auf das Lied jener Hanna aus 1 Sam 2,1–10 bezieht, kommt eine zwar nicht matthäische, aber doch in den Evangelien gezogene Verbindung auch zwischen Maria und Hanna ins Bild und zu Wort.

---

[175] Weiteres dazu u. im Kapitel „Adoption".
[176] In der Übersetzung bei *Fischer*, Rut, 228.
[177] Zum Stichwort „Onanie" und den Umbiegungen in der Rezeption von Gen 38 *Ebach*, HThKAT, 130f.

Wie die in der Grundstruktur männliche Genealogie in Mt 1 durch die Nennung mehrerer Frauen nicht nur formal, sondern auch in einer inhaltlich gefüllten *gender*-Perspektive durchbrochen ist, so bilden auch diese drei Durchbrechungen einer meist männlich konnotierten Vorstellung, in welcher der Same und die Nachkommen mit demselben Wort bezeichnet werden, eine Gegenlinie zu einer androzentrischen Sichtweise auf Zeugung und Geburt. Wenn die Identifizierung des Samens (Sperma) mit den Nachkommen (vor allem den Söhnen) und die entsprechende Rolle der Frau als „Brutkasten" bio-soziologisch gänzlich intransigent wäre, wären die zwar wenigen, doch gewichtigen Stellen, an denen vom Samen einer Frau die Rede ist, nicht erklärbar. Stattdessen handelt es sich offenbar um eine dominant-androzentrische Perspektive, welche jedoch an bestimmten Stellen eine matristische Gegenstimme zulässt. Auch darauf ist zurück zu kommen, wenn es darum zu tun ist, der Vorstellung von einer „Zeugung" Jesu durch einen männlich vorgestellten „Heiligen Geist" mit dem *Text* von Mt 1f. ins Wort zu fallen.[178]

6. Umgewertete Traditionen – umwertende Lektüren

Rut und auch Boas sind im Buch Rut selbst positiv gezeichnet. Gleichwohl enthält die Erzählung und ihre implizite Wertung ein erhebliches Problem. David hat eine moabitische Urgroßmutter. Das konnte zu Zeiten durchaus als Makel empfunden werden, ja vielleicht ist es eines der Erzähl*motive* für die Geschichte Ruts, diesen Umstand, wenn er denn schon nicht vergessen werden konnte, in einer so erzählten Geschichte ins Positive umzuwerten.[179] Womöglich gibt es noch weitere Indizien für eine moabitische Herkunft Davids.[180] Es ist kaum anzunehmen, dass man eine Moab-David-Linie erfunden hätte, wenn man David eine stattliche Genealogie hätte andichten wollen.[181] Denn es gibt da jene Bestimmung in Dtn 23,4, welche strikt ausschließt, dass Ammoniter und Moabiter zur Gemeinde Jhwhs kommen – bis zur zehnten Generation nicht, niemals! Wie verträgt sich diese Bestimmung mit der Geschichte, die das Buch Rut erzählt und die zur Geschichte

---

[178] Dazu u. im Kapitel „ Das ἐκ in Matthäus 1".

[179] V.a. Gillis Gerleman entfaltet in seinem Ruth-Kommentar (Ruth/ Das Hohelied, BK XVIII, Neukirchen-Vluyn ²1981) die ansprechende These, das Buch diene der „Judaisierung der Moabiterin Ruth" (7) und damit einer Umwendung des Makels der außerisraelitischen Herkunft Davids ins Positive (zusammenfassend zu „Sinn und Zweck des Buches" 6–11).

[180] So ist bereits die Schreibweise des Namens דָּוִד ungewöhnlich und die Etymologie des Namens ist unsicher. Dazu kommt aber auch die eigentümliche Notiz in 1 Sam 22,3, nach der David seine Eltern nach Moab in Sicherheit bringt.

[181] *Dietrich*, David, 131 mit Anm. 130, bemerkt, David habe keine besonders stolze Genealogie, die habe ihm das Buch Rut verschafft, indem es ihn als Nachkommen Judas darstellt. Allerdings verschafft ihm das Buch Rut auch eine moabitische Urgroßmutter. Aber hätte man eine solche *erfunden*? So fragt mit Recht u.a. Wilhelm Rudolph (KAT 17/1, Gütersloh 1962, 29). Daher könnte es durchaus so sein, dass die im allgemeinen Gedächtnis gebliebene Tatsache einer moabitischen Herkunft Davids im Buch Rut durch die eben so erzählte Geschichte weder erfunden noch geleugnet, sondern ins Positive gewendet wurde. Zu diesen Aufbesserungen mag auch die betonte Einbindung in die Judalinie gehören.

Davids wird? Das Gewicht, welches die Bestimmung aus Dtn 23 hat, geht aus Neh 13,1–3 hervor. Da wird im Konflikt um die Mischehen der aus dem Exil Zurückgekehrten die Passage aus dem Deuteronomium zitiert und ausdrücklich reformuliert:

„An jenem Tag wurde vor den Ohren des Volkes aus dem Buch Moses vorgelesen. Man fand darin geschrieben, dass Leute aus Ammon und Moab bis in Ewigkeit nicht in die Versammlung der Gottheit kommen sollten. Denn sie waren den Israelitinnen und Israeliten nicht mit Brot und Wasser entgegen gekommen und hatten Bileam gedrängt, sie zu verfluchen, aber unsere Gottheit hatte den Fluch in Segen verkehrt. Als sie diese Weisung hörten, da sonderten sie alles Mischvolk von Israel ab."[182]

In dieser ausdrücklichen In-Kraft-Setzung der Bestimmungen aus Dtn 23 wird spätestens bei Hinzunahme von Neh 13,23 („In diesen Tagen sah ich auch jüdische Männer, die Frauen aus Aschdod, Ammon oder Moab geheiratet hatten") deutlich, dass eine Beschränkung der Torabestimmung allein auf *Männer* jedenfalls nicht das Verständnis von Dtn 23,4 in der Aufnahme bei Nehemia träfe.[183] Der zwischen Dtn 23 und Neh 13 auf der einen und dem Buch Rut auf der anderen Seite zutage tretende Konflikt bleibt daher unübersehbar. Das Buch Rut ist in dieser Hinsicht eine Gegengeschichte zu Dtn 23,4 und dessen Reformulierung in Neh 13.[184] Die Geschichte Ruts überbietet die Torabestimmung nicht, sondern unterläuft sie. Die *eine* erzählte Geschichte steht gegen die allgemeine Norm.

Dass sich hier abermals Querverbindungen zu den in Mt 1 genannten weiteren Frauengestalten und deren Geschichten ergeben – die Geschichte Marias eingeschlossen –, versteht sich. Aber es wird auch deutlich, dass die positive Sicht der Geschichte von Rut und Boas so eindeutig nicht ist. Denn wie stellt sie sich dar, wenn sie von der Warte von Neh 13 und seiner ausdrücklichen Bestätigung von Dtn 23 gelesen wird? Ist es dann noch gut, dass Boas nicht nur den Besitz Noomis und damit seines Verwandten Elimelech auslöst, sondern auch die Moabiterin heiratet?

Dass man in einer solchen Lektürehaltung das im Buch Rut Erzählte ganz anders lesen konnte, zeigt sich an einer Nebenfigur der Erzählung, nämlich dem Mann, der noch vor Boas als Löser in Frage kam und den Boas darum zuerst fragte, ob er Noomis Besitz lösen und dann auch Rut heiraten wolle. In der Szene

---

[182] Übersetzung der *Bibel in gerechter Sprache*.

[183] Hier ist auch Num 25,1 in Erinnerung zu bringen: Die sexuelle Verbindung mit Moabiterinnen führt zu einer großen Plage. Anschließend, so wird erzählt, tötet der Aaron-Enkel Pinehas einen Israeliten und eine fremde Frau (diese ist allerdings eine Midianiterin). Geschieht das wegen ihrer sexuellen Verbindung oder/ und wegen der Verführung zum Götzendienst? Letzteres ist in der Relektüre in Ps 106,28ff. betont, doch ist die (anatomische) Schilderung des Tötungsvorgangs in Num 25,8 selbst kaum ohne einen sexuellen Hintergrund zu lesen. Für die Rettung der Reinheit erhalten Pinehas und seine Nachkommen den Rang des ewigen Priestertums.

[184] In dieser Tendenz *A. LaCocque*, The Feminine Unconventional. Four Subversive Figures in Israel's Tradition, Minneapolis 1990, 86f.; *Ebach*, Fremde; *G. Braulik*, Das Deuteronomium und die Bücher Ijob, Sprichwörter, Rut. Zur Frage früher Kanonizität des Deuteronomiums, in: E. Zenger (Hg.), Die Tora als Kanon für Juden und Christen (HBS 10), Freiburg u.a. 1996, 116f., sowie ausführlich *Fischer*, Rut, 61–65.

im Tor in Rut 4,1–12 agiert Boas sehr geschickt. Er muss und will dem Recht Genüge tun und jenem, wenn er es denn wollte (er will es nicht), den Vortritt lassen. Doch es wird deutlich, dass Boas mit der Ablehnung des Konkurrenten sehr zufrieden ist. Jener andere mögliche Löser hat im Text in Rut 4,1 keinen Namen. Er wird als פְּלֹנִי אַלְמֹנִי (*ploni almoni*) angeredet – so etwas wie „du da" oder „Soundso".[185] Im Erzählgefüge handelt es sich um die Verweigerung eines Namens; jener „Soundso" soll offenbar namenlos bleiben, weil er sich mit der Verweigerung der Löserpflicht gerade keinen Namen machen, sondern vergessen, jedenfalls nicht aufgewertet werden soll.[186]

Wer nun aber seine Verweigerung anders, nämlich positiv deuten und gerade in der Verweigerung der Verbindung mit der Moabiterin im Anschluss an Dtn 23,4 die richtige Haltung erkennen will, wird sich mit der Namenlosigkeit schwer abfinden. Tatsächlich findet eine rabbinische Lektüre im Text von Rut 3,13 einen Namen. Die in den Worten des Boas: „... will er doch lösen, gut, so mag er's tun" eingeschobene Interjektion „gut" (טוֹב) wird da nämlich als *Name* jenes Mannes verstanden.[187] Der „Soundso" bekommt so einen Namen; er bekommt den Namen „Gut", denn *er* hat gut gehandelt – und nicht Boas. Wird in dieser Lektüre jener Verweigerer der Beziehung zu einer Moabiterin aufgewertet, so wird Boas konsequent abgewertet. Nach einer weiteren rabbinischen Tradition starb Boas sogleich nach der Hochzeitsnacht.[188] In dieser Lektüre kommt der, der sich mit der Moabiterin einlässt, bald um; der sich von ihr fern hält, handelt und ist gut und heißt darum „Gut" (טוֹב).[189]

Die harte Ausschlussbestimmung von Dtn 23,4, die in Neh 13,1–3 wiederholt und neu in Kraft gesetzt wird, bezieht sich darauf, dass Ammoniter und Moabiter Israel gegenüber in der Zeit der Wüstenwanderung die elementarste Hilfe (Wasser und Brot) verweigert und Bileam zu Israels Verfluchung aufgeboten haben (Dtn 23,5).[190] Auf die in der Geschichte von Lot und seinen Töchtern (Gen 19,30–38) erzählte problematische Abkunft Moabs und Ammons ist hier

---

[185] Die beiden anderen Stellen, an denen diese Bezeichnung vorkommt (1 Sam 21,3; 2 Kön 6,8), legen nahe, dass es sich um einen Namen handelt, den man kennt, aber nicht sagen will. (Jonathan Magonet hat das in einer ebenso parodistischen wie instruktiven „Purim-Rede" aufgenommen, nämlich im Abschnitt „Ploni Almoni" in: *ders.*, Schöne – Heldinnen – Narren. Von der Erzählkunst der hebräischen Bibel, Gütersloh 1996, 176–179.)

[186] Das *Tun* jenes „Soundso" wird freilich in Rut 4 nicht explizit negativ bewertet. Darin gleicht er Orpa, deren Verhalten gegenüber ihrer Schwiegermutter ebenfalls nicht als schlecht gekennzeichnet ist. Die Erzählung stellt beide Möglichkeiten (Bindung oder Trennung) dar und rühmt die Solidarität der Rut und des Boas, ohne das andere Tun der Orpa und des Nicht-Lösers ins Unrecht zu setzen.

[187] So in Rut Rabba zu 3,11; Rut Zutta 53, vgl. auch bBaba Batra 91b; dazu *A. LaCocque*, Feminine Unconventional, 103, ferner *D.R.G. Beattie*, Jewish Exegesis in the Book of Ruth (JSOT.S 2), Sheffield 1977, hier 199f., zu den genealogischen Aspekten der Rut-Erzählung 197–202.

[188] Jalqut Schimoni zu Rut 4,12, vgl. *LaCocque*, ebd.

[189] Man könnte sagen: Er wird der Besitzer eines guten Namens, geradezu ein Baal Schem Tov.

[190] Anders kommen in diesem Rückblick Ägypten und Edom zu stehen. Auch im Verhältnis zu diesen Nachbarvölkern gibt es in Israels Erfahrung Feindschaft und Unterdrückung, aber das ist eben nicht die einzige Erfahrung. Rainer Kessler wählt im Titel seiner thematisch grundlegenden Monographie daher gezielt den Plural: „Die Ägyptenbilder der Hebräischen Bibel".

nicht abgehoben. Die beiden bekamen diese ihre Söhne von ihrem Vater Lot – im Falle des Namens Moab spielt hier in V. 36f. eine pejorativ eingesetzte Etymologie mit hinein: „Moab" (מוֹאָב) ist lesbar als „vom Vater" (מֵי אָב).[191] In dem, was Rut in der Szene auf der Tenne (Rut 3) tut, stellt sich unweigerlich die Erinnerung an das ein, was ihre Urmutter tat, die Tochter Lots und Mutter Moabs. Rut legt sich in der Nacht zu einem älteren Mann und bietet sich ihm ebenso scheu wie körperlich präsent an. Zudem wählt Noomi, die Rut präzise Aufträge gibt, zielsicher eine Zeit und einen Ort, in der und an dem Boas nach der erfolgreichen Arbeit ebenso müde wie guter Dinge sein wird. Die Szene schildert eindrücklich, dass Boas überrascht, geradezu überrumpelt ist.

Was Rut tut, ist allemal risikoreich und es durchbricht die damaligen Regeln und Rollen zwischen Mann und Frau in unüblicher bis skandalöser Weise.[192] Was in jener Nacht geschah oder nicht geschah, bleibt in der Schilderung in Rut 3 offen. Einerseits ist sehr betont, dass nichts Ungebührliches erfolgte – Boas ist geradezu rührend um Ruts guten Ruf besorgt. Andererseits findet sich gerade in dieser Szene eine ungewöhnliche Häufung von Worten, die einen sexuellen Nebenklang haben. Rut – dieser Eindruck lässt sich trotz aller auch deutlichen Differenzen zwischen ihrer Erzählung und der in Gen 19 nicht vermeiden – ist nicht nur (um Irmtraud Fischers Formulierung aufzunehmen) eine erste Maria und eine zweite Tamar, Lea und Rahel – sie ist in gewisser Weise auch eine zweite Lottochter.

Mit den anderen in Mt 1 genannten Frauen verbindet Rut vor allem, dass sie selbst aktiv wird. Man wird dabei freilich mit in Anschlag bringen müssen, dass Rut an den entscheidenden Stellen tut, was ihre Schwiegermutter Noomi sie zu tun anweist. Es ist ein solidarisches, gemeinschaftliches Handeln von zwei Frauen unterschiedlicher Herkunft und unterschiedlichen Alters, die in der Männerwelt

---

[191] Elke Seifert hat in ihrem Beitrag „Lot und seine Töchter" (in: H. Jahnow u.a., Feministische Hermeneutik und Erstes Testament, Stuttgart 1994, 48–66, hier 56–65) in einer konsequenten ‚Hermeneutik des Verdachts' als „Wirklichkeit hinter Gen 19,30–38" (64) einen Missbrauch der Töchter durch den Vater Lot rekonstruiert. So wenig die Autorin in ihren hermeneutischen Bemerkungen (64f.) die Differenz dieser Interpretation zum „Denken und den Wertvorstellungen des Ersten Testaments" (ebd.) unterschlägt, so deutlich ist doch auch, dass gegenwärtige Erfahrungen von Mädchen und Frauen ihre Interpretation bestimmen und dabei v.a. die freilich bestürzende Übereinstimmung zwischen den in Gen 19 genannten Umständen und den von inzestuösen Vätern stereotyp zu ihrer Entlastung vorgebrachten Gründen (sie seien betrunken gewesen, die Töchter hätten es selbst gewollt ...). So wichtig es ist, solche Übereinstimmungen aufzudecken und vor allem gegen jede Lektüre der Erzählung in Gen 19 zu streiten, die zu einer Entlastung solcher Väter beitragen könnte, so problematisch bleibt doch der Versuch zu rekonstruieren, wie es denn *wirklich* gewesen sei. Die *Hermeneutik des Verdachts* ist nicht nur in diesen Re-Konstruktionen einer Wirklichkeit *hinter* den Texten fragwürdig, sondern auch darin, dass es fast unmöglich ist, einen *Verdacht* zu falsifizieren. Gegen eine falsche Behauptung lassen sich mindestens Bestreitungen und im besten Fall Richtigstellungen setzen – aber wie soll man das *Gefühl* eines *Verdachts* ausräumen? Diese kritischen Rückfragen betreffen *mutatis mutandis* auch die (o. Anm. 55 genannten) Arbeiten von Jane Schaberg, in denen sie versucht zu rekonstruieren, wie Maria *wirklich* schwanger wurde.

[192] Dazu etwa *K.D. Sakenfeld*, Tamar, Rahab, Ruth and the Wife of Uriah: The Company Mary Keeps in Matthew's Gospel, in: B.R. Gaventa/ C.L. Rigby (Hg.), Blessed One. Protestant Perspectives on Mary, Louisville/ London 2002, 21–31, hier 27f.

aktiv werden, deren Regel unterlaufen und so verändern. Sie werden von Objekten zu selbst Handelnden.[193] Namentlich Irmtraud Fischer betont dieses kooperative Handeln der Frauen, das „affidamento".[194]

7. Was verbindet die alttestamentlichen Frauengestalten in Matthäus 1 mit Maria?

Im Anschluss an die in den letzten Abschnitten skizzierten „Portraits" jener vier alttestamentlichen Frauengestalten in Mt 1 soll nun noch einmal die Frage gestellt werden, was diese vier mit der fünften, mit Maria, der Frau Josefs und Mutter Jesu verbindet. Es dürfte deutlich geworden sein, dass es dabei nicht allein um eigentümliche Geburtsfolgen und -vorgänge geht, sondern um die mit diesen Frauen jeweils verbundenen ganzen Erzählungen nebst den in diese Geschichten eingewobenen weiteren (Frauen-)Geschichten. Für Tamar ist darum nicht nur die Schlusspassage in Gen 38 wahrzunehmen, in der sie als Mutter von Perez und Serach erscheint, sondern das ganze Kapitel Gen 38, ja die ganze Erzählung von Josef und seinen Brüdern bzw. Juda und seinen Brüdern in Gen 37–50, in der sich zeigen wird, was Juda von Tamar gelernt hat. Bei Rahab klingt dementsprechend alles mit, was im Josuabuch von ihr erzählt wird, für „die des Uria" alles, was in 2 Sam 11f. und in 1 Kön 1f. von ihr erzählt wird, d.h. gerade nicht vor allem, dass und wie David die Ehe Urias bricht, sondern dass sie zur Mutter Salomos wird und zu der, deren Aktivität Salomo erst zu Davids Nachfolger macht.[195] Das ganze Buch Rut ist im Blick, wenn in Mt 1 von ihr als Mutter Obeds die Rede ist, und mit dem Buch Rut auch die in ihm anklingenden weiteren Frauengeschichten – die Tamars, Leas und Rahels und auch der Mutter Moabs.

Gerade wenn nicht allein die in je spezifischer Weise „irregulären" Geburten zum Vergleichspunkt werden, sondern die ganzen Geschichten der Frauen, sollte man nicht nur *eine* Verbindungslinie für möglich halten. Eine strikte Alternative der oben skizzierten Hauptlinien der Erklärung stellt sich dann nicht. Allerdings stellt sich bei der Frage nach möglichen Beziehungen der vier alttestamentlichen Frauengestalten zur fünften in Mt 1 genannten eine methodische und sachliche Grundfrage. Ist es um Verbindungen der vier mit der fünften zu tun oder um spezifische Differenzen jener vier zur fünften?[196]

---

[193] *Fischer*, Rut, 249; vgl. auch R. *Jost*, Freundin in der Fremde. Rut und Noomi, Stuttgart 1992.

[194] Dazu v.a. die Schlussbemerkungen in Irmtraud Fischers Rut-Kommentar (263–266).

[195] Wenn *Mayordomo*, Anfang, 248, ausführt: „Gemeinsamkeiten zwischen Batseba und Rut/Rahab sind kaum vorhanden" und dazu u.a. zu Batscheba ausführt, sie habe nicht „aktiv das Geschehen bestimmt" (ebd., 248f.), dann trifft das zwar auf ihre Rolle bei Davids Ehebruch zu, nicht aber auf ihre Rolle bei der Inthronisation Salomos. An diesem Beispiel zeigt sich, warum es einen großen Unterschied macht, welche (und wie viele) Texte und welche Geschichte(n) man in den Stammbaum in Mt 1 aufgenommen sieht.

[196] Letzteres betont bei *Heil*; eine „antithetische Beziehung" zwischen Maria und den vier alttestamentlichen Frauen betont nachdrücklich auch *Raik Heckl* (Begründungsrahmen, hier 168f. u.ö.), eine ähnliche Antithese sieht er zwischen Mt 1 und Gen 5,1–6,4 (ebd., 176 u.ö.).

Die genannten Hauptlinien möglicher Verbindungen sind je nach Fokussierung dieser Grundfrage unterschiedlich zu beurteilen. So wird die Auffassung, in den vier alttestamentlichen Frauengestalten zeige sich eine Öffnung hin auf Menschen außerhalb Israels, kaum auf Maria zu beziehen sein.[197] Umgekehrt bekommt die – wie auch immer genauer zu fassende – *irregularity*-These gerade dann Gewicht, wenn sie Maria einschließt, ja in der Besonderheit *ihrer* Mutterschaft gerade den Zielpunkt der schon für die alttestamentlichen Frauen ins Spiel gebrachten ungewöhnlichen Geburten erkennt.

Fragt man in diesen Kontexten nach Verbindungen der fünf Frauen in Mt 1, so lassen sich die folgenden Beobachtungen festhalten[198]:

1. Alle fünf Frauen und ihre Geschichten verbindet das *Thema* sexueller Beziehungen, die als anstößig empfunden werden oder werden können.
2. Alle fünf Frauen befinden sich zunächst in – wie fragil auch immer – definierten und in dieser Hinsicht auch gesicherten (Familien-)Strukturen.
3. Bei allen geschieht dann etwas, was die Balance zerbricht und sie ins gänzlich Ungesicherte verschlägt.
4. Der Mehrzahl der genannten Frauen geschieht Unrecht durch Männer und die Regeln der Männerwelt.
5. In eben dieser Situation zeigen sich – gegen die üblichen Regeln und Normen – überraschende Möglichkeiten des Handelns.
6. Die (alttestamentlichen) Frauen sind nicht immer schon, sondern sie *werden* in dieser Lage aktiv.
7. Am Ende geht es gut aus, d.h. die jeweiligen Männer erkennen, was wirklich geschah, und sie lernen etwas.

Auch diese differenzierte Weise der Erfassung der „irregularity" lässt sich nicht in allen Aspekten in gleicher Gewichtung auf alle fünf Frauengestalten beziehen. Von Rahab wissen wir zu wenig, um ihre Geschichte in allen genannten Punkten zuzuordnen, Maria kommt in Mt 1f. – anders als im Lukasevangelium – kaum als eigenständig Handelnde in den Blick. So sollte auch die oben versuchte tabellarische Übersicht nicht als Raster gelesen werden, sondern als eine Sammlung von Merkpunkten. Gerade so wird aber auch deutlich, dass jede der in Mt 1 genannten Gestalten der hebräischen Bibel ihre besondere Geschichte den Lesenden ins Stammbuch schreibt. Was da jeweils Gewicht bekommt, muss sich erweisen, wenn es in Marias Geschichte eingeschrieben gelesen wird.

---

[197] Zu den möglichen (und in der Auslegungsgeschichte faktischen) Folgen einer solchen Beziehung der Ausländerinnen-These auf Maria s.o. Anm. 119.

[198] Sie erfolgen hier in modifizierendem Anschluss an die Kriterien, welche Wim J.C. Weren in seinem Aufsatz: The Five Women, 301ff., unter der Überschrift „Common Pattern" formuliert hat. Wichtige Beobachtungen finden sich auch in Beverly R. Gaventas Studie (Mary, bes. S. 38, mit der These, die Frauen passten nicht in die Normalität der Gesellschaftsordnung) und bei Katharine Doob Sakenfeld (Tamar, 21–31); in ähnlicher Richtung auch *Teuwsen*, Frauen, hier bes. 112.

V. Das ἐκ in Matthäus 1

τὸν ἐκ τοῦ πατρὸς γεννηθέντα
ex patre natum
der vom Vater geboren

Nicaenisches Glaubensbekenntnis[199]

Im Anschluss an Mt 1,1–17 ist das in 1,18–25; 2,1–23 Erzählte daraufhin zu lesen, ob, an welchen Stellen und in welcher Weise die in die vorauslaufende Genealogie aufgenommenen Motive und Geschichten wieder anklingen. Dabei wird bald die das Hauptthema dieser Studie bildende Josef-Josef-Konstellation wieder in den Vordergrund der Beobachtungen treten. Doch wird es dann auch – in nun umgekehrter Blickrichtung – um die Beziehung zwischen der Frau des Josef und Mutter Jesu und den vier Frauengestalten der hebräischen Bibel gehen. Zu Beginn empfiehlt sich jedoch ein Blick auf ein unscheinbares Wort, das in Mt 1 jeweils an den Stellen vorkommt, an denen bei der Zeugung, Empfängnis und Geburt von einem Mann und einer Frau die Rede ist, nämlich der Präposition ἐκ bzw. ἐξ. Dabei begegnen mehrere spezifisch unterschiedene Formulierungen. In Mt 1,3.5 (zweimal).6 findet sich jeweils die gleiche, in 1,16.18.20 eine davon unterschiedene und je für sich noch einmal nuancierte Formulierungsweise[200]:

V. 3	Ἰούδας δὲ ἐγέννησεν τὸν Φάρες ... ἐκ τῆς Θαμάρ
V. 5	Σαλμὼν δὲ ἐγέννησεν τὸν Βόες ἐκ τῆς Ῥαχάβ
V. 5	Βόες δὲ ἐγέννησεν τὸν Ἰωβὴδ ἐκ τῆς Ῥούθ
V. 6	Δαυὶδ δὲ ἐγέννησεν τὸν Σολομῶνα ἐκ τῆς τοῦ Οὐρίου
V. 16	Ἰακὼβ δὲ ἐγέννησεν τὸν Ἰωσὴφ τὸν ἄνδρα Μαρίας ἐξ ἧς ἐγεννήθη Ἰησοῦς
V. 18	εὑρέθη ἐν γαστρὶ ἔχουσα ἐκ πνεύματος ἁγίου
V. 20	τὸ γὰρ ἐν αὐτῇ γεννηθὲν ἐκ πνεύματός ἐστιν ἁγίου

---

[199] Die Bekenntnisschriften der evangelisch-lutherischen Kirche, Göttingen [6]1967, 26.
[200] Wenn *F. Bovon*, Das Evangelium nach Lukas, EKK III/1, Zürich/ Neukirchen-Vluyn 1989, 187, erklärt, Matthäus erwähne „fünfmal den Namen der Mutter mit ἐκ τῆς", so ist das zumindest ungenau.

Bei dieser Auflistung[201] fällt sogleich ins Auge, dass die vier ersten Belege, die sich auf die alttestamentlichen Frauen beziehen, anders formuliert sind als die drei folgenden, die sich (in noch einmal unterschiedlicher Formulierung) auf die Mutter Jesu beziehen. Unabhängig davon zeigt sich aber auch, dass sich die Präposition ἐκ bzw. ἐξ in den ersten fünf Fällen eindeutig auf den weiblichen Anteil beim Zustandekommen[202] eines Kindes bezieht. In dieser Hinsicht fällt die Formulierung in V. 16 nicht aus der Reihe der Bemerkungen in V. 3.5f. heraus.[203] In einer anderen Hinsicht ist der Perspektivenwechsel, der sich mit der syntaktischen Modifikation des Relativsatzes in V. 16b gegenüber den ἐκ-Formulierungen in V. 3.5f. ausdrückt, sehr wohl zu beachten, da er das Augenmerk vom jeweils genannten Mann weg und zur Mutter und mehr noch auf das Kind hin lenkt.

Vor einer genaueren Beschreibung dieses Perspektivenwechsels empfiehlt es sich jedoch, noch einen Augenblick bei den ἐκ-Formulierungen zu bleiben und die beiden weiteren Stellen in V. 18 und 20 hinzuzunehmen. Zu konstatieren ist zunächst, dass die Formulierung ἐκ πνεύματος ἁγίου in der Form des ἐκ mit Genitiv den vorangehenden Wendungen entspricht. Das spricht dafür, dass auch an dieser Stelle das, was sich mit diesem ἐκ verbindet, nicht den männlichen Anteil bezeichnet.[204] Zur Debatte steht damit die übliche Vorstellung, dass es sich beim Heiligen Geist um eine männliche Größe handle, d.h. dass es um eine *Zeugung* Jesu durch den Heiligen Geist gehe. Gegen diese Auffassung steht nicht nur der syntaktische Befund in Mt 1, sondern auch die biblische Semantik des „Geistes". Auch wenn πνεῦμα im Griechischen ein Neutrum ist, steht doch das im Hebräi-

---

[201] Sie gewinnt noch dadurch an Aussagekraft, dass das an sich überaus häufige Wörtchen ἐκ in Mt 1 ausschließlich an diesen sieben Stellen vorkommt.

[202] Als Problem erweist sich abermals, dass es im Deutschen dafür keinen passenden Begriff gibt, der nicht eindeutig männlich („zeugen") oder weiblich („empfangen/ gebären") festgelegt ist. Man muss dann schon so etwas sagen wie „Kinder bekommen" oder (*sit venia verbo*) „Kinder machen". Luise Schottroffs Wiedergabe mit „Juda und Tamar waren die Eltern von ..." und entsprechende Formulierungen in den folgenden Versen in der *Bibel in gerechter Sprache* vermeiden die androzentrische und zudem auch sachlich ungerechte Formulierung „Juda zeugte Perez und Serach aus der Tamar", aber sie macht dabei auch die Textstruktur und damit die Pointe der Hinzufügung der Mütter fast unkenntlich. Die Wiedergabe der Zürcher Bibel(n) („Juda zeugte Perez und Serach mit Tamar", im Folgenden entsprechend) vermeidet ebenfalls die allein männliche Perspektive, aber auch sie ist im Deutschen irgendwie schief. (Ein Mann zeugt nicht *mit* einer Frau, vielmehr ist das „Zeugen" sein Part, der freilich ohne das „Empfangen" und dann das Gebären der Frau fruchtlos bliebe.) Am ehesten noch könnte das ἐκ in der Übersetzung: „Juda bekam Perez und Serach von Tamar" aufgenommen sein.

[203] *Wucherpfennig*, Josef, 108, beteuert, das ἐκ könne auch den männlichen Part bezeichnen; Belege dafür und v.a. eine Plausibilität innerhalb der literarischen Einheit Mt 1–2 bleibt er schuldig. Kennzeichnend für diese Lektüre ist auch, dass der Autor zu seiner Formulierung: „Gottes Geist ersetzt für Maria die Zeugungskraft des Mannes" (109) den Kirchenvater Tertullian heranzieht (ebd. Anm. 11). Ohne die Würde der Kirchenväter zu mindern, wäre doch eine Argumentation, die sich auf die Texte selbst bezieht, vorzuziehen. Die entscheidende Frage ist m.E. die, was an dieser Stelle das Wort „ersetzt" meint. Es ist eben keine Ersetzung eines Männlichen durch etwas anderes Männliches, sondern die Durchbrechung der Kategorie „männlich".

[204] *Fiedler*, ThKNT, 48, erwägt, das ἐκ setze sich ab von einer – dann eher durch ὑπό ausgedrückten – „Zeugung durch Gott im damals in der heidnischen Welt geläufigen Sinn. Es geht bei Mt gerade nicht um Urheberschaft im Sinne einer männlichen Zeugung."

schen weit überwiegend feminine רוּחַ im Hintergrund. Das zeigt auf verblüffende Weise eine Bemerkung im apokryphen, in koptischer Sprache verfassten Philippusevangelium:

„Einige haben gesagt, Maria habe durch den Heiligen Geist empfangen./ Sie irren sich. Sie wissen nicht, was sie sagen./ Wann ist ein weibliches Wesen je durch ein weibliches Wesen schwanger geworden?"[205]

Im Kommentar von Davies/ Allison findet sich im Zusammenhang einer knappen Bemerkung zu πνεῦμα und רוּחַ die bündige Formulierung: „no male principle is involved"[206].

V. 16 setzt die Angaben über die Generationenfolgen fort und beginnt in der (nicht durch einen Frauennamen erweiterten) Grundform: Ἰακὼβ δὲ ἐγέννησεν τὸν Ἰωσήφ. Dann aber erfolgt mitten im Vers ein Bruch der Form. Die Fortsetzung lautet gerade nicht: Ἰωσὴφ δὲ ἐγέννησεν ..."[207], vielmehr erfolgt eine Angabe der Beziehung Josefs zu Maria und dann ein passivisch (man spricht meist von einem *passivum divinum*) formulierter Relativsatz, der die Beziehung des geborenen Kindes zur Mutter betont: ... τὸν ἄνδρα Μαρίας, ἐξ ἧς ἐγεννήθη Ἰησοῦς ὁ λεγόμενος χριστός.

γεννηθῆναι ἐκ bedeutet „geboren werden von", ohne dass die Vaterschaft eigens im Blick wäre.[208] Die Veränderung der die Genealogie prägenden Form lenkt mithin von der durch die vorangehenden Kette der Väter erzeugten Erwartung ab, dass nun von Josef als Vater die Rede sein werde. Aber sie setzt an die Stelle dieser Erwartung gerade keinen Hinweis auf den, der an Stelle Josefs die männliche Rolle in dieser letzten der dreimal vierzehn Generationenfolgen einnimmt. Die Aufmerksamkeit gilt der Mutter und mehr noch dem Kind. Doch erzeugt gerade diese grammatische, syntaktische und in beiderlei Hinsicht thematische Verschiebung die Erwartung, dass nun davon die Rede sein müsse, was es mit dieser *irregularity* auf sich habe. Die Erwartung wird auch nicht enttäuscht. Sie wird eingelöst durch die – auf die Periodisierung der in V. 1–16 aufgelisteten Genealogie in drei Phasen mit je vierzehn Gliedern in V. 17 folgende – mit V. 18 einsetzende erzählende Fortsetzung in Mt 1,18–25.

Hier wird, beginnend mit V. 18, der seinerseits an V. 1 anknüpft, in einer „enlarged footnote to the crucial point in the genealogy"[209] erzählt, was es mit der „Genesis" Jesu auf sich hat. Die Wiederholung des Wortes γένεσις aus 1,1 ist thematisch, doch abermals stellt sich die Frage, welche der Bedeutungen und

---

[205] Philippusevangelium, Spruch 17, zitiert in der Übersetzung von *K. Berger/ Chr. Nord*, Das Neue Testament und frühchristliche Schriften, Frankfurt a.M./ Leipzig 2005, 1086.

[206] Commentary, 208.

[207] So allerdings in Vetus Syra Sinaiticus: „Josef, der mit Maria, der Jungfrau, verlobt war, zeugte Jesus." Dazu und zu weiteren, rezeptionsgeschichtlich bemerkenswerten Varianten *Mayordomo*, Anfang, 237f. Anm. 193; *Luz*, Matthäus, 92 Anm. 29. Der Text bei Nestle-Aland[26] ist sehr gut belegt und kann als ursprünglich angesehen werden (zur Debatte s. die bei Mayordomo und Luz an den genannten Stellen angegebene Literatur).

[208] *Mayordomo*, Anfang, 238.

[209] So *K. Stendahl*, Quis et unde? An Analysis of Mt 1–2, in: W. Eltester (Hg.), Judentum-Urchristentum-Kirche. FS J. Jeremias (BZNW 26), Berlin 1960, 94–105, hier 102.

Nuancen des Wortes hier anklingen.[210] Meint γένεσις in V. 18 „Geburt"[211]? Geht es um eine „Geschichte", wenn auch eine anders als in der Form des „Stammbuchs", d.h. in der Form der תלדות, zu erzählende? Ist wie in 1,1 auch in 1,18 eine Relation zur „Genesis" im Sinne der Schöpfung am Anfang der „Schrift" im Blick? Wird die γένεσις Jesu als des Christus mit der (nicht in der Zeit der Abfassung von Gen 1, wohl aber in der Zeit der matthäischen Rezeption) als *creatio ex nihilo* verstandenen[212] Schöpfung „am Anfang", בְּרֵאשִׁית (Gen 1,1), in Beziehung gesetzt? Ist auch hier womöglich – und gerade in Anbetracht der durch Kontinuität *und* Brüche gekennzeichneten Genealogie insgesamt – von einem Ursprung die Rede, welcher (mit einem Trennungsstrich zu schreiben, der zu-

---

[210] Dazu bereits o. Anm. 64.

[211] In Bibelübersetzungen und Kommentaren begegnet sowohl eine an beiden Stellen jeweils gleiche Wiedergabe als auch eine wechselnde, wie die folgende tabellarische Übersicht zeigt:

	Mt 1,1: (βίβλος) γενέσεως	Mt 1,18: γένεσις
Vulgata	generatio	generatio
LB 1912	Geburt	Geburt
Luther '84	Geschichte	Geburt
NZB	Stammbaum	Geburt
Einheitsübersetzung	Stammbaum	Geburt
Elberfelder	Ursprung	Ursprung
Schlachter	Geschlechtsregister	Geburt
BigS	Ursprung	Geburt
Berger/ Nord	Stammbaum	Geburtsgeschichte
RSV	genealogy	birth
ESV	genealogy	birth
Luz	Ursprung	Ursprung
Frankemölle	Geschichte	Herkunft
Fiedler	Stammbuch	Herkunft
Sand [EdF]	Herkunft	Herkunft

[212] Diese Auffassung der Schöpfung ist erst in 2 Makk 7,28 zu greifen. (In Gen 1 geht es nicht um die Erschaffung eines Etwas aus einem Nichts, sondern um die Umgestaltung einer chaotischen, lebensfeindlichen Welt *vor* der Schöpfung in eine geordnete, dem Leben dienende Welt.) Zu dieser Neuinterpretation, die in neutestamentlicher Zeit zur Folie der Lektüre von Gen 1 geworden ist, ausführlich *Frankemölle*, I, 150ff.; Hubert Frankemölle verbindet diesen Aspekt mit einer entsprechenden Lektüre der Erschaffung des Menschen in Gen 2 und mit der Frage nach der Plausibilität der „Jungfrauengeburt". Erhellend ist auch der Hinweis auf Melchisedek, der nach Hebr 7,3 „ohne Vater, ohne Mutter und ohne Stammbaum" ist (ἀπάτωρ ἀμήτωρ ἀγενεαλόγητος). „Hebr 7 bietet geradezu eine Art Midrasch-Pescher über Ps 110,4 und den Melchisedek-Abschnitt Gen 14,17–20" (so Erich Zenger in: *F.-L. Hossfeld/ ders.*, Psalmen 100–150, HThKAT, Freiburg u.a. 2008, 215). Im Zusammenhang von Mt 1f. und dabei bes. der Adoptionsthematik verdient die Verbindung der Melchisedek-Tradition mit dem Zitat von Ps 2,7 in Hebr 5,6 besondere Aufmerksamkeit, aber auch der entsprechende Abschnitt im slawischen Henochbuch (slHen 71–72), dazu v.a. *Ch. Böttrich*, Die vergessene Geburtsgeschichte. Mt 1–2/ Lk 1–2 und die wunderbare Geburt des Melchisedek in slHen 71–72, in: H. Lichtenberger/ G.S. Oegema (Hg.), Jüdische Schriften in ihrem antik-jüdischen und urchristlichen Kontext. Studien zu den Jüdischen Schriften aus hellenistisch-römischer Zeit, Gütersloh 2002, 222–248.

gleich ein Bindestrich ist) ein Ur–sprung ist?[213] Jede gleiche oder auch verschie-
dene Verdeutschung von γένεσις in Mt 1,1 und 1,18 vermag nur einen Teil des
Gemeinten abzudecken – es geht um Geburt und Ursprung bzw. Ur–sprung, um
Geschichte und Entstehung – und auch in V. 18 ums „Stammbuch".

Dieser Ur–sprung ereignet sich im Leib der Maria und das, was in ihrem Leibe
ist, ist ἐκ πνεύματος ἁγίου. Wenn man die Verwendung des ἐκ in Mt 1 wahrnimmt, wird man kaum mit Mayordomo[214] von einer „geistgewirkten Zeugung"
sprechen dürfen. Denn um eine *Zeugung* geht es gerade nicht. Vom Geist, vom
πνεῦμα, von der רוח gewirkt, ist, was in Marias Leib gefunden wird, was in ihr
stattfindet. Vollends in V. 20 geht es – abermals mit jenem aussagekräftigen ἐκ
zur Sprache gebracht – um das, was in ihr ist, als dem, was von der heiligen
Geistkraft *geboren*, womöglich *erzeugt*, aber nicht *gezeugt* ist: τὸ γὰρ ἐν αὐτῇ
γεννηθὲν ἐκ πνεύματός ἐστιν ἁγίου. Das Wirken der heiligen Geistkraft ist
Wirken Gottes. Aber Gott ist nicht der Vater Jesu *an Stelle* eines irdischen Vaters,
und der Heilige Geist, *aus dem* bzw. *aus der* (ἐκ) Jesus geboren ist wie Perez aus
Tamar, Boas aus Rahab, Obed aus Rut[215] und Salomo aus „der des Uria", ist gerade wegen der vorangehenden Genealogie und des beziehungsreichen ἐκ in ihr
keine göttlich-*männliche* Instanz.[216]

Den Lesenden ist in Mt 1 gerade durch die in der Genealogie genannten Frauen
und die mit ihrer Nennung aufgerufenen Geschichten ins „Stammbuch geschrieben", dass es in dieser Familie nicht erst in der 41. bzw. 42. Generation ungewöhnlich zuging. Gerade die Geschichten von Tamar und Rahab, Rut und der
Mutter Salomos schreiben ins Stammbuch dieser Familie, dass ein vorschnelles
Urteil rasch ein falsches wird. Das gilt auch für die „Genesis" Jesu. Das zu beher-
zigen ist aber auch für den Mann der Maria keine leichte Aufgabe. Gerade als
δίκαιος ὤν (Mt 1,19) trägt er mit und in sich den Konflikt zwischen *formalem
Recht* einerseits und *Gerechtigkeit als compassion* andererseits aus, bis ihm
traumhafte Belehrung und Lösung zuteil wird. Damit sind wir wieder bei Josef
angekommen und in gewisser Weise auch bei Josef und Josef.

---

[213] Zu diesem „benjaminischen" Ur-sprung *J. Ebach*, Ursprung und Ziel. Erinnerte Zukunft und
erhoffte Vergangenheit, Neukirchen-Vluyn 1986, bes. 9f. 16f. 20.
[214] Anfang, 253.
[215] Hier wird noch einmal die Rede vom „Samen einer Frau" wichtig, dazu o. 57f.
[216] Dazu auch *Luz*, Matthäus, 109 im Kontext der Trinitätslehre: „Vater Jesu kann und darf der
Heilige Geist nicht sein". Die alten Glaubensbekenntnisse enthalten zu dieser Frage sehr differenzierte Aussagen, dazu *M.L. Frettlöh*, Gott Gewicht geben. Bausteine einer geschlechtergerechten Gotteslehre, Neukirchen-Vluyn 2006, bes. im Abschnitt „Der *gebärende* Vater und
die *doppelte* Geburt des Sohnes – gender trouble in Christologie und Trinitätslehre (ebd.,
265–271), vgl. auch die bereits genannte Predigtmeditation der Verf.in zu Mt 1,(1–17)18–21 in
GPM; verwiesen sei auch auf *V. Stümke*, Die Jungfrauengeburt als Geheimnis des Glaubens –
ethische Anmerkungen, NZSTh 49 (2007) 423–444.

VI. Träume

> „Ich will euch das Geheimnis der
> Träumerei verraten: die Deutung
> ist früher als der Traum, und wir
> träumen schon aus der Deutung."
>
> *Thomas Mann*, Joseph[217]

1. Wirklichkeit deuten und Spielräume entdecken

Träume spielen sowohl in Gen 37–50 als auch in Mt 1f. eine große Rolle und gehören damit zu den Motiven, welche die Geschichten des alt- und des neutestamentlichen Josef besonders deutlich verbinden. Der alttestamentliche Josef träumt selbst zweimal (Gen 37), dazu fungiert er bei zwei weiteren Träumepaaren (Gen 40f.) als Deuter.[218] Diese dreimal zwei Träume weisen formale Gemeinsamkeiten auf, indem es in den Träumen etwas Eigentümliches zu sehen gibt, das eine Deutung herausfordert. Zudem bestehen die einzelnen Träume jeweils aus *einem* sich entfaltenden Bild. Zu dieser Gemeinsamkeit der drei Träumepaare in Gen 37; 40; 41 gesellt sich jedoch eine Differenz, die auch als eine Entwicklung beschrieben werden kann. Die beiden Träume Josefs (Gen 37,7.9) von den Ährenbündeln, welche sich vor Josefs Garbe niederbeugen, und den Gestirnen, die Entsprechendes tun, bedurften (scheinbar) keiner besonderen Deutung. Was sie besagten, nämlich dass Josef seine Brüder, ja auch seine Eltern beherrschen und König werden wolle, war (genauer: *schien*) den Adressaten (und womöglich auch dem Träumer selbst) in 37,8.10 evident. Anders steht es in Kap. 40 bei den Träumen von Mundschenk und Bäcker, welche Josef im Gefängnis deutete. Aus der

---

[217] Joseph und seine Brüder, Frankfurt a.M. 1967, 1012; zu der in diesem Zitat aufleuchtenden genauesten Übersetzung von Gen 40,5 *J. Ebach*, „... wir träumen schon aus der Deutung." Thomas Mann, der Panama-Hut und die unmögliche Möglichkeit des Verstehens. Literarisch-hermeneutische Notizen zu Gen 40,5 und 8, in: S. Lubs u.a. (Hg.), Behutsames Lesen. Alttestamentliche Exegese im interdisziplinären Methodendiskurs, FS Ch. Hardmeier (Arbeiten zur Bibel und ihrer Geschichte 28), Leipzig 2007, 306–321.

[218] Zu den Träumen in der Josefsgeschichte neben den Kommentaren v.a. *J. Lanckau*, Herr, sowie *J.-D. Döhling*, Die Herrschaft erträumen, die Träume beherrschen. Herrschaft, Traum und Wirklichkeit in den Josefträumen (Gen 37,5–11), BZ 50 (2006) 1–30. An grundlegenden Arbeiten zum Thema der Träume und des Träumens in der Bibel und deren Auslegungsgeschichte sowie in den altorientalischen und antiken Kulturen seien genannt: *S. Zeitlin*, Dreams and their Interpretation from the Biblical Period to Tannaitic Times, JQR 66 (1976) 1–18; *T. Wagner-Simon/ G. Benedetti* (Hg.), Traum und Träumen. Traumanalysen in Wissenschaft, Religion und Kunst, Göttingen 1984; *K. Zibelius-Chen*, Kategorien und Rolle des Traums in Ägypten, SAK 15 (1988) 277–293; *J.-M. Husser*, Le Songe et la parole. Etude sur le rêve et sa fonction dans l'ancien Israel (BZAW 210), Berlin/ New York 1994; *S. Bar*, A Letter That Has Not Been Read. Dreams in the Hebrew Bible (MHUC 25), Cincinnati 2001; *C. Walde*, Antike Traumdeutung und moderne Traumforschung, Düsseldorf u.a. 2001; *B. Näf*, Traum und Traumdeutung im Altertum, Darmstadt 2004; *A. Zgoll*, Traum und Welterleben im antiken Mesopotamien. Traumtheorie und Traumpraxis im 3.–1. Jahrtausend als Horizont einer Kulturgeschichte des Träumens (AOAT 333), Münster 2006.

Schilderung der jeweiligen Träume geht hervor, dass die Formulierung in Gen 40,5 genau so zu verstehen ist, wie sie im hebräischen Text steht: Sie träumten „ein jeder entsprechend der Deutung seines Traumes (אִישׁ כְּפִתְרוֹן חֲלֹמוֹ אֶחָד)".[219] Die Träumenden selbst verstanden ihre Träume im Grunde sehr wohl, aber sie wollten nicht wahrhaben, dass sie sie verstanden hatten. Dennoch oder auch gerade darum verlangen sie nach einem professionellen Deuter. In Ermangelung eines solchen Deuters erweist sich Josef als dieser mit Gottes Hilfe selbstständig Kundige.[220] Während es bei den Träumen von Mundschenk und Bäcker in der Haft keine professionellen Traumdeuter gibt, ist es beim in Kap. 41 geschilderten Doppeltraum Pharaos etwas anders. Pharao hat selbstverständlich die ganze Phalanx seiner Experten zur Hand, aber sie alle versagen. So wird Josef geholt, der die Träume von den zweimal sieben Kühen und den zweimal sieben Ähren zu deuten vermag.

Es kommt jedoch etwas Entscheidendes hinzu, das die drei paarweise auftretenden Träume der Josefsgeschichte verbindet *und* unterscheidet: Die evident *scheinenden* Träume Josefs (Kap. 37) besagen beide das Gleiche und lassen (scheinbar und zunächst jedenfalls) keinen Spielraum. Die beiden Träume im Gefängnis (Kap. 40) besagen Konträres und lassen erkennbar keinen Spielraum. Das beiden Träumern gedeutete strikt gegensätzliche Geschick tritt eben so ein, wie Josef es ihnen knapp und schroff kündet. Traum, Traumdeutung und Geschick fallen in eins. Pharaos beide Träume (Kap. 41) werden dagegen wiederum als nur *eine* Botschaft der Gottheit erkannt und nun kommt zudem ein neues und die voraufgehenden Träume und deren Deutungen überschreitendes Motiv ins Spiel: Die Träume sagen nicht nur die gewisse Zukunft an, sondern führen in Josefs Deutung[221] zugleich auf den Spielraum, der es ermöglicht, diese Zukunft nicht nur hinzunehmen, sondern ihr angemessen zu begegnen.

---

[219] Dazu, zu Thomas Mann, der sich gerade hier als genauer *Philologe* und *Exeget* zeigt, und zu weiteren Aspekten der o. Anm. 217 genannte Beitrag in der FS für Christof Hardmeier sowie HThKAT, 209ff.

[220] Josefs Satz „Sind Deutungen nicht Gottes Sache? Doch erzählt mir nur!" (Gen 40,8) ist geradezu ein Mottosatz jeder Hermeneutik, dazu *J. Hörisch*, Objektive Interpretation des schönen Scheins, in: N.W. Bolz/ R. Faber (Hg.), Walter Benjamin. Profane Erleuchtung und rettende Kritik, Würzburg ²1985, 50–66, sowie *Ebach*, HThKAT, 212.

[221] Eine bemerkenswerte Geschichte zur Relation von Traum und Deutung erzählt eine Midraschpassage (Ber.r. Par 89, zu Gen 41,12), die den Spielraum der Deutung und deren *selffulfilling prophecy* ins Bild setzt. Einmal habe eine Frau dem Rabbi Eliezer ihren Traum erzählt, in dem sie einen zerbrochenen Balken ihres Hauses gesehen habe. Der Rabbi sagt ihr, sie werde einen Sohn bekommen, und so geschieht es. Ein anderes Mal kommt die Frau wieder, als der Rabbi nicht anwesend ist. Die Schüler des Rabbi machen sich anheischig ihr jede Auskunft zu geben. Der Traum ist wieder der gleiche und die Schüler deuten den zerbrochenen Balken so, dass der Mann der Frau sterben werde. (Immerhin wird man einräumen, dass diese Deutung des Bildes vom zerbrochenen Balken näher liegt als die auf die Geburt eines Sohnes.) Der Rabbi hört das Weinen der Frau, kommt herbei und fragt die Schüler, was vorgefallen sei. Sie erzählen es ihm und er antwortet: „Ihr habt durch eure Deutung einen Mann getötet, denn" – und nun wird eine Wendung der Josefsgeschichte eingespielt – „es heißt ja (Gen 41,13): ויהי כאשר פתר־לנו כן היה ,Und gerade so, wie er uns gedeutet hatte, so kam es.'" In dieser zugespitzten Lektüre ist nicht der Traum selbst, sondern die Deutung, die ihn wahr macht. Die hermeneutische Implikation dieser Aussage kann über Traum und Traumdeutung hinaus

Ohne diesen Spielraum müssten die Träume Pharaos in ihrem Nebeneinander von Gutem und Schlechtem wie eine in *ein* Bild gebrachte Opposition einer guten und einer schlechten Botschaft erscheinen, wie sie in den beiden Träumen von Mundschenk und Bäcker ins Bild gesetzt ist. In den Traumbildern Pharaos müsste zudem das Schlechte über das Gute die Oberhand gewinnen. Indem jedoch durch Josefs mit der Deutung eng verknüpfte Vorschläge für das Handeln dieser Spielraum *wahr*genommen (d.h. *gesehen* und *ergriffen*) wird, wird der Traum in gewisser Weise auch korrigiert. Denn die „schlechten Kühe" behalten durch Josefs kluge Ratschläge am Ende nicht die Oberhand.

Von hier aus fällt ein Licht auch auf die Josefsträume am Anfang der Erzählung. Sie erfüllen sich insofern, als die Brüder und auch der Vater sich tatsächlich vor Josef tief verneigen werden. Aber es gibt da auch eine entscheidende doppelte Korrektur. Die Verneigung zwischen Josef und Jakob wird eine gegenseitige sein, welche Respekt und nicht Unterwerfung zum Ausdruck bringt. Auch im Verhältnis zu den Brüdern sind Traumerfüllung und Korrektur zu beobachten. Sie verneigen sich vor dem vermeintlichen Ägypter, aber als sie sich – am Ende der Josefsgeschichte – dem Bruder unterwerfen wollen, weist Josef diese Unterwerfung zurück.[222] Auch bei den Symbolträumen der Josefsgeschichte ist es mithin nicht nur um die Deutung zu tun, sondern ebenso und mehr noch darum, welche Chancen des Tuns Traum und Deutung eröffnen.[223]

Näher an den Träumen in Mt 1f. steht in Gen 37–50 jener weitere Traum bzw. die nächtliche Audition, welche in Gen 46 Jakob zuteil wird. Der neutestamentliche Josef träumt viermal, dazu kommt in Mt 2 ein Traum der Magier. Die Häufung des Traummotivs in beiden Geschichten von einem und um einen Jakobsohn Josef ist allemal auffällig. Dabei stehen den insgesamt sieben Träumen in den vierzehn Kapiteln des letzten Teils der Genesis immerhin fünf Träume in den nur zwei Kapiteln am Beginn des Matthäusevangeliums gegenüber.

Deutungen verlangen die Träume in Mt 1f. nicht. Im Gegenteil: In den Träumen erfolgen klare Anweisungen; sie fungieren eher selbst als Erklärungen im Zusammenhang deutungsbedürftiger Geschehnisse.[224] Sie sind in dieser Hinsicht von den Träumen, die der alttestamentliche Josef träumt und die er deutet, unterschieden. In der Fokussierung auf das, was zu tun ist, nehmen sie jedoch,

---

auf das Verhältnis von Text und Interpretation bezogen werden. Sie führte dann auf die ebenso zugespitzte wie gerade darin nicht falsche Sicht, dass nicht (*nur*) der Text das Verstehen, sondern (zumindest *auch*) das Verstehen den Text schafft. Nicht nur an dieser Stelle wird die verblüffende Nähe zwischen rabbinischer Hermeneutik und moderner Rezeptionsästhetik erkennbar.

[222] Weiteres dazu u. im Abschnitt „Stern und Proskynese".

[223] Angesichts dieser Korrektur der Josefsträume ist es umso auffälliger, dass jenes Niederfallen (נפל), das *Josef* in Gen 50,19 durch die Erklärung, er sei nicht an Gottes Stelle, gerade nicht annehmen wird, im Niederfallen, der tiefen Verneigung (השתחוה) der Brüder vor *Juda* in Gen 49,8 ins Recht gesetzt ist. Hier scheint abermals die Josef-Juda-Opposition auf.

[224] Ein wenig anders verhält es sich beim Traum der Magier (Mt 2,12) und beim letzten Traum Josefs (2,22). Hier wird ein Traum genannt und dann eine auf den Traum folgende Entscheidung; im Traum selbst erfolgt aber keine explizite Anweisung zu eben dieser Entscheidung (weiter dazu u. 121).

wenn man so will, die Quintessenz der Entwicklung jener Träumepaare auf. Formal jedoch gleichen die Träume in Mt 1f. jenem anderen „Traum" in der Josefsgeschichte, nämlich der nächtlichen Gottesbegegnung Jakobs in Gen 46.[225]

2. *Erscheinungen*, bei denen es etwas zu *hören* gibt

Wie Jakob in Beerscheba erfährt auch der Mann der Maria in Betlehem entscheidende Anweisungen in einer nächtlichen Offenbarung.[226] Wie in Gen 46,2 finden sich auch in Mt 1,20; 2,13.19 in den Einleitungsnotizen optische Wendungen. „Ein Engel[227] erschien ihm im Traum" (ἄγγελος κυρίου κατ' ὄναρ ἐφάνη αὐτῷ), heißt es in Mt 1,20 – „in Nachtgesichten" (בְּמַרְאֹת הַלַּיְלָה) erfolgt die Offenbarung in Gen 46,2. Im Traum selbst gibt es dann aber in beiden Fällen nichts zu *sehen*, sondern nur etwas zu *hören*.[228] Das wird bei den in Mt 2 folgenden Träumen Josefs und der Magier ebenso sein. In Jakobs Traum in Beerscheba spricht Gott (אֱלֹהִים[229]) selbst. Bei den Träumen in Mt 1f. ist es in den Weisungen

---

[225] Zur besonderen Stellung der Passage im Kontext der Josefsgeschichte *P. Weimar*, „Fürchte dich nicht, nach Ägypten hinabzuziehen!" (Gen 46,3). Funktion und Bedeutung von Gen 46,1–7 im Rahmen der Josefsgeschichte: BN 119/120 (2003) 164–205; *ders.*, Gen 46,1–5 – Ein Fremdkörper im Rahmen der Josefsgeschichte: BN 123 (2004) 5–23, sowie *Ebach*, HThKAT, 415–435 (mit weiteren Literaturangaben).

[226] Beim zweiten Traum Josefs in Mt 2,13 kommt eine inhaltliche Querverbindung zu Jakobs Traum in Beerscheba ins Spiel: Beide sollen nach Ägypten gehen (dazu u. 84f).

[227] „Engel" ist hier als Wiedergabe der ganzen Wendung ἄγγελος κυρίου gewählt; ἄγγελος allein kann im Griechischen entsprechend hebr. מַלְאָךְ auch ein (profaner) „Bote" sein. Bei einem Gottesboten muss es sich nicht um eine menschliche und nicht einmal um eine menschenähnliche Gestalt handeln. Wenn in Ex 3,2 (vgl. dazu auch die zitierende Wiederaufnahme in der Stefanusrede in Apg 7,30) von einem solchen מַלְאָךְ die Rede ist, welcher בְּלַבַּת־אֵשׁ מִתּוֹךְ הַסְּנֶה erscheint (Apg 7,30: ἄγγελος ἐν φλογὶ πυρὸς βάτου), so dürfte die Wendung „*in* einer Feuerflamme mitten aus dem Dornstrauch" nicht so gemeint sein, dass *inmitten* dieser Flamme eine Engelgestalt sitzt; vielmehr erscheint hier der Bote *in Gestalt* (ב-essentiae) einer Feuerflamme. Zu vergleichen ist u.a. die Aussage in Ps 104,4, nach der Gott die Winde (רוּחוֹת) zu seinen Boten bestimmt. Über die Art, die Gestalt und das Aussehen der „Engel", welche Josef und den Magiern in Mt 1f. im Traum Weisung geben, besagen die Texte daher nichts.

[228] Dabei muss freilich beachtet werden, dass es in der Bibel (und der klassischen Antike) viele Belege für ein gleichsam synästhetisches *queering* zwischen dem Hören und dem Sehen gibt, dazu *J. Ebach*, Die Einheit von Sehen und Hören. Beobachtungen und Überlegungen zu Bilderverbot und Sprachbildern im Alten Testament, in: R.-M.E. Jacobi u.a. (Hg.), Im Zwischenreich der Bilder (EuG 35), Leipzig 2004, 77–104. Auch die suffigierte Aufmerksamkeitspartikel הִנְנִי in Gen 46,2 verweist nicht von sich aus auf ein Sehen (zur Form und Funktion *J. Ebach*, הִנְנִי – „Da hast du mich!" Zu einem *merk*-würdigen „Akkusativ" im biblischen Hebräisch, in: A. Redder [Hg.], Diskurse und Texte. FS K. Ehlich, Tübingen 2007, 237–249); das (seinerseits optische) ἰδού in Mt 1,20 gehört als ein der (nicht *eo ipso* optisch zu verstehenden) hebr. Aufmerksamkeitspartikel הִנֵּה entsprechender Ausdruck zur Traumeinleitung, nicht aber zum Traum selbst. Die Traumoffenbarung enthält (hier wie in den Träumen in Kap. 2) kein *Bild*.

[229] Zu den Gottesbezeichnungen in Gen 46,1–4 und ihrem Rückverweis auf Isaak im Einzelnen *Ebach*, HThKAT, 417f. u. bes. 420f.

an Josef in den ersten drei Träumen ein Engel, und die Magier werden im Traum belehrt (χρηματισθέντες κατ' ὄναρ [2,12]), ohne dass ein Urheber der Belehrung eigens genannt wäre.[230] So verhält es sich auch mit der Notiz über einen weiteren, vierten Traum Josefs, der im Erzählgefüge des Evangeliums die Übersiedlung nach Nazaret begründet.[231] In diesem Zusammenhang wird die Benennung Ναζωραῖος begründet (2,22f.).[232]

Der Engel spricht Josef in dessen erstem Traum als „Sohn Davids" an (1,20). Damit erfolgt eine deutliche Anknüpfung an die vorausgehende Genealogie und vor allem eine Verbindung zu V. 1, der als wegweisender Auftakt den Messias (*christos*) Jesus als „Sohn Davids" annonciert. Für die Anrede Josefs als „Sohn Davids" in 1,20 kommt damit zum Ausdruck: Was nun geschieht, geschieht in der Geschichte Davids, d.h. es geschieht in der Fortsetzung der in der Genealogie in 1,1–16 verdichteten Geschichte und Geschichten. Doch zugleich erfährt die Fortsetzung einen Riss. Angesichts der mit der Geburt des Perez, der den Namen „Riss" trägt, beginnenden besonderen Geschichten dieser Familie sollte es genauer heißen: Sie erfährt *abermals* einen Riss. Denn Josef, der „Sohn Davids", ist nicht der Vater des Kindes der Maria, welches der „Sohn Davids" sein soll. Und das weiß Josef. Darum ist das auf die Anrede „Sohn Davids" folgende „Fürchte dich nicht!"[233] mehr als eine Ermutigung im Angesicht einer himmlischen Erscheinung. Das „Fürchte dich nicht!" bedeutet hier nach M. Mayordomo: Schäm dich nicht![234] Noch etwas genauer formuliert könnte man sagen: Fühl dich nicht beschämt!

Der „gerecht seiende" (δίκαιος ὤν) Josef, der seine Frau immerhin nicht einem beschämenden öffentlichen Verfahren aussetzen will, kann mehr tun, wenn er begreift, dass er auch für sich selbst keiner heimlichen „Lösung" bedarf, um nicht beschämt da zu stehen. Er kann und soll seine Frau Mirjam[235] ohne jede

---

[230] Wir erfahren auch nicht, ob nur einer oder ob alle träumten (dass es sich bei den Weisen um *drei* Gestalten gehandelt habe, ist ebenso eine spätere legendarische Erweiterung wie viele weitere Züge der später dann „heiligen drei Könige" nebst deren Namen, dazu *Luz*, Matthäus, 121–124; *Frankemölle*, I, 159–168). In einigen Bibelübersetzungen erfolgen hier das *passivum divinum* verdeutlichende Hinzufügungen (Elberfelder spricht von „göttlicher Weisung") und syntaktische Änderungen (die Lutherbibeln machen explizit Gott zum Subjekt).

[231] Bei Lukas findet sich hier eine andere Struktur; dort wird an entsprechender Stelle (Lk 2,1–5) die Reise nach Betlehem begründet. In beiden Fällen sind es politische Ereignisse, die den Ortswechsel motivieren (der Befehl des Augustus in Lk 2,1 – der Tod des Herodes und die Thronbesteigung des Nachfolgers in Mt 2,19ff.; weiter dazu u. im Abschnitt „Könige ...").

[232] ... welche sich übrigens, folgt man dem Text in seiner sprachlichen und sachlichen Abfolge, auf *Josef* beziehen müsste. Weiteres dazu und zu den mehrfachen Lektüremöglichkeiten des Wortes u. im Kapitel „Ναζωραῖος ...".

[233] Zu den – erkennbar konfessionsgebundenen – Auslegungen *Luz*, Matthäus, 103f.

[234] *Mayordomo*, Anfang, 260.

[235] Zur Namensform Μαρία bzw. (mit der noch näher am hebr. מרים liegenden textkritischen Variante) Μαριάμ vgl. auch Mt 13,55; 27,61; 28,1. Mt gebraucht diese dem hebr. Namen Mirjam nähere Form häufiger als Mk und Lk (vgl. *Luz*, Matthäus, 98 Anm. 2). Zur Verbindung der Namen Maria und Mirjam und damit auch der Schwester des Mose mit der Mutter Jesu *K. Schiffner*, Lukas, 259–278; zur alttestamentlichen Figur *R.J. Burns*, Has the Lord Indeed Spoken Only trough Moses? A Study of the Biblical Portrait of Miriam (SBLDS 84), Atlanta 1987; *K. Butting*, Prophetinnen gefragt. Die Bedeutung der Prophetinnen im Kanon aus Tora

Heimlichkeit zu sich nehmen. Denn das, was da in ihr entsteht, ist vom (aus [ἐκ]) dem heiligen Geist gewirkt (τὸ γὰρ ἐν αὐτῇ γεννηθὲν ἐκ πνεύματός ἐστιν ἁγίου). Man kann auch verdeutschen: Denn das in ihr zum Leben Gebrachte (τὸ [...] γεννηθέν) stammt (ἐστίν) aus der heiligen Geistkraft.[236] Das muss nicht verheimlicht werden; das soll, muss und wird offenbar werden. Sie wird das Kind gebären, Josef aber soll ihm einen Namen geben und mit dieser Namensgebung das Kind als das seine rechtmäßig anerkennen. So – und nur so – wird der Neugeborene zum „Sohn Davids" und zum rechtmäßigen Glied der Generationenfolge aus V. 1–16. Aber ebenso auch umgekehrt akzentuiert: So – und nur so – wird der als „Sohn Davids" angeredete Josef der rechtmäßige Vater des Davidsohnes Jesus.

3. Rettung und Retter

Oft gesehen wurden die Bezüge zwischen der Begegnung Josefs mit einem Gottesboten und der ähnlichen Begegnung der Frau, die zur Mutter Simsons wird (Ri 13).[237] Hier erscheint (nicht in einem Traum!) „der Bote Jhwhs" (מלאך יהוה, Ri 13,3) einer lange unfruchtbar gewesenen Frau und kündigt ihr die Geburt eines Sohnes an, verbunden mit Anweisungen für ein asketisches (*naziräisches*) Leben und zwar für sie bis zur Geburt des Kindes sowie für den dann geborenen Sohn auf Lebenszeit.[238]

Sie berichtet ihrem Mann Manoach von der Begegnung; dabei spricht sie vom „Mann Gottes" (איש האלהים), der wie der „Bote Gottes" (מלאך האלהים) ausgesehen habe. Nach einem Gebet Manoachs zu Jhwh erscheint der Bote noch einmal, zuerst ihr, dann auch ihm. Erst durch weitere Reden und vor allem Zeichen wird den beiden deutlich, dass es sich tatsächlich um einen Gottesboten, einen „Engel" gehandelt habe. Der dann geborene Sohn bekommt – von der Mutter – den Namen Simson. Neben manchen Unterschieden zu Josefs Begegnung mit dem ἄγγελος in Mt 1,20f. (vor allem fehlt das Motiv der lange unfruchtbaren

---

und Prophetie (Erev-Rav-Hefte, Biblisch-feministische Texte 3), Wittingen 2001, hier bes. 36–77; *U. Rapp*, Mirjam. Eine feministisch-rhetorische Lektüre der Mirjamtexte der hebräischen Bibel (BZAW 317), Berlin/ New York 2002.

[236] Jedenfalls ist γεννηθέν aus den o. genannten Gründen nicht als „gezeugt" zu verstehen; *Mayordomo*, Anfang, 260, zitiert zudem zustimmend *P. Gaechter*, Das Matthäusevangelium, Innsbruck 1963, 49: „τὸ γεννηθέν betont nicht das Gezeugtsein als solches, sondern besagt einfach das im Mutterschoß zum Leben gebrachte Kind".

[237] So u.a. bei *Mayordomo*, Anfang, 261 Anm. 312. Zur Erzählung in Ri 13 und dabei bes. zu den „Rollen" von Frauen und Männern in Ri 13 und 16 *R. Jost*, Gender, Sexualität und Macht in der Anthropologie des Richterbuches (BWANT 164), Stuttgart u.a. 2006, bes. 208–285; zur Rolle der Mutter Simsons und ihrer unterschiedlichen Bewertung in der Exegese v.a. 218–231 (s. auch u. Anm. 240 u. Anm. 242).

[238] Zu Ri 13 und zur Figur Simsons und seiner Rezeptionsgeschichte s. (neben den Kommentaren zum Richterbuch) auch *K.F.D. Römheld*, Von der Quelle der Kraft (Jdc 13), ZAW 104 (1992) 28–52; *H.-J. Stipp*, Simson, der Nasiräer, VT 45 (1995) 337–369; *C. Houtman/ K. Spronk*, Ein Held des Glaubens? Rezeptionsgeschichtliche Studien zu den Simson-Erzählungen, Leuven u.a. 2004.

Frau[239]) fallen Gemeinsamkeiten und Querbezüge ins Auge. Sie betreffen neben der in einer *besonderen* Offenbarung erfolgenden Ankündigung einer *besonderen* Geburt eines *besonderen* Mannes vor allem drei Aspekte.

Der erste bezieht sich auf die Rolle jenes Gottesboten, von dem die nicht mit eigenem Namen genannte Frau Manoachs zu ihrem Mann sagt, er sei zu ihr „gekommen" (Ri 13,6). In der Verwendung des Verbs בוא („kommen") könnte hier ein sexueller (Neben-)Sinn mit gelesen werden.[240] Die Erzählung in Ri 13 ließe sich dann so lesen, dass eine sexuelle Verbindung mit jenem Gottesboten die Schwangerschaft bewirkte.[241] Ob eine solche Lektüre von Ri 13 im Hintergrund auch in Mt 1f. mitklingt, lässt sich kaum beweisen. Doch es versteht sich, dass ein solcher Subtext die Geschichte der Geburt Simsons dann auch in einem zentralen Punkt in die Geschichte der Geburt Jesu einflechten würde.[242] Im „Stammbuch" selbst in Mt 1 kann Simson als Angehöriger der Linie des Stammes Dan nicht vorkommen, aber womöglich kommt seine Geschichte und die seiner Mutter auf diese Weise mit ins Spiel.

Eine zweite Verbindungslinie zwischen Ri 13 und dem Matthäusanfang bezieht sich auf das Naziräer-Motiv in Ri 13 und dabei auf die Frage, ob und wie weit in der Bezeichnung Jesu als Ναζωραῖος (Mt 2,23) zugleich mit dem Ortsnamen auch eine bestimmte Lebensführung ins Spiel kommt.[243]

---

[239] Es fehlt auch bei den in der Genealogie in 1,1–16 genannten Frauen, weil es für Marias Geschichte kein Motiv ist. Vermutlich ist auch das ein Grund, warum etwa Sara in Mt 1 nicht eigens erwähnt ist.

[240] Dazu *R. Bartelmus*, Heroentum in Israel und seiner Umwelt. Eine traditionsgeschichtliche Untersuchung zu Gen 6,1–4 und verwandten Texten im Alten Testament und der altorientalischen Literatur (AThANT 65), Zürich 1979, hier bes. 95f., ferner *R. Jost*, Gender, hier bes. 231f., mit Verweis auf Gen 16,4; 38,18 und 2 Sam 11,4, mithin dabei auf zwei Geschichten, die Jesus in Mt 1 ins Stammbuch geschrieben sind. Allerdings zeigen sich bei genauerem Zusehen deutliche sprachliche Differenzen. Zwar findet sich in Gen 38,18 (wie in Gen 16,4) in unmittelbar sexueller Bedeutung die Formulierung „er kam zu ihr" (ויבא אליה), doch in 2 Sam 11,4 kommt *sie* zu *ihm*, d.h. Batscheba kommt in Davids Haus. In Ri 13,6 schließlich *berichtet* die Frau vom „Kommen" des Gottesmannes, und zwar nachdem sie zu ihrem Mann „gekommen" ist.

[241] So Rüdiger Bartelmus (ebd.) und, ihm folgend, Renate Jost (ebd.).

[242] Es kommt (abermals) darauf an, den in der Konfiguration beider Geschichten womöglich *mit* hörbar werdenden hintergründigen Subtext nicht mit der Erklärung zu verwechseln, wie es denn „wirklich" gewesen sei. Die Frage, ob jener Mann Gottes in Ri 13 der „wirkliche" Vater Simsons gewesen sei, gleicht der, wer denn Maria „wirklich" geschwängert habe. Wollte man (mit Bartelmus und Jost) das „Kommen" (בוא) in Ri 13,6 stark machen, so ließe sich ja geradezu in Lk 1,28 aus der Wendung „εἰσελθών" („er trat bei ihr ein" [schließlich ist εἰσέρχομαι in Gen 16,4 in eindeutig sexueller Bedeutung die LXX-Wiedergabe der Wurzel בוא]) – wenigstens für die lukanische Fassung – als entsprechende Auskunft entnehmen, der „wirkliche" Vater Jesu sei der Engel Gabriel gewesen. Wenn das für Lk 1 nun doch allzu platt erscheint, dürfte die entsprechende Lektüre von Ri 13 auch allzu platt sein. In beiden Fällen vermittelt die jeweilige Geschichte keine literarisch *verkleidete* Wirklichkeit, sondern eben eine *literarische* Wirklichkeit. Es gibt da keine Wirklichkeit hinter den Geschichten, sondern eine in ihnen. Wo es da zu Verwechslungen kommt, kann die „Hermeneutik des Verdachts" leicht in die Nähe rationalistischer Wundererklärungen und/ und die eines skandalträchtigen Enthüllungsjournalismus geraten.

[243] Dazu u. im Kapitel „Ναζωραῖος ...".

Die dritte, im unmittelbaren Zusammenhang von Mt 1,20f. womöglich noch wichtigere Verknüpfung bezieht sich auf die in Ri 13 von jenem ἄγγελος (LXX) genannte Aufgabe des Sohnes in engster Verbindung mit dem Namen, den Josef ihm geben soll: Geboren und benannt wird der Retter.[244] Im Vergleich der betreffenden Passagen in Ri 13,5 (im masoretischen Text der hebräischen Bibel und in der Septuaginta) und in Mt 1,21 fallen die Übereinstimmungen, aber auch der spezifische Unterschied ins Auge:

Ri 13,5 MT	וְהוּא יָחֵל לְהוֹשִׁיעַ אֶת־יִשְׂרָאֵל מִיַּד פְּלִשְׁתִּים
Ri 13,5 LXX (A)	καὶ αὐτὸς ἄρξεται σῴζειν τὸν Ἰσραηλ ἐκ χειρὸς ἀλλοφύλων
Mt 1,21	αὐτὸς γὰρ σώσει τὸν λαὸν αὐτοῦ ἀπὸ τῶν ἁμαρτιῶν αὐτῶν

Die Bestimmung zur Rettung (לְהוֹשִׁיעַ) ist der Grund des Namens Jesus, d.h. Josua.[245] Diese Verbindung ist den ersten Adressatinnen und Adressaten des Matthäusevangeliums offenbar so vertraut, dass die Bedeutung des Names „Jesus" in Mt 1,21 keiner hinzugefügten griechischen Erklärung bedarf. Mit der Namensbedeutung verbindet sich aber ebenso evident die Beziehung zum alttestamentlichen Träger des Namens Jesus, d.h. zu Josua.[246] Sir 46,1 verbindet Josuas Name expli-

---

[244] Das Rettermotiv begegnet prominent auch bei Mose, dazu *Mayordomo,* Anfang, 261 Anm. 312, sowie *R. Bloch,* Die Gestalt des Moses in der rabbinischen Tradition, in: H. Cazelles (Hg.), Moses in Schrift und Überlieferung, Düsseldorf 1963, 95–171, hier bes. 111f.

[245] Dazu auch *Schiffner,* Lukas, 221ff., im Gespräch mit Lk 1,31. *Heckl,* Begründungsrahmen, 171, formuliert zutreffend: „Der Name Jesu ist also im Prolog des Matthäusevangeliums bereits Programm ...".

[246] Im griechischsprachigen Judentum des 1. Jh. handelt es sich hier nicht um eine Namens*assonanz,* sondern eine Namens*identität.* Josua heißt in der LXX Ἰησοῦς und das Buch Josua heißt entsprechend ebenso.

Hier empfiehlt sich ein Seitenblick auf erhellende Übersetzungskonventionen beim Namen Ἰησοῦς in Lk 3,29. Der Name bezieht sich dort auf eine eher marginale Gestalt im Stammbaum Jesu, die weder mit diesem noch mit Josua zu identifizieren ist und die auch kein(e) aufmerksame(r) Bibelleser(in) mit einem der beiden verwechseln wird. Der Name dieser Gestalt (dazu und zu den weiteren Namen im lk. Stammbaum *Fitzmyer,* Gospel, 492ff. 499–504) erscheint u.a. in den Zürcher Bibeln als „Jesus", doch wollen andere Bibelübersetzungen offenbar den Jesus-Namen für den Sohn der Maria reservieren und geben den (völlig gleich geschriebenen) Namen Ἰησοῦς an dieser Stelle mit „Joschua" wieder (so Elberfelder, Einheitsübersetzung und Luther '84 [während die Lutherbibel von 1912 den Namen „Jesus" hat]). Damit bekommt jener Ἰησοῦς in mehreren deutschsprachigen Bibeln einen Namen, der in diesen Bibelübersetzungen weder dem des Josua noch dem des Messias Jesus entspricht. Um die Vermeidung der Verwechslung von Personen ist es dabei kaum zu tun, hier zeigt sich vielmehr an einer kleinen und auf den ersten Blick nicht sonderlich belangreichen Stelle die Intention, die zentrale Gestalt des Neuen Testaments bereits auf der Sprachebene zu isolieren und aus den alttestamentlich-jüdischen Bezügen herauszunehmen. Es soll eben nur den *einen* Jesus geben. In solchen Übersetzungskonventionen wird aber auch die Namensidentität Jesus-Josua unkenntlich gemacht (wie entsprechend auch die von Mirjam und Maria).

Zu einer hintergründigen Verbindung des Josuanamens und der Josuatraditionen mit Jesus s. *F. Avemarie,* Josua. Jesu Namenspatron in antik-jüdischer Rezeption, in: K. Schiffner u.a. (Hg.), Fragmentarisches Wörterbuch. FS H. Balz, Stuttgart u.a. 2007, 246–257.

zit mit seiner Aufgabe. Josua, heißt es dort, ist „seinem Namen entsprechend" (κατὰ τὸ ὄνομα αὐτοῦ) dazu bestimmt, für sein Volk Rettung (σωτηρία) zu bewirken.[247] Hier bezieht sich die Rettung auf den Kampf gegen die Feinde und die Landnahme, d.h. die Zeit und deren Umstände, die in die Genealogie in Mt 1 durch den Namen der Rahab und ihre Geschichte eingeknüpft sind. Dagegen ist die Rettungsaufgabe des *neuen* Josua[248] die Rettung der Menschen seines Volkes von ihren Sünden (ἀπὸ τῶν ἁμαρτιῶν αὐτῶν). Auch hier zeigt sich das Motiv von Kontinuität und Neubeginn.[249] Bleibt man bei der Konfiguration von Ri 13 und Mt 1,20f., so könnte man sagen: Die Erwartung der Rettung geht auf der Ebene des in Ri 13 Erzählten zum ersten Vers der Simson-Erzählung zurück. Es geht in der Relektüre nicht (nur) darum, Israel aus der Hand des übermächtigen fremden Volkes zu befreien, sondern letztlich darum, sie aus dem bösen Tun zu befreien, welches (Ri 13,1) allererst dazu führte, dass Israel in dessen Hand kam. Die Fokussierung auf die Sündenbefreiung ist damit in Mt 1 nicht als verinnerlichende Abkehr von der Frage der politischen Unterdrückung zu verstehen, sondern als deren Radikalisierung, indem sie an die Wurzeln geht.

In der Lukas-Fassung ist es (wie in Ri 13 und sehr oft im Alten Testament) die Mutter, die dem Geborenen den Namen geben soll (1,31).[250] Im Kontext des vorangehenden „Magnificat" kann Luise Schottroff über diese Maria sagen: „Sie kündigt die Weltrevolution an und gibt der Befreiung einen Namen: Jesus (1,31)."[251]

Neben der Namen-Namen-Beziehung Ἰησοῦς – יְהוֹשֻׁעַ ist aber auch die Namen-Wort-Beziehung Ἰησοῦς – יְשׁוּעָה wahrzunehmen. Die יְשׁוּעָה als „Rettung, Befreiung" wird in der überwiegenden Zahl der Belege in der hebräischen Bibel auf Gott, Jhwh, selbst bezogen. Zum Leitmotiv wurden die Worte im Zusammenhang der Rettung am Schilfmeer zunächst im Zuspruch des Mose an die Verfolgten (Ex 14,13) und dann in der poetischen Fassung in 15,2[252]:

---

[247] Vgl. auch *Mayordomo,* Anfang, 261 Anm. 315.

[248] Zur Jesus-Josua-Beziehung, *M. Karrer*, Jesus, der Retter (Sôtêr). Zur Aufnahme eines hellenistischen Prädikats im Neuen Testament, ZNW 93 (2002) 153–176, hier bes. 154f.; zur Verbindung des Jesus-Namens mit der Wurzel יש Hif'il, ebd., 153f.

[249] Es ist mithin das Motiv, welches Chr. Frevel auch in der Relation der alttestamentlichen Frauen im Stammbaum in Mt 1 zu Maria sieht, s.o. Anm. 105.

[250] Dazu *R. Kessler*, Benennung des Kindes durch die israelitische Mutter, WuD 19 (1987) 25–35.

[251] *L. Schottroff*, Lydias ungeduldige Schwestern. Feministische Sozialgeschichte des frühen Christentums, Gütersloh ²1996, 282.

[252] Zum „Schilfmeer-" bzw. „Mirjamlied" neben der o. Anm. 235 zur Figur der Mirjam genannten Literatur *M.L. Brenner*, The Song of the Sea: Ex 15:1–21 (BZAW 195), Berlin/ New York 1991; *M. Leutzsch*, Mirjams Lied am Schilfmeer – Zum Verhältnis von Gewaltverarbeitung und Freude im Kontext der Schilfmeererzählung, in: M. Geiger/ R. Kessler (Hg.), Musik, Tanz und Gott. Tonspuren durch das Alte Testament (SBS 207), Stuttgart 2007, 41–54; *M. Geiger*, Mirjams Tanz am Schilfmeer als literarischer Schlüssel für das Frauen-Tanz-Motiv, ebd., 55–75. Das Lied von Ex 15,2 ist im Alten Testament selbst aufgenommen u.a. in Jes 12,2, vgl. aber auch Ps 13,6 (LXX 12,6). Von den zahlreichen weiteren Belegen (mit einem Schwerpunkt im Psalter und im Jesajabuch) sei hier noch das „Lied der Hanna" (1 Sam 2,1) genannt.

עָזִּי וְזִמְרָת יָהּ וַיְהִי־לִי לִישׁוּעָה – „Meine Stärke und mein Lied ist Jah und wurde mir zur Rettung!"[253]

Der – noch vor Ex 14,13; 15,2 – biblisch-kanonisch erste Beleg für das Wort יְשׁוּעָה in Verbindung mit der Hoffnung auf Jhwhs Eingreifen findet sich jedoch in Gen 49,18, d.h. abermals im Kontext der Geschichte des anderen Josef. Es handelt sich dabei um einen Satz in den Segenssprüchen über die Söhne Jakobs bzw. die Stämme Israels, dessen Zuordnung zum Kontext eine Reihe von Problemen aufwirft und dabei zuerst die Frage, wer hier spricht. Ist es ein Wort Jakobs oder eine kommentierende Glosse? Oder war es ursprünglich eine Glosse, die dann in den Text einfloss und in der späteren Lektüre zum Bestandteil der Rede Jakobs wurde?[254] Der Satz ist – so oder so verstanden – ein intermittierender Hoffnungsruf:

לִישׁוּעָתְךָ קִוִּיתִי יְהוָה – „Auf deine Rettung warte ich gespannt, Jhwh."[255]

Der Satz ist in Gen 49 an den Spruch über Dan angeschlossen. Ob er ursprünglich auf Aspekte bezogen zu lesen ist, die sich mit diesem Stamm verbinden, oder ob er gezielt in die Mitte der Sprüche platziert wurde und so auf sie insgesamt zu beziehen ist, lässt sich kaum eindeutig beantworten.[256] Auffällig ist hier der Gebrauch des Gottesnamens Jhwh, der sonst in den Sprüchen des sterbenden Patriarchen nicht begegnet und den in der gesamten Josefsgeschichte keine Person ausspricht.[257] Gerade darum ist es naheliegend, in diesem wie ein Hoffnungsschrei ausgerufenen Satz in Gen 49,18 einen Ruf hin auf Ex 14f. zu hören.[258] Im Namen „Jesus" klingen, das darf festgehalten werden, die Geschichten Josefs, Moses und Josuas (und womöglich auch Simsons) mit. Es spricht viel dafür, dass die im folgenden Vers (Mt 1,22) begegnende Wendung „dies alles" (τοῦτο δὲ ὅλον) eben auf „dies alles" zu beziehen ist und nicht allein auf das dann folgende „Immanuel-Zitat". Das gilt es nun näher zu betrachten.

---

[253] Zur LXX-Fassung des Textes *Schiffner*, Lukas, 223 Anm. 39.

[254] Dazu *Ebach*, HThKAT, 612ff.

[255] Die Übersetzung der Verbform קִוִּיתִי mit „ich warte gespannt" nimmt auf, dass das hebr. Wort(feld) תקוה/קוה - „(er)warten, hoffen/ Hoffnung" die Vorstellung einer gespannten Schnur oder eines Fadens enthalten könnte, dazu Art. קוה, ThWAT VI, 1225–1234 (*E.-J. Waschke*), hier bes. 1225f.

[256] Für Letzteres plädiert *C. Westermann*, BK I/3, 268; zur Debatte *Ebach*, HThKAT, 612ff.; im Blick auf eine nähere Beziehung zum Stamm Dan verdient es immerhin Aufmerksamkeit, dass Simson, um dessen Geburt es in Ri 13 geht, aus diesem Stamm kommt.

[257] Diese Beobachtung findet sich im Exodus-Kommentar von Benno Jacob (1862–1945), der unter dem Titel „Das Buch Exodus", hg. v. S. Mayer, Stuttgart 1997, erschienen ist (dort S. 142). Zum Gebrauch des Jhwh-Namens *F. Crüsemann*, Gott aller Menschen – Gott Israels. Beobachtungen zur Konzeption des Gebrauchs von Elohim und Jhwh zwischen Genesis 1 und Exodus 18, in: E.W. Stegemann/ K. Wengst (Hg.), „Eine Grenze hast Du gesetzt". FS E. Brocke, Stuttgart u.a. 2003, 131–144.

[258] Darüber hinaus liegt hier womöglich auch eine literarische Verknüpfung von Erzeltern- und Exodusgeschichte vor (vgl. *Ebach*, HThKAT, 613f.).

4. „Dies alles" – τοῦτο δὲ ὅλον

Mit V. 22 kommt – abermals in der, nun im direkten Zitat erfolgenden, Relektüre der „Schrift" – ein neues Motiv zur Sprache. Aber wer spricht? Ist es noch der Engel? Ist es die Erzählerstimme? Letzteres dürfte wahrscheinlicher sein.[259] Die Frage betrifft auch das Beziehungsfeld des nun angeführten „Erfüllungszitats". „Dies alles" (τοῦτο δὲ ὅλον) sei geschehen, damit sich das dann zitierte Prophetenwort erfülle.[260] Aber auf was genau bezieht sich die Formulierung τοῦτο δὲ ὅλον? Geht es um den Immanuel-Namen und seinen engeren Kontext in Jes 7,14? Ist es die „ganze Geschichte der Geburtsankündigung"[261]? Oder darf man noch weiter gehen und in diesem ὅλον all das *mit* hören, das von Mt 1,1 an bis zu dieser Stelle erzählt ist?[262] Ich plädiere für die zuletzt genannte weite Verstehensweise. Wenn man es in dieser Linie verstehen darf, wird noch deutlicher, dass all die Geschichten, die – vor allem da, wo Abweichungen von der genealogischen Grundform erscheinen – in Mt 1 *ins Stammbuch* geschrieben sind, ihre Beziehungen und Bezüge zu der nun angesagten Rettung haben. Denn in all dem erweist sich, auf wie ungewöhnlichen Wegen auch immer, das „Immanuel" (עִמָּנוּ אֵל/ Ἐμμανουήλ). τοῦτο δὲ ὅλον, dies alles, wird zur Erfahrung von Gottes Mit-Sein.[263]

In Mt 1,22 liegt das Gewicht beim „Erfüllungszitat" aus Jes 7,14 auf dem Immanuel-Namen und nicht auf einer ‚biologischen Sonderkondition' der dort angekündigten Geburt.[264] Damit hat die Frage nach dem Status der „jungen Frau" (עלמה) in Jes 7,14 (MT) und dem in der Septuagintaübersetzung des Wortes durch παρθένος (in LXX meist, aber nicht immer „Jungfrau") Bezeichneten im Textgefüge von Jes 7,14 und Mt 1,22 bzw. Lk 1,31 nicht das Gewicht, welches ihr in der – zudem konfessionell aufgeladenen – Auslegungsgeschichte zukommt.[265] Festzuhalten ist zudem noch einmal, dass nicht nur das Motiv der Jungfrauengeburt nicht zu den Aspekten gehört, welche die fünf Frauen in Mt 1 verbinden, sondern dass es dabei auch darüber hinaus nicht um eine *biologische* „irregularity" geht. Denn dann hätte es viel näher gelegen, z.B. Sara eigens zu erwähnen, deren Mutterschaft jenseits des Klimakteriums eine in gewisser

---

[259] So auch *Mayordomo*, Anfang, 262f. (mit Literaturhinweisen).

[260] Zur Problematik der Rede von „Erfüllung" und „Erfüllungszitaten" s.u. 86ff.

[261] *Luz*, Matthäus, 105.

[262] *Mayordomo*, Anfang, 264 mit Anm. 333, erwägt, dass hier womöglich die ganze Geschichte Israels im Blick ist.

[263] Dazu *D. Vetter*, Jahwes Mit-Sein – ein Ausdruck des Segens, Stuttgart 1971. Das Mit-Sein Gottes ist eine Wegerfahrung, man kann es *erfahren* und *erleben*, aber nicht *haben* (zur anthropologischen [und mindestens implizit auch *theologischen*] Differenz grundsätzlich E. Fromm, Haben und Sein. Die seelischen Grundlagen einer neuen Gesellschaft, München ³³2005).

[264] Dazu auch *Mayordomo*, Anfang, 268f.; das ist in Lk 1,31 noch deutlicher; die Anspielung auf Jes 7,14 kommt hier ganz ohne das Motiv der „Jungfrau" aus, obwohl Lukas (wie Mt, aber im Neuen Testament nur diese beiden Evangelien) die „Jungfrauengeburt" voraussetzt.

[265] Dazu sei noch einmal auf den o. Anm. 56 genannten Aufsatz von Martin Rösel verwiesen, der die in der LXX-Übersetzung Jes 7 insgesamt erfolgende Neuinterpretation in aktueller und messianischer Perspektive zeigt; dazu aber auch *Frankemölle*, I, 150ff., und *Luz*, Matthäus, 107–111, sowie *Sand*, Matthäusevangelium, 70–73.

Hinsicht ähnliche Besonderheit darstellt. Bei Tamar, Rahab, Rut und „der des Uria" gibt es mancherlei „Irreguläres" zu erzählen, aber gerade nichts biologisch-medizinisch Außergewöhnliches.

Auf eine überraschende Verbindung mit den Geschichten von zwei der genannten alttestamentlichen Frauengestalten führt dagegen die eigentümliche Bemerkung in Mt 1,25. Nachdem Josef vom Traum erwacht ist und alles genau so tut, wie es ihm der Gottesbote gesagt hatte, heißt es im letzten Vers von Mt 1, bevor dann abschließend berichtet wird, dass auch die Benennung mit dem Namen Jesus erfolgt:

„Aber er schlief nicht mit ihr[266], bis sie einen Sohn gebar ..."

„Überraschend und neu" nennt Moisés Mayordomo-Marín diese Notiz.[267] Ulrich Luz[268] bemerkt: „Daß Josef bis zur Geburt Jesu mit Maria keinen Geschlechtsverkehr hatte, entspricht einem im Hellenismus im Zusammenhang mit der Geburt von Gottesmännern oft bezeugten Topos." Das trifft zu, aber im Blick auf „dies alles" (τοῦτο δὲ ὅλον [V. 22]), d.h. auf die in Mt 1 zuvor in die Genealogie gefassten *Geschichten*, leuchtet hier darüber hinaus und durchaus innerbiblisch eine subtile Beziehung zu gleich zwei jener Geschichten auf.

„Und er hat künftig nicht mehr mit ihr geschlafen" (וְלֹא־יָסַף עוֹד לְדַעְתָּה), heißt es in Gen 38,26 über Juda und seine Beziehung zu Tamar. Diese Notiz erfolgt unmittelbar nach dem Schlüsselsatz, in welchem Juda erklärt, dass Tamar „gerecht gehandelt" habe (צָדְקָה). Darauf folgt die Passage über die Geburt der Zwillinge Perez und Serach und deren Benennung durch den Vater Juda.[269] Juda erkennt die Geburt dieser Kinder in der von Tamar listig erzwungenen und durchaus ungewöhnlichen Form des Levirats als *legitim* an, denn Tamar hat „gerecht gehandelt", und er erkennt sie durch die Namensnennung auch als *legal* an. Aber er verkehrt mit seiner Schwiegertochter nicht mehr sexuell, d.h. er macht nicht die zu Recht erfolgte „irregularity" zu *seinem* Recht.

Die zweite Verbindung zu den in Mt 1 in die Genealogie gefassten Geschichten ist einerseits noch verquerer, doch ist sie auf der anderen Seite dem Motiv Josefs (Mt 1,25) auch wiederum näher. Der von David aus dem Felde herbeibeorderte Uria tut nicht das, was David erwartet und in seinem Interesse an der Vertuschung seines Tuns erhofft hatte. Hätte Uria den „Heimaturlaub" genutzt, um mit seiner Frau zu schlafen, wäre die Tatsache, dass David ehebrecherisch „die des Uria" geschwängert hatte, gleichsam überdeckt worden. Ein Uria, der mit Batscheba in dieser Zeit geschlafen hätte, hätte sich selbst als Vater des Kindes angesehen, alle hätten es so gesehen und David wäre der Verantwortung ledig gewesen. Das funktioniert aber nicht, denn Uria will es sich als beurlaubter Soldat aus Solidari-

---

[266] Die Wendung οὐκ ἐγίνωσκεν αὐτήν – „er erkannte sie nicht" – folgt hebr. ידע („erkennen", „vertraut/ intim sein mit") zur Bezeichnung des Beischlafs (Gen 4,1 u.ö.).
[267] *Mayordomo,* Anfang, 271.
[268] *Luz,* Matthäus, 106 mit Belegen in Anm. 54.
[269] Dazu *P. Weimar,* „Und er nannte seinen Namen Perez" (Gen 38,29). Erwägungen zu Komposition und literarischer Gestalt von Gen 38 (Teil 1), BZ 51 (2007) 193–215, sowie *Ebach,* HThKAT, 151–157.

tät mit den im Felde Kämpfenden nicht wohl sein lassen, indem er isst und trinkt und bei seiner Frau liegt (2 Sam 11,11).

Beide Querverbindungen zu den in Mt 1,1–16 gleichsam in der Genealogie kondensierten Geschichten, von denen die erste wiederum in die alttestamentliche Geschichte von Josef und seinen Brüdern bzw. Juda und seinen Brüdern verweist, stellen keine strikten Parallelen dar. Josefs Beweggründe für den Verzicht darauf, mit seiner Frau zu schlafen[270], entsprechen weder den Gründen Judas noch denen Urias. Der eine weiß sich als Vater der Söhne, die geboren werden, der andere weiß von all dem, was geschah, nichts. Josef aber weiß Bescheid und er weiß, dass er nicht der Vater ist. Auf eine vertrackt gegenläufige Weise kommen in Josefs Zurückhaltung aber dennoch die beiden Motive der auf diese Weise in Erinnerung gebrachten Geschichten der hebräischen Bibel zusammen. Josef will sich in das Geschehen nicht *einmischen* – dieses Wort mag angesichts der geläufigen Verwendung des μείγνυμαι (sich mischen) im Griechischen als Bezeichnung dessen, was im Hebräischen und dann auch im *neutestamentlichen* Griechisch „erkennen" heißen kann[271], berechtigt sein. Als Erzählmotiv in Mt 1 dient

---

[270] Namentlich in der katholischen Exegese verbindet sich mit dieser Bemerkung ein (dogmatisches) Problem. Es geht um die Frage nach den Geschwistern Jesu, von denen im Neuen Testament mehrfach die Rede ist (u.a. Mk 3,31–35; Mt 12,46–50; 13,55; Lk 8,19ff.), deren Existenz jedoch mit der immerwährenden Jungfräulichkeit der Maria kaum zu vereinbaren ist (ein Überblick über die exegetischen Positionen in NBL I, 337 [*J. Beutler*], zu den Texten, über die Verwandten Jesu und deren Stellung im Urchristentum s. den Art. Jesu Verwandtschaft, in: W. Schneemelcher [Hg.], Neutestamentliche Apokryphen in deutscher Übersetzung, Bd. I, Tübingen [6]1999, 373–386 [*W.A. Bienert*]). J. Blinzler, Die Brüder und Schwestern Jesu (SBS 21), Stuttgart [2]1967, bringt im Zusammenhang des biblischen und hellenistischen Sprachgebrauchs, nach dem auch weitere Verwandte als „Brüder" bezeichnet werden können (z.B. Gen 14,14 im Blick auf Abra[ha]ms Vetter Lot), Argumente für die These vor: „Die sogenannten Brüder und Schwestern Jesu waren Vettern und Basen Jesu" (in der Zusammenfassung, ebd., 145). In diesem Zusammenhang spielt auch die Bemerkung in Mt 1,25 eine Rolle. Josef Blinzler (ebd., 50ff.) bestreitet, dass die Aussage, Josef habe nicht mit seiner Frau geschlafen, bis ihr Kind geboren wurde, besage, dass er danach aber mit ihr sexuell verkehrt habe. Dafür bringt er eine Reihe von Belegen vor, in denen die Zeitangabe „bis" keineswegs bedeute, dass sich etwas, das bis zu einem bestimmten Zeitpunkt gegeben oder nicht gegeben sei, nach diesem Zeitpunkt anders verhalte. Die in der Textabfolge (von Blinzler in diesem Zusammenhang *nicht* aufgeführte) nächstliegenden Parallelen für ein solches „bis" (ἕως) finden sich allerdings in Mt 2,13.15: Josef bleibt in Ägypten bis zum Tod des Herodes, danach aber eben nicht mehr. Eine nicht von dogmatischen Vor-Urteilen geprägte Lektüre wird Mt 1,25 so verstehen, dass sich Josef des sexuellen Verkehrs mit seiner Frau so lange enthielt, bis das Kind geboren war.

[271] Zu diesem Sprachgebrauch gibt es eine bemerkenswerte Passage in Lion Feuchtwangers Josephus-Trilogie: Der römische Prinz und spätere Kaiser Titus hatte sich in der Zeit der Belagerung und Eroberung Jerusalems im Jahr 70 n. Chr. in die jüdische Prinzessin Berenike verliebt. Er nimmt sie mit Gewalt, weil er davon überzeugt ist, dass das dem Mann und siegreichen Krieger zustehe, doch ihm wird bewusst, dass er nichts und vor allem sie nicht erreicht hat. An dieser Stelle heißt es im Roman (*L. Feuchtwanger*, Der jüdische Krieg [1932], Berlin/ Weimar [4]1983, 339):
„Sie ist ihm fremder als je. Er denkt scharf nach, er strengt sein Gedächtnis an: nichts weiß er von ihr. Er kennt nicht ihren Geruch, ihr Verlöschen, ihr Verströmen, ihre Lust, ihren Zusammenbruch. Sie ist ihm versperrt geblieben durch sechs Schlösser und verhüllt durch sieben Schleier. Diese Juden sind infernalisch gescheit. Sie haben ein tiefes, höhnisches Wort für den Akt; sie sagen nicht: einander beiwohnen, sie sagen nicht: sich miteinander mischen, ineinan-

diese Notiz „der Klarstellung, daß hier garantiert kein Mann im Spiel war".[272]
Josef akzeptiert das, was in Marias Leib entstanden ist und wächst, und er hält
sich gerade darum zurück. Er tut bzw. tut nicht, was Uria tat bzw. nicht tat – aber
er *weiß*, was er damit tut bzw. nicht tut. Er tut bzw. tut nicht, was Juda tat bzw.
nicht tat, aber er tut es bzw. tut es nicht, weil er weiß, dass er *nicht* der Vater ist.
Im Ähnlichen zwischen Gen 38, 2 Sam 11 und Mt 1 tritt mithin das Unähnliche
um so deutlicher zu Tage. Es ist bei „Jesus, Maria und ein Stückerl Josef" durchaus anders als bei den Geschichten in der Genealogie. Aber auch das, was da
anders ist, wird gerade dann deutlich, wenn man diese Geschichten mithört.

Mit der Notiz in Mt 1,25a, die noch einmal die Geburt Jesu aus und in Gottes
Geistkraft bekräftigt, und der Benennung Jesu durch Josef schließt das Kapitel.
Mit Mt 2 erfolgt ein Wechsel der Erzählperspektive. Nach einer überraschend
kurzen Bemerkung über die in Betlehem erfolgte Geburt Jesu – eine Geburts-
geschichte erzählt Matthäus anders als Lukas nicht – und deren historischer
Einbindung in die Zeit des Herodes wechselt die Szenerie, indem das Evangelium
nun von der Ankunft der Magier und dem, was sie erlebten, berichtet (2,1–12),
um sich erst dann (ab V. 13) wieder Josef zuzuwenden und das Geschehen um ihn
mit einem zweiten Josefstraum einzuleiten.

Obwohl Abfolge und Szenenwechsel ihre Funktion haben, sollen die im Zusammenhang dieser Josef-Josef-Konfiguration anzustellenden Beobachtungen
und Überlegungen nicht dem Erzählablauf entlang gehen, sondern in thematischen Bündelungen erfolgen. Es wird mithin zunächst weiter um die Traumpassagen in Mt 1f. gehen; Ausführungen zur Magierepisode und zu den in Mt 2
wichtig werdenden Orten und deren Relationen folgen in späteren Abschnitten.
Da die Notiz über die Anweisung, welche die Magier im Traum erhalten (2,12),
ihre Bedeutung im Zusammenhang ihrer Rolle, nämlich der Opposition zwischen
den Königen (zwischen Herodes und dem wahren König) und in diesem Kontext
der genannten Räume, Orte und Bewegungen haben, für das Traumthema selbst
jedoch wenig hergeben, soll das Augenmerk zunächst Josefs weiteren Träumen
gelten.

---

derhineingehen. Sie sagen: ein Mann erkennt eine Frau. Nein, er hat diese verfluchte Berenike
nicht erkannt. Und er wird sie nicht erkennen, solange sie sich ihm nicht gibt."
[272] *L. Schottroff*, Schwestern, 285, (verwiesen sei auch auf ihre weiteren Ausführungen zur
„Schwangerschaft ohne Mann" [ebd., 283ff.]).

5. Träumen, damit geschieht, was geschehen soll

> „Finden macht das Suchen leichter"
> *Elazar Benyoëtz*[273]

Josef träumt noch dreimal (Mt 2,13.19f.22). Unmittelbar vor dem zweiten Josefstraum findet sich eine knappe Notiz über die Weg-Weisung, welche die Magier im Traum erhielten (2,12). Wiederum geben die Träume klare Anweisungen in unklarer Lage. Es ist nicht darum zu tun, das in den Träumen Offenbarte zu *deuten*, es gilt, das in den Träumen Angewiesene zu *tun*. Darum konstatiert Mt 2,14.21 in wörtlicher Wiederaufnahme der Anweisung im Traum die getreue Befolgung des jeweiligen Traumbefehls.[274]

Wie beim ersten Josefstraum (Mt 1,20f.) folgt auch beim zweiten (2,13) eine Einknüpfung des Geschehens in die hebräische Bibel. Sie kommt nicht erst im angefügten Zitat aus Hos 11,1 in V. 15, sondern bereits in der Traumweisung selbst in den Blick. Denn das Thema der Flucht nach Ägypten und mehr noch das Stichwort „Ägypten" selbst ist mit einer ganzen Reihe alttestamentlicher Geschichten erfüllt. Dabei sind die (pluralen) Ägyptenbilder der hebräischen Bibel geradezu konstitutiv ambivalent. Auf der einen Seite steht Ägypten für das Sklavenhaus, für die Unterdrückung Israels. Die Erinnerung an die Herausführung „aus dem Land Ägypten, aus dem Arbeitshaus" steht am Beginn des Dekalogs

---

[273] Das Motto dieses Abschnitts ist der Titel eines (bei Hanser) in München und Wien 2004 erschienenen Aphorismenbandes des in Israel lebenden, in deutscher Sprache schreibenden E. Benyoëtz. Der Aphorismus ist lesbar als ironisch-kritische Entlarvung: Das, was man so findet (d.h. was man „irgendwie" meint), erleichtert das Suchen nach seiner Bestätigung durchaus, wie Vor-Urteile die Urteile leichter, wenn auch nicht wahrer machen. Es ist auch in der Wissenschaft nicht unüblich, für eine schon vorgefasste und -gefundene Auffassung die Belege nachträglich zu suchen. Aber es gibt wohl auch hintergründigere Verstehensmöglichkeiten für den Satz, der hier zitiert ist, weil es zwischen dem Finden und dem Träumen mancherlei Beziehungen gibt. Da ist nicht zuletzt die in beiden Fällen nicht leicht zu beantwortende Frage nach dem Subjekt. Man sagt etwa: „Ich habe das Buch gefunden." Der Satz ist grammatisch und sachlich zweifellos korrekt. Und doch haftet noch beim planvollsten Suchen dem Finden etwas Unverfügbares, Kontingentes an. Ich kann ver*suchen*, aber ich kann nicht *beschließen*, etwas zu finden. Zuweilen ist es nicht einmal ausgemacht, wer oder was das Subjekt und wer oder was das Objekt des Findens ist. Durchaus ähnliche Fragen stellen sich für das Träumen. Ist es etwas, das ich tue, oder etwas, das mir widerfährt? In der Reihe der „Monogramme" in dem in den Jahren 1946 und 1947 erstellten dritten Teil der „Minima Moralia" notiert Theodor W. Adorno: „Zwischen ‚es träumte mir' und ‚ich träumte' liegen die Weltalter. Aber was ist wahrer? So wenig die Geister den Traum senden, so wenig ist es das Ich, das träumt" (GS IV, Frankfurt a.M. 1997, 217). Die (auch an dieser Stelle) bei Adorno „negative Dialektik" von Mythos und Rationalität, die hier aufblitzt, lässt sich – freilich positiv gewendet – auf die Träume der Geschichte(n) beider Josefs beziehen. Es träumt ihnen; in Mt 1f. ist mehrfach explizit von einem Engel die Rede, welcher die Traumbotschaft vermittelt. Und doch sind die Träume sowohl in Gen 37; 40f. als auch in Mt 1f. bemerkenswert rational. Hier begegnen sowohl „die Geister" bzw. Gottes Geist und Gottes Boten, welche die Träume senden, als auch das „Ich, das träumt". Die im Traum gefundene Botschaft macht das Suchen leichter, aber sie ersetzt es nicht und sie beendet es nicht einmal.

[274] Im Blick auf Josef ist die getreue Erfüllung der im Traum erhaltenen Anweisung nach *Mayordomo*, Anfang, 271, noch einmal eine Bestätigung des „Gerecht-Seins" (δίκαιος ὤν) Josefs (Mt 1,19).

(Ex 20,2; Dtn 5,6); sie bildet den Prolog und damit den Leitton der „Zehn Gebote" als Weisung zur „Bewahrung der Freiheit"[275]. Auf der anderen Seite kommt Ägypten immer wieder auch als das Land in den Blick, in dem Menschen Israels Zuflucht fanden und in Notzeiten überleben konnten.

Eine der großen Geschichten mit dieser Thematik ist die Josefsgeschichte in Gen 37–50. War Josef selbst ohne jede eigene Entscheidungsfreiheit als Sklave nach Ägypten verkauft worden, so bedarf es bei der Übersiedlung Jakobs mit seiner ganzen Familie in der noch andauernden Zeit der Hungersnot einer eigenen Weisung, die Jakob=Israel in einer nächtlichen Offenbarung in Beerscheba (Gen 46,2–4) erhält. Die Form seines Traums gleicht in der Struktur der *Erscheinung*, in der es jedoch nur etwas zu *hören* gibt, wie bereits erwähnt, dem Traum Josefs in Mt 2,13 und ebenso dem in 2,19f.

Dass es dieser Weisung an Jakob und der ausdrücklichen Erlaubnis, nach Ägypten zu gehen, verbunden mit der ausdrücklichen Zusage göttlicher Wegbegleitung, bedarf, hängt mit einer früheren Hungersnot zusammen, in der Isaak gerade nicht nach Ägypten gehen soll (Gen 26,2). In Isaaks Situation wiederholt sich jedoch ihrerseits eine noch frühere, in der Abra(ha)m und Sara(j) nach Ägypten zogen, um dort zu überleben (Gen 12,10–20).[276] Eine Fokussierung auf die Konfigurationen der Geschichten beider Josefs wird in Mt 2,13 vor allem die Verknüpfung mit der Josefsgeschichte und in ihr mit Gen 46,2ff. wahrnehmen. Doch sei nicht ausgeblendet, dass sich beide Stellen hinsichtlich der Motivation des Wegs nach Ägypten unterscheiden. Das in Mt 2 dominante Motiv der Flucht vor einem drohenden Mordanschlag findet an anderen Stellen der hebräischen Bibel und der außerkanonischen Überlieferung nähere Parallelen. Jerobeam flieht vor Salomo nach Ägypten und wird nach seiner Rückkehr nach Salomos Tod zum ersten König des Nordreichs (1 Kön 11,40; 12,2.20).[277] Der Prophet Uria flieht

---

[275] Mit diesem Haupttitel seiner Studie beschreibt Frank Crüsemann die Grundintention des Dekalogs (*F. Crüsemann*, Bewahrung der Freiheit. Das Thema des Dekalogs in sozialgeschichtlicher Perspektive [KT 78], München 1983 [Gütersloh ²1993]). Angesichts des Fehlens eines *Begriffs* „Freiheit" im biblischen Hebräisch auf der einen und der entscheidenden Bedeutung von Befreiungs*geschichten* in der hebräischen Bibel und in diesem Zusammenhang von verbalen Wurzeln wie גאל („befreien", „auslösen") oder פדה („loskaufen", „befreien") auf der anderen Seite wäre es womöglich noch treffender, von der Bewahrung der *Befreiung* zu sprechen.

[276] Das Motiv der Wiederholungen wurde mir zu einem Hauptaspekt im HThKAT zu Gen 37–50. *Fiedler*, ThKNT, 63, nennt die Passage zu Beginn von Gen 46 als Beispiel für einen vorübergehenden Ägyptenaufenthalt. Das trifft in *einer* Perspektive zu, nämlich für die (nachexilische) Endgestalt der Josefsgeschichte, in der nun auch die Rückkehrzusage für Jakob in 46,4 nicht nur als Zusage für die Rückkehr des toten Jakob ins Familiengrab in Kanaan zu lesen ist, sondern als Rückkehrperspektive für das Volk Israel. Diese Bedeutungsveränderung bzw. -erweiterung ergibt sich durch die wenigen nachexilischen Hinzufügungen zu einer Erzählung, die zunächst vom dauerhaften Leben in der Fremde ausgeht. Sie resultiert mithin aus diesem neuen *Kontext*, ohne dass der *Text* in Gen 46 verändert wäre (dazu *Ebach*, HThKAT, zusammenfassend 694f.) In einer *diachronen* Betrachtung von Gen 46,1–4 wäre Fiedlers Aussage daher zu modifizieren, in der für die matthäische Rezeption maßgeblichen *kanonischen* Perspektive ist der Kommentator im Recht.

[277] Dieser erste König des Nordreichs spielt auch in der Josefsgeschichte in Gen 37–50 eine hintergründige Rolle. Die von den Brüdern auf Josefs ersten Traum hin wie selbstverständlich

vor dem Mordbefehl Jojakims nach Ägypten (Jer 26,20–24), der Edomiter Hadad flieht vor David nach Ägypten (1 Kön 11,17f.).[278] Macht man die Flucht vor einer tödlichen Bedrohung und das Stichwort „Ägypten" stärker als die explizite Flucht *nach* Ägypten, so klingt in Mt 2,13 noch eine andere Stelle der hebräischen Bibel an. Ex 2,15 erzählt, dass Mose aus Ägypten nach Midian floh, weil Pharao danach trachtete, ihn zu töten. Mose selbst wird an keiner Stelle in Mt 1f. namentlich erwähnt (wie auch der alttestamentliche Josef nicht), und doch sind mehrere Stellen in Mt 1f. für eine Beziehung auf Mose (wie auf den alttestamentlichen Josef) offen. So mag auch in 2,13 bereits eine Mose-Erinnerung aufleuchten – in der Folge, im Zitat aus Ex 4,19 in Mt 2,20, wird sie deutlich heller werden.

Von Mose-Überlieferungen ‚eingefärbt' ist jedoch auch das auf die Notiz über Josefs tatsächlich erfolgte Flucht mit Frau und Kind nach Ägypten und dem Verbleiben in Ägypten bis zum Tod des Herodes in Mt 2,15 folgende Schriftzitat aus Hos 11,1. Es gehört wie das in Mt 1,22 nicht zur Traumoffenbarung, sondern erklingt aus der Erzählerstimme. Die Einleitung entspricht wörtlich der in 1,22. Das Prophetenwort erging als Wort Jhwhs (ὑπὸ κυρίου). Die zitierten Worte lauten:

Hos 11,1 (MT)	וּמִמִּצְרַיִם קָרָאתִי לִבְנִי
Hos 11,1 (LXX)	ἐξ Αἰγύπτου μετεκάλεσα τὰ τέκνα αὐτοῦ
Mt 2,15	ἐξ Αἰγύπτου ἐκάλεσα τὸν υἱόν μου

Bereits vor einer näheren Betrachtung der Verschiebungen im Zitat der Hoseastelle fällt ins Auge, dass das Zitat aus der hebräischen Bibel proleptisch den Blickwinkel verändert. Denn es ist gerade kein „Erfüllungszitat"[279], welches die Flucht *nach* Ägypten grundiert, vielmehr ist im Hoseawort bereits der Exodus *aus* Ägypten fokussiert.[280] Das ist allerdings durch die vorlaufende Bemerkung, Josef sei bis zum Tod des Herodes in Ägypten geblieben, bereits vorbereitet. Er verbleibt mit den Seinen nur bis zum Tod dieses Machthabers in Ägypten, aber nicht länger.[281] Der Weg *nach* Ägypten dient mithin letztlich dem Weg *aus* Ägypten

---

vorausgesetzte Deutung, Josef wolle als *König* herrschen (מלך, 37,8), erfüllt sich für Josef selbst nicht, wohl aber realisiert sie sich bei Jerobeam aus dem „Haus Josef" und dabei aus dem Stamm Efraim, der wirklich König wird. Ob sich die Träume Josefs erfüllen, hängt, wie sich hier zeigt, nicht zuletzt davon ab, wie weit man liest. Bildet Jos 24,32 (Josefs Beisetzung in Sichem) *einen* externen (außerhalb der Genesis liegenden) Schluss seiner Geschichte, so das Königtum seines Nachkommen Jerobeam (1 Kön 12,20) einen *anderen*. Von hier aus fällt auch ein weiteres Licht auf den im Segen Jakobs in Gen 48 bestimmten Vorrang Efraims vor dem biographisch älteren Manasse.

[278] Weitere ähnliche Motive aus 2 Makk und Josephus nennt *Mayordomo*, Anfang, 305f.; zum Thema auch *Wucherpfennig*, Josef, 141f.

[279] Dazu *W. Rothfuchs*, Die Erfüllungszitate des Matthäus-Evangeliums (BWANT 88), Stuttgart 1969; *G.M. Soares Prabhu*, The Formula Quotations in the Infancy Narratives of Matthew (AnBib 63), Rom 1976; zur Problematisierung des Stichworts „Erfüllungszitat" s.u. 86ff.

[280] Den *nächtlichen* Aufbruch betont *G.M. Soares Prabhu*, Jesus in Egypt. A Reflection on Mt 2:13–15.19–21 in the Light of the Old Testament, EstB 50 (1992) 225–249, hier 236ff., und sieht auch darin eine Relation zum *nächtlichen* Exodus (wegen der zu wenig spezifischen Verbindung kritisch dazu *Mayordomo*, Anfang, 307 Anm. 556).

[281] Zum „bis" (ἕως) in diesem Vers s.o. Anm. 270.

heraus! In gewisser Weise ist auch hier wiederum eine grundsätzliche Dimension der Josefsgeschichte in Gen 37–50 im Hintergrund erkennbar. Der Eisodos kommt als Voraussetzung des Exodus in den Blick.[282]

Bemerkenswert ist die Form des Zitats aus Hos 11,1. Es entspricht nämlich in der Formulierung τὸν υἱόν μου („meinen Sohn") dem masoretischen Text der hebräischen Bibel (לִבְנִי[283]) und nicht der Septuagintafassung (τὰ τέκνα αὐτοῦ). Die komplexe Frage, mit welchen Textvorlagen der Evangelist arbeiten konnte und gearbeitet hat, kann hier nicht flächendeckend behandelt werden[284]; deutlich ist immerhin, dass im Zusammenhang von Mt 2 nur der masoretische Wortlaut von Hos 11,1 das hergibt, worauf es an dieser Stelle ankommt.[285] Es geht um den Singular „Sohn" und um dessen exklusive Beziehung zu Gott („meinen Sohn"). Die Hoseastelle spricht von *Israel* als Gottes Sohn.[286] Die durch das Zitat geschaffene „implizierte Permutation Israel-Jesus"[287] ist, wie Mayordomo hier anmerkt, von Ex 4,22f. als einer weiteren alttestamentlichen Stelle mit bestimmt. Hier erhält Mose den Auftrag, Pharao mit Gottes eigenem Wort zu konfrontieren, er müsse Israel als Gottes erstgeborenem Sohn (MT: בְּנִי בְכֹרִי יִשְׂרָאֵל – LXX: υἱὸς πρωτότοκός μου Ισραηλ) aus dem Land ziehen lassen, da Gott anderenfalls dessen Erstgeborenen töten werde. Mayordomo resümiert: „Der Gottessohntitel spannt sich somit wie ein Schirm über Israel und Jesus."[288]

Diese m.E. glückliche Formulierung Mayordomos gibt Anlass zur Problematisierung der für die dem Hosea-Zitat in Mt 2,15 vorausgehenden (und entspre-

---

[282] Eine diachrone Analyse der literarischen Schichten in Gen 37–50 und ihrer Relationen zur Exodusüberlieferung und zum (der Genesis-Konzeption in manchem entgegengesetzten) Exodus*konzept* wird das erheblich komplexer und auch komplizierter sehen; auf der kanonischen Ebene der Mosebücher bleibt die Aussage zutreffend.

[283] *Fiedler*, ThKNT, 64, bemerkt zutreffend, hier werde offensichtlich aus der hebräischen Bibel zitiert.

[284] *Luz*, Matthäus, bes. 135ff., äußert sich in der Frage des Zugangs zu den Texten der hebräischen Bibel sehr zurückhaltend und befindet sich damit in Übereinstimmung mit einer starken Tendenz der neutestamentlichen Forschung. Aber ist das wirklich plausibel? In den alttestamentlichen Zitaten in Mt 1f. zeigt sich an mehreren Stellen ein offenbar bewusstes Umgehen sowohl mit MT als auch mit LXX. Wie bereits im Vorwort angemerkt, möchte ich für die neutestamentlichen Autoren eine größere Kenntnis der Inhalte und des Wortlauts der hebräischen Bibel annehmen, als es in der neutestamentlichen Exegese weithin vorausgesetzt ist.

[285] Allerdings findet sich die Änderung eines Plurals („Söhne") in einen Singular („Sohn") auch im Zitat aus Ex 4,20 in Mt 2,21 (dazu u. 94f.). Zur Frage der inklusiven Wiedergabe von בנים/בן durch τέκνα s.u. 100f. und Anm. 339.

[286] Am Beginn von Hos 11 kommt der Anfang Israels in den Blick; es geht um ein noch kleines Kind, das laufen lernt (V. 3). In der Zuwendung Gottes zum werdenden Israel in Ägypten *wird* es Gottes Sohn. *J. Jeremias*, Der Prophet Hosea, ATD 24/1, Göttingen 1983, 141, formuliert pointiert: „So *wurde* Israel ‚Sohn' in einem Adoptionsakt, war es nicht von Anbeginn an." Es ist zum Sohn gerufen (man beachte die Konstruktion: קָרָא mit לְ [Hos 11,1]), d.h. *heraus*gerufen und *be*rufen. Das Adoptionsmotiv ist auch für weitere Aspekte einer intertextuellen Lektüre von Mt 1f. und nicht zuletzt für eine Josef-Josef-Konfiguration von Interesse (dazu u. im Kapitel „Adoption").

[287] *Mayordomo*, Anfang, 308.

[288] *Ebd.*, Anfang, 309.

chend in 1,22f.; 2,17f.23[289] begegnenden) Formulierung ἵνα πληρωθῇ τὸ ῥηθὲν
... διὰ τοῦ προφήτου λέγοντος in der deutschsprachigen Exegese üblichen Be-
griffe „Erfüllungszitat" oder „Reflexionszitat".[290] Der angelsächsische – auf die
formelhaften Einführungswendungen bezogene – Ausdruck „formula quotations"
ist nicht so implikationshaltig wie die Rede von „Erfüllungszitaten" und daher
m.E. geeigneter. Denn der Terminus „Erfüllungszitat" (und bereits die Wiedergabe des Wortfelds πληρόω mit „erfüllen" an den entsprechenden Bibelstellen)
ist zumindest missverständlich. Im Blick auf ein (prophetisches) Wort im neutestamentlichen Zusammenhang von „Erfüllung" zu sprechen, könnte implizieren,
dass das im jeweils Zitierten Angesprochene zuvor unerfüllt blieb. Dass Gott aber
seinen Sohn Israel aus Ägypten herausgeführt *hat*, dass Pharao seine Weigerung,
Israel als *Gottes* Erstgeborenen ziehen zu lassen, mit dem Leben *seines* Erstgeborenen bezahlen musste, das alles weiß, wer sich, z.B. mit dem Dekalog, auf das
Exodusgeschehen verwiesen und verpflichtet sieht. Das gilt für die AutorInnen
und AdressatInnen der neutestamentlichen Schriften durchweg.[291]

Solches Wissen ist aber im biblischen Sinne auch ein „Glauben" – ein Darin-
Bestand-Haben und Darauf-Stehen.[292] Gottes erwiesene Treue zu Israel ist die
Basis der „Schrift"-Bezüge des Neuen Testaments. Das Verb πληρόω meint also

---

[289] Weitere Stellen sind Mt 4,14ff.; 8,17; 12,17–21; 13,35; 21,4f.; 27,9; die Häufung in Kap. 1f.
fällt auf; auch in dieser Hinsicht wird das Evangelium gerade an seinem Anfang in das Alte
Testament eingeknüpft.

[290] Dazu neben den o. Anm. 279 genannten Arbeiten von Wilhelm Rothfuchs und George M.
Soares Prabhu auch den Exkurs bei *Luz*, Matthäus, 134–141, ferner *Fiedler*, ThKNT, 51, sowie
J. Kegler, Verheißung und Erfüllung. Beobachtungen zu neutestamentlichen Erfüllungsaussagen, in: I. Kottsieper u.a. (Hg.), Berührungspunkte. Studien zur Sozial- und Religionsgeschichte Israels und seiner Umwelt. FS R. Albertz (AOAT 350), Münster 2008, 345–366, zu Mt bes.
348–358.

[291] Grundsätzlich und auf „Verheißung" und „Erfüllung" bezogen dazu *K. Wengst*, Jesus zwischen Juden und Christen. Re-Visionen im Verhältnis der Kirche zu Israel, Stuttgart u.a. ²2004,
hier bes. 32ff.
Der Begriff „Erfüllungszitat" ist mindestens dann problematisch, wenn er im Horizont einer
(zwiefachen) Reduktion des Verhältnisses von Altem und Neuem Testament auf das Schema
„Verheißung und Erfüllung" steht. Denn auf der einen Seite sind zentrale Verheißungen der
hebräischen Bibel bereits in ihr selbst erfüllt, auf der anderen Seite steht die Erfüllung von
Verheißungen auch in der Perspektive des Neuen Testaments in vieler Hinsicht noch aus.

[292] Vielleicht ist ein solches „Stehen auf etwas" (im Sinne der geschichtlich gewachsenen und
kognitiv und affektiv erlebten Basis der Identität) eine brauchbare „Übersetzung" des
Wort(feld)es אמן nebst dem hoffend-bekräftigenden אָמֵן/ ἀμήν/ „Amen".
Der „Glaube" trägt dann, wenn mir das, worauf ich stehe, auch Bestand gibt – das kommt in
dem berühmten mit den Aktionsarten der Wurzel אמן „spielenden" Satz in Jes 7,9 zum Aus-
druck (אִם לֹא תַאֲמִינוּ כִּי לֹא תֵאָמֵנוּ) [etwa: „Wenn ihr nicht beständig vertraut, werdet ihr keinen
Bestand haben" – so die Übersetzung der *Bibel in gerechter Sprache* – oder, mit Luthers Wie-
dergabe des Lautspiels: „*Gleubt jr nicht/ So bleibt jr nicht*", bzw. mit Buber/ Rosenzweig:
„*Vertraut ihr nicht, bleibt ihr nicht betreut*"]. Zu Jes 7,9 im Kontext *W. Beuken*, Jesaja 1–12,
HThKAT, Freiburg u.a. 2003, 199ff.; zu den semantischen Aspekten des Wort(feld)es אמן
ThWAT I, 313–348 (*A. Jepsen* [nebst den Literaturnachträgen in Bd. X, 462f.]), zu den theolo-
gischen v.a. *Fr.-W. Marquardt*, Amen – ein einzig wahres Wort des Christentums, in: J. Denker
u.a. (Hg.), Hören und Lernen in der Schule des NAMENS. Mit der Tradition zum Aufbruch. FS
B. Klappert, Neukirchen-Vluyn 1999, 146–159.

nicht, dass sich etwas, das bisher nur ein leeres Versprechen war, nun erst erfüllt. Es meint allerdings, dass das, was jetzt geschieht – z.B. dass der neugeborene, von einer Art „neuem Pharao" tödlich bedrohte Jesus in Ägypten Zuflucht findet, wenn Josef tut, was ihm aufgetragen wird, und dass er aus Ägypten wieder herausgeführt werden wird – eine weitere, eine erneute *Füllung*, ein erneutes Wahrsein-Lassen dessen ist, was in Hos 11,1 und Ex 4,22f. geschrieben steht und zu lesen ist. Das neue Geschehen bringt sich ein in das alte Wort; das alte Wort ist nun auch – in *diesem* Sinn kann man von „Erfüllung" sprechen – vom neuen Geschehen erfüllt. Prophetenwort und neutestamentlicher Bezug auf das Prophetenwort erhellen sich gegenseitig. Den *vollen* Sinn[293] erhält das „Schrift"-Wort in dieser Sicht im Lichte des messianischen Geschehens; das heißt aber gerade nicht, dass es zuvor ein leeres oder unerfülltes Wort gewesen sei.[294]

Aber nicht alles, was geschieht und im Lichte eines Prophetenwortes aufleuchtet, *sollte* auch geschehen. Eine kennzeichnende Abweichung in einer *formula quotation* findet sich in V. 17. Wenn nämlich dort der betlehemitische Kindermord mit dem Jeremiawort von Rahels Klage konfiguriert wird[295], heißt es nicht, das sei geschehen, damit (ἵνα) sich (er)fülle, was durch den Propheten Jeremia

---

[293] Zur Bedeutung „das Vollmaß erreichen" ThWNT VI, 293ff. s.v. πληρόω (G. *Delling*); zur Rede von Verheißung und Erfüllung und deren biblischen Sprachformen *Kegler*, Verheißung, hier bes. 345ff.

[294] Zutreffend formuliert Hubert Frankemölle zu dieser Stelle: „So sieht eine typisch jüdische aktualisierende Schriftauslegung aus" (Matthäus, I, 171). Wenn in der rabbinischen Schriftlektüre v.a. in der Form des Midrasch eine Passage des TaNaCH auf eine je gegenwärtige Situation bezogen wird, bedeutet das nicht, dass diese Beziehung die einzige und in diesem Sinne *die* richtige Exegese sei. Vielmehr können mehrere solcher Aktualisierungen nebeneinander stehen und sie können gemeinsam neben Beziehungen der entsprechenden Schriftstelle auf ältere und älteste Zeiten stehen. (So kann z.B. in der rabbinischen Lektüre von Ps 1,1 im Talmud-Traktat Avoda zara [Blatt 18b] der Glückwunsch für den, „der nicht geht nach dem Rat der Frevler ..." von einem Rabbi auf die bezogen werden, die nicht in die [scil. *römischen*] Theater und Zirkusse gehen – d.h. auf die Jetztzeit der Auslegenden gemünzt werden –, während der Rabbi, der im [literarischen] Diskurs als nächster zu Wort kommt, dieselben Worte in Ps 1,1 in der Verbindung mit mehreren Schriftstellen auf Abraham bezogen liest – mithin auf eine lange vorausliegende Zeit.) Grundsätzlich gilt hier, dass eine Lektüre und Deutung andere Lektüren und Deutungen nicht nur zulässt, sondern – in *einer* Bedeutung des Wortes „Midrasch" – geradezu *herausfordert*. Im Kontext einer solchen prinzipiellen Mehrdimensionalität reklamiert auch die auf Jesus als den Messias bezogene und in diesem Sinne „christologische" Lektüre des Alten Testaments in neutestamentlichen „Erfüllungszitaten" nicht, dass andere Lektüre-, Verstehens- und Auslegungsweisen der jeweiligen Passagen der hebräischen Bibel *falsch* wären. Eine christologische Lektüre wird (im Zuge der erst im 2. Jh. n.Chr. erfolgenden Entwicklung eines nun dem Judentum als Religion gegenüber stehenden „Christentums") zur kennzeichnenden christlichen Rezeption des (in dieser Perspektive dann) „Alten Testaments". Sie ist es, die Menschen aus den Völkern einen Zugang zu Israels Gott und Israels Weisungen ermöglicht. Doch gerade in dieser Perspektive, die auch meine ist, hängt alles daran, dass ein solches Verstehen Israel nicht zu enteignen oder zu überbieten trachtet. Zu den Konsequenzen für eine christliche Lektüre der hebräischen Bibel J. *Ebach*, Hören auf das, was Israel gesagt ist – hören auf das, was in Israel gesagt ist. Perspektiven einer „Theologie des Alten Testaments" im Angesicht Israels, EvTh 62 (2002) 37–53.

[295] Zur Rahelpassage selbst s.u. im Kapitel „Rahel".

gesagt ist. Es heißt vielmehr ohne eine explizite finale Perspektive[296]: „damals hat sich gefüllt" (τότε ἐπληρώθη), was durch den Propheten Jeremia gesagt ist. Es fehlt auch ein Zusatz, der das *Propheten*wort (wie in V. 15 und zuvor in 1,21) als *Gottes*wort (ὑπὸ κυρίου) beglaubigt, obwohl das Wort in Jer 31,15 (bzw. 38,15 LXX) explizit mit der Botenformel (כה אמר יהוה bzw. Οὕτως εἶπεν κύριος – „So hat Jhwh gesprochen"/ „So spricht jetzt Adonaj in verpflichtender Weise") eingeleitet ist. Der Grund dürfte, wie von vielen Auslegern mit Recht betont wird[297], in der Weigerung liegen, jenes schreckliche Geschehen als Teil des Planes Gottes erscheinen zu lassen. Das Fehlen des ἵνα und der Wendung ὑπὸ κυρίου bildet mithin eine im engsten Sinne *theo*-logische Leerstelle. Es lohnt sich, diesem gleichsam schweigenden Umgang mit der hier aufleuchtenden (*avant la lettre*) „Theodizeefrage" nachzugehen.

6. Nicht alles, was geschieht, *sollte* auch geschehen

Kann ein so schreckliches Geschehen wie jener *erzählte*[298] Kindermord in Betlehem von Gott gewollt, ja geplant sein? Wie gehen die furchtbaren Gewalttaten in den Geschichten und in der realen Geschichte mit Gottes Providenz zusammen? In einem Buch des vor allem in den 1950er und 1960er Jahren hochberühmten Theologen Helmut Thielicke findet sich im Zusammenhang der von ihm in *einem* Atemzug genannten Stichworte „Guillotine" und „KZ" – bereits diese Parallelisierung ist hochproblematisch – der folgende Satz: „Was auch an Grauen uns umgeben mag, dies alles kann unserem Herrn die Pläne nicht durchkreuzen, sondern das alles liegt gerade im Zuge seiner Pläne."[299]

Wer *das* denken kann, hätte mit einer Erklärung, jener betlehemitische Kindermord sei geschehen, *damit* sich Gottes Pläne erfüllten, keine Schwierigkeiten. Doch offenbar hat der Evangelist Matthäus mit einem solchen Satz sehr wohl Schwierigkeiten, jedenfalls formuliert *er* einen solchen Satz nicht. Eine Äußerung wie die Thielickes wirkt auf den ersten Blick demütig und fromm, bekundet sie doch die Bereitschaft, alles, was geschieht, als Willen Gottes nicht nur hinzunehmen, sondern auch anzunehmen. Auf den zweiten Blick wird jedoch der Hochmut erkennbar, den die scheinbare Demut notdürftig verhüllt. Denn wer bekundet,

---

[296] Eine solche finale Form fehlt noch einer anderen Stelle, nämlich in Mt 27,9 im Zusammenhang der „dreißig Silberlinge", die Judas für den Verrat Jesu erhalten hatte. Auch hier erfüllt sich etwas, dem nicht zugebilligt wird, es habe sich erfüllen *sollen*. Eine andere Frage ist, was hier in V. 9 und den voraufgehenden Versen zitiert wird, nämlich ob es sich um eine Rezeption von Jeremiastellen handelt oder ob (bzw. ob *auch*) an Sacharja (11,13) gedacht ist; dazu und zur Interpretation *Frankemölle*, II, bes. 474f. (Am Rande sei erwähnt, dass der Verkauf eines Menschen um – dort allerdings zwanzig – Schekel auch ein Motiv in der alttestamentlichen Josefsgeschichte [Gen 37,28] ist.)

[297] Neben anderen *Frankemölle*, I, 170; *Mayordomo*, Anfang, 314; *Fiedler*, ThKNT, 65.

[298] Betont sei, dass es sich hier allein um eine *literarische* Wirklichkeit handelt; zur (nicht belegbaren und auch nicht wahrscheinlichen) Historizität des „Kindermords" und zur Person des Herodes s.u. im Abschnitt „Könige ...".

[299] *H. Thielicke*, Das Leben kann noch einmal beginnen. Ein Gang durch die Bergpredigt, Stuttgart [7]1962, 37.

Auschwitz liege im Zuge der Pläne Gottes, maßt sich an, die Pläne Gottes, das göttliche „Drehbuch" von Welt und Geschichte zu kennen. Als der immerwährende implizite Leitsatz eines solchen Drehbuchs erscheint dann der Schluss-Satz aus Alexander Pope's „Essay on Man"[300]: „Whatever is, is right."[301]

Das Erschrecken vor einer solchen Identifikation der Faktizität mit dem Willen Gottes darf jedoch nicht verdrängen, dass die strikt gegenläufige Haltung kaum weniger problematisch ist. Denn wie lässt sich das Bekenntnis zu Gott als Herrn der *ganzen* Wirklichkeit mit der Annahme vereinbaren, jene schrecklichen Ereignisse seien ohne, ja gegen Gottes Willen möglich geworden? Wie kann Gott gütig *und* mächtig sein, wenn solches geschieht? Sind dann nicht die Mächte, die gegen Gottes Willen das Furchtbarste bewirken, stärker als Gott selbst? Die dabei (wie bei jedem ernsthaften theologischen Nachdenken) auftauchende Theodizeefrage soll hier nicht entfaltet, geschweige denn beantwortet werden.[302] Wohl aber ist der Hinweis angebracht, dass es für jenes *Schweigen*, welches in Mt 2,17 *laut*

---

[300] *A. Pope*, An Essay on Man [1733/34], in: The Twickenham Edition of the Poems, Bd. 3/1, hg. v. M. Mack, London 1950.

[301] Einen fatalen Versuch der Stillstellung der Frage, wie sich der Tod der unschuldigen Kinder mit Gottes Providenz vereinbaren lasse, liefert Johannes Chrysostomos, indem er erklärt, aus jenen Kindern wäre ohnehin nichts Bedeutendes geworden (Kommentar zum Evangelium des hl. Matthäus I, Homilie 9,2 [BKV 23, Kempten 1915, 150: „Übrigens hätte Gott sie nicht vor der Zeit dahinsterben lassen, wenn er gewusst hätte, dass diese Kinder etwas Großes werden sollten"]). Zu solchen Folgerungen kommt, wer von vornherein „weiß", dass es kein Leiden Unschuldiger geben könne. Zu anderen alten Erklärungen zur „Rechtfertigung" des Kindermords (die unschuldigen Kinder teilten das Leiden und Sterben Jesu [so bei Leo dem Großen, ähnlich Luther]) s. *Luz*, Matthäus, 130, Anm. 29.

[302] Dass die Theodizeefrage hier nicht *beantwortet* werden soll, hängt nicht nur mit dem begrenzten Raum, der anderen thematischen Fokussierung der hier vorgelegten Studie und mit meiner begrenzten Kompetenz zusammen (das alles trifft allemal auch zu), sondern vor allem damit, dass ich die Theodizee*frage* für unabweisbar halte und zugleich davon überzeugt bin, dass jede Theodizee*antwort* blind oder zynisch sein *muss*. In dieser Hinsicht stimme ich mit Odo Marquard überein (vgl. seine bündige Diskussionsbemerkung „Theodizeefrage – ja, Theodizeeantwort – nein", in *W. Oelmüller* [Hg.], Worüber man nicht schweigen kann. Neue Diskussionen zur Theodizeefrage, München 1992, 180), nicht aber mit den Gründen des und den Folgerungen aus dem Verzicht auf die Antwort (dazu *J. Ebach*, Theodizee: Fragen gegen die Antworten. Anmerkungen der biblischen Erzählung von der „Bindung Isaaks" [1.Mose 22], in: *F. Hermanni/ V. Steenblock* [Hg.], Philosophische Orientierung. FS W. Oelmüller, München 1995, 215–239 [wiederabgedruckt in: *ders.*, Gott im Wort. Drei Studien zur biblischen Exegese und Hermeneutik, Neukirchen-Vluyn 1997, 1–25]). Einen Überblick über die Theodizeethematik in der Perspektive verschiedener theol. Disziplinen nebst Lit.-Hinweisen bietet der Art. „Theodizee" in RGG⁴ 8, 224–239 (*H.-W. Weßle/ J. Barton/ W. Klaiber/ M. Sarot/ W. Sparn/ M. Klessmann/ F. Avemarie/ M. Heinzmann/ E. Ormsby*), an weiteren Arbeiten seien genannt: *W. Sparn*, Leiden – Erfahrung und Denken. Materialien zum Theodizeeproblem, München 1980; *C.-F. Geyer*, Die Theodizee. Diskurs – Dokumentation – Transformation, Stuttgart 1992; *W. Dietrich/ Chr. Link*, Die dunklen Seiten Gottes, 2 Bde, Neukirchen-Vluyn 1995. 2000; *H.-G. Janssen*, Gott – Freiheit – Leid. Das Theodizeeproblem in der Philosophie der Neuzeit, Darmstadt ²1993; *F. Hermanni*, Das Böse und die Theodizee, Gütersloh 2002; *G. Neuhaus*, Frömmigkeit der Theologie. Zur Logik der offenen Theodizeefrage (QD 202), Freiburg u.a. 2003; *F. Avemarie*, Aporien der Theodizee, JSJ 34 (2003) 199–215.

wird[303], für den Verzicht nämlich auf die an anderen Stellen des Evangeliums erfolgende Erklärung, etwas sei geschehen, *damit* (ἵνα) sich (er)fülle, was geschrieben steht, in der „Schrift" und in der jüdischen Frömmigkeit vergleichbare Haltungen gibt.

Eine dieser Haltungen besteht darin, auf die Frage nach der Letztverursachung eines bösen Geschehens oder Tuns mehr als *eine* Antwort zu geben. Ein instruktives Beispiel dafür ist das biblische Nebeneinander zweier extrem gegenläufiger Erklärungen, *wer* David zu jener Volkszählung bewegt habe, in der sich das mangelnde Vertrauen auf Gott und das Setzen auf die eigene Stärke manifestierte. In der Fassung von 2 Sam 24,1 ist es Jhwh selbst, der David zu diesem Tun reizt. Für die Chronisten ist aber die Aussage, Gott selbst habe bewirkt, was er dann so hart bestraft, unsäglich geworden. Darum ersetzen sie die Reiz-Figur und berichten (1 Chr 21,1), *der Satan* sei es gewesen, der solches bewirkt habe. Gott oder Satan – kann es einen größeren Gegensatz geben? Indem aber im Kanon der „Schrift" *beide* Fassungen stehen, behält nicht *eine* die Deutungshoheit.[304] Denn jede einlinige Antwort führte auf die genannte aporetische Frage nach dem „Zugleich" der Güte und der Macht Gottes. Das Neben-, Gegen- und zuletzt Miteinander beider Antworten ist – mit einer Formulierung der Lyrikerin Hilde Domin – eine „unspezifische Genauigkeit"[305], welche zuweilen der Ausdruck des schärferen Denkens ist. Eine solche „unspezifische Genauigkeit" kennzeichnet auch – diese Erinnerung kommt der Szenerie in Mt 2 und dem Tun des Herodes sehr nahe – die Aussagen im Buch Exodus zur Frage, wer Pharaos Herz verhärtet, verstockt habe. Denn hier stehen die Erklärungen, Gott habe das getan, und, Pharao selbst habe das getan, ebenso neben-, gegen- und zuletzt miteinander.[306]

---

[303] Die Bemerkung bei *Luz*, Matthäus, 130 („Dem modernen Leser fällt auf, daß sich für Matthäus die Frage nach Theodizee angesichts des Leidens der unschuldigen Kinder nicht stellt" – dazu auch die dann folgenden Sätze) könnte angesichts dieses lauten Schweigens bzw. dieser bedeutungsvollen Leerstelle zu kurz greifen. Dass den getöteten Kindern sehr wohl die Klage gilt, zeigt sich darüber hinaus in der eben an dieser Stelle erinnerten Klage der Rahel, in der das Evangelium mit klagt (dazu und zur Abweisung ganz anderer Fokussierungen der Rahelklage u. im Kapitel „Rahel").

[304] Dazu *J. Ebach*, Warum an der theologischen Frage nach dem Bösen festgehalten werden muss, in: *ders.*, Ein weites Feld – ein zu weites Feld? (Theologische Reden 6), Bochum 2004, 132–159, hier bes. 140–144.

[305] *H. Domin*, Wozu Lyrik heute. Dichtung und Leser in der gesteuerten Gesellschaft, München 1975, 138ff.; dazu *S. Kaufmann*, „Mensch Fremdwort-Tier Wort-Tier, Tier das den Mit-Schmerz kennt". Die Bedeutung poetischer Sprache für ein ‚weltliches Reden von Gott' am Beispiel der Lyrik Hilde Domins, in: D. Zilleßen u.a. (Hg.), Praktisch-theologische Hermeneutik. FS H. Schröer, Rheinbach-Merzbach 1991, 307–326, hier bes. 315ff. Hilde Domins Rede von der „unspezifische(n) Genauigkeit" sei eine Formulierung von Emmanuel Lévinas an die Seite gestellt, der im Vorwort zu den „Talmud-Lesungen" (Jenseits des Buchstabens, Frankfurt a.M. 1996, 9) formuliert: „Das Rätselhafte des Bibel- oder Gedichtverses beruht daher nicht einfach auf Ungenauigkeit ...".

[306] Ausführlicher in *J. Ebach*, „Herr, warum handelst du böse an diesem Volk?" Klage vor Gott und Anklage Gottes in der Erfahrung des Scheiterns, Conc 26 (1990) 430–436 (wiederabgedruckt in: *ders.*, Hiobs Post. Gesammelte Aufsätze zum Hiobbuch, zu Themen biblischer Theologie und zur Methodik der Exegese, Neukirchen-Vluyn 1995, 73–83); ausführlich zum Text- und Themenbereich *E. Kellenberger*, Die Verstockung Pharaos. Exegetische und auslegungsgeschichtliche Untersuchungen zu Exodus 1–15 (BWANT 171), Stuttgart u.a. 2006.

Noch näher an der Leerstelle in Mt 2,17 liegt die rabbinische Tradition, Gott habe angesichts des Todes der Ägypter bei der Rettung Israels am Schilfmeer den Engeln untersagt, einen Hymnus anzustimmen, bzw. ein Lied, welches mit einem כי טוב (Ja, es ist gut!) dem Geschehen gleichsam einen „geschichtsphilosophischen Gütestempel" zuerkennen würde.[307]

Wenn an den Halbfeiertagen nach Päsach die Hallel-Psalmen nur halb gesungen werden, so drückt sich in diesem Schweigen kein *Ver*schweigen aus, sondern der Respekt vor den Toten, auch wenn es die toten Feinde sind.[308] Und doch ist das halbe Hallel das ganze Lob Gottes. Hier wird – wie in Mt 2,17 – das Geschehen nicht von Gottes Wirken getrennt. Aber es wird auch nicht einlinig auf Gottes Plan verrechnet. Ein Widerspruch? Ja, aber ein im engsten Sinne *theo*-logischer Widerspruch! Gerade in diesen Leerstellen, gerade im Schweigen scheinen Fragen gegen die Antworten auf.[309]

7. Aufbruch aus Ägypten und abermals eine Mosekonfiguration

Nach dem Tod des Herodes erhält Josef abermals eine von einem Engel in einer Traumerscheinung vermittelte Weisung. Hier findet sich eine unüberhörbare Anspielung auf eine Passage der hebräischen Bibel im Engelwort selbst. Ins Bild kommt Ex 4,19, auch wenn es dort um eine Rückkehr *nach* Ägypten geht und nicht wie in Mt 2,20 um eine Rückkehr *aus* Ägypten. Klang im Anschluss an den zweiten Josefstraum in 2,15 mit dem Hosea-Zitat auch ein Bezug zur Mose-Überlieferung in Gestalt der mitschwingenden Rede von Israel als Gottes erstgeborenem Sohn in Ex 4,22f. an, so geht Mt 2 bei Josefs drittem Traum in der Relektüre der Mose- und Exodusgeschichte nur wenige Verse zurück. Die alttestamentliche Bezugsstelle lautet in:

---

[307] Ausführlicher dazu *J. Ebach*, Der Ton macht die Musik. Stimmungen und Tonlagen in den Psalmen und ihrer Lektüre. (Un)musikalischer Vortrag in fünf Sätzen, in: M. Geiger/ R. Kessler (Hg.), Musik, Tanz und Gott. Tonspuren durch das Alte Testament (SBS 207), Stuttgart 2007, 11–40, hier 20ff.

[308] Das ist jedenfalls *eine* Deutung des Halbhallels, vgl. *L. Trepp*, Der jüdische Gottesdienst. Gestalt und Entwicklung, Stuttgart u.a. 1992, 45.

[309] Ist auch die Tatsache, dass im Buch Ester der Name Gottes nicht genannt ist, ein solches beredtes Schweigen? Eine Deutung geht jedenfalls in diese Richtung (Gott habe diese Geschichte von Gewalt und Gegengewalt nicht mit seinem Namen verbinden wollen, so Elie Wiesel in seinem „biblischen Portrait" über Ester [Feier der Erinnerung: Ester] in ders., Noah oder Ein neuer Anfang, Freiburg u.a. 1994, 173 und bes. 196). Eine andere Lektüre lässt sich gerade durch das Fehlen des (expliziten) Gottesnamens auf die eigentümliche Formulierung „von einem anderen Ort" (ממקום אחר) in Est 4,14 aufmerksam machen und versteht jenen „Ort" (מקום) als einen verborgenen Gottesnamen (dazu und zum Verstehen dieser Benennung Gottes *M.L. Frettlöh*, Von den Orten Gottes zu Gott als Ort. *Māqōm*, eine rabbinische Gottesbenennung, und die christliche Lehre von der immanenten Trinität, in: dies./ J.-D. Döhling [Hg.], Die Welt als Ort Gottes – Gott als Ort der Welt. Friedrich-Wilhelm Marquardts Utopie im Gespräch, Gütersloh 2001, 86–124).

Ex 4,19 (MT)	כִּי־מֵתוּ כָּל־הָאֲנָשִׁים הַמְבַקְשִׁים אֶת־נַפְשֶׁךָ
Ex 4,19 (LXX)	τεθνήκασιν γὰρ πάντες οἱ ζητοῦντές σου τὴν ψυχήν
Mt 2,20	τεθνήκασιν γὰρ οἱ ζητοῦντες τὴν ψυχὴν τοῦ παιδίου

Auch an dieser Stelle ist eine Veränderung der Vorlage(n) ebenso zu beobachten wie zugleich eine gegenüber der Situation, in die hinein das alttestamentliche Wort gerufen wird, geradezu „überwörtliche"[310] Zitation. Die gezielte Veränderung betrifft die in Mt 2,20 folgerichtige Ersetzung der Person, welcher der Mordanschlag gegolten hatte. Ist es in Ex 4 der Angeredete selbst, so ist es in Mt 2 das Kind. Entsprechend heißt es im Befehl, der vor der mit dem Zitat aus Ex 4 erfolgenden Begründung ergeht, betont am Anfang: „Nimm das Kind ...!" Gerade weil sich diese Änderung aus der für den Traumempfänger Josef gegebenen Situation erklärt, mag verwundern, dass die Anpassung an diese Situation nicht zu einer weiteren Änderung geführt hat. War denn nicht mit Herodes der *eine* Schuldige gestorben? Warum heißt es dann aber in Mt 2,20, es seien *die* (im Plural) gestorben, die nach dem Leben des Kindes trachteten? Das ist kaum sicher zu beantworten, aber einige Mutmaßungen sind möglich.

Eine Vermutung könnte sein: Wenn schon Änderung in ψυχὴν τοῦ παιδίου nötig war, so sollte wenigstens so wenig geändert werden wie möglich. Das Zitat soll jedenfalls erkennbar bleiben. Immerhin ist das „alle" der Vorlage(n) (MT כל/ LXX: πάντες) in Mt 2,20 nicht mit aufgenommen, so dass auch hier eine kleine Veränderung und womöglich Anpassung an die Situation vorliegt. Denn mit dem Wegfall des „alle" ist der aus der Vorlage beibehaltene Plural nicht sehr betont. Nun könnte man ja erwägen, ob der, wenn auch nicht durch ein „alle" betonte, so doch immerhin vorhandene Plural andeuten soll, dass Herodes seine Schergen, Helfershelfer und Sympathisanten hatte. Mit Bert Brechts „Fragen eines lesenden Arbeiters"[311] im Hintergrund könnte man daran erinnern, dass ebenso wenig, wie Caesar allein Gallien erobert hat („Hatte er nicht wenigstens einen Koch bei sich?"[312]), auch Herodes allein die Kinder ermordet hat.[313] Dass Herodes nicht eigenhändig mordete, sondern morden ließ (ἀποστείλας ἀνεῖλεν), kommt in Mt 2,16 selbst zum Ausdruck. Liest man auch den Plural in 2,20 so, dass nicht nur der eine böse König zu fürchten war, müsste man die Bemerkung des Engels dann allerdings so verstehen, dass inzwischen auch alle anderen am Töten Beteiligten gestorben seien. Auszuschließen ist diese Lesart nicht, nachhaltiger zu begründen ist sie aber auch nicht. In diesem Zusammenhang sollte allerdings nicht übersehen werden, dass der (zudem noch mit jenem „alle" [πάντες/ כל] verstärkte) Plural in Ex 4,19 keineswegs plausibler ist als in Mt 2,20. Zuvor (Ex 2,15) heißt es im Singular: „Pharao trachtete ihm nach dem Leben" (LXX: ἐζήτει ἀνελεῖν Μωυσῆν). Warum ist dann in Ex 4,19 von jenen

---

[310] *Frankemölle* I, 174.

[311] Aus den Svendborger Gedichten, Ges. Werke 9, Gedichte 2, Frankfurt a.M. 1967, 656f.

[312] Ebd., 656.

[313] Noch einmal sei angemerkt, dass hier von der literarischen „Wirklichkeit" die Rede ist; zur Historizität bzw. zur nicht vorauszusetzenden Historizität des „Kindermords" s.u. im Abschnitt „Könige ...".

„allen" die Rede, die Mose nach dem Leben trachteten?[314] Auch an der Exodusstelle findet sich mithin ein merkwürdiger Plural. Der Evangelist fand also in Ex 4 nicht etwas vor, das an dieser Stelle sinnvoll, für den neuen Kontext jedoch änderungsbedürftig wäre. Andersherum formuliert: Wenn der Plural in Ex 4 einen Sinn hat, so kann er auch in Mt 2 einen Sinn haben – und es könnte derselbe sein, auch wenn er sich uns als Lesenden heute an *beiden* Stellen nicht voll erschließt.[315]

Die an ein förmliches Zitat heranreichende Allusion an Ex 4,19 in Mt 2,20 setzt sich in lockererer Form in V. 21 fort. Denn auch die Realisierung der Anweisung korrespondiert der in Ex 4,20. Die in beiden Versen einander entsprechenden Passagen[316] lauten:

Ex 4,20 (MT)	וַיִּקַּח מֹשֶׁה אֶת־אִשְׁתּוֹ וְאֶת־בָּנָיו [...] וַיָּשָׁב אַרְצָה מִצְרָיִם
Ex 4,20 (LXX)	ἀναλαβὼν δὲ Μωυσῆς τὴν γυναῖκα καὶ τὰ παιδία [...] καὶ ἐπέστρεψεν εἰς Αἴγυπτον
Mt 2,21	παρέλαβεν τὸ παιδίον καὶ τὴν μητέρα αὐτοῦ καὶ εἰσῆλθεν εἰς γῆν Ἰσραήλ

Vergleicht man beide Stellen, so zeigt sich im Gegenüber der jeweiligen griechischen Texte eine andere Wortwahl bei den Bewegungsverben. Vor allem aber ist die Wendung „die Frau und das Kind" thematisch-gezielt in „das Kind und dessen Mutter" verändert. Das Kind muss hier im Singular erscheinen, dazu kommt die veränderte Reihenfolge, die noch einmal betont, dass es vor allem um das Geschick des Kindes geht. Dass die Zielangabe „nach Ägypten" aus Ex 4 nicht in Mt 2,21 übernommen werden konnte, versteht sich. Auffällig ist jedoch die Rede vom „Land Israel", die im ganzen Neuen Testament nur an dieser Stelle vorkommt.[317] Diese betonte Erwähnung des Israellandes bewirkt in Verbindung mit dem hier wie im vorausgehenden Vers gebrauchten Verb „hineinziehen"

---

[314] Aus dem Unmut eines Israeliten gegen den selbsternannten Rächer Mose (Ex 2,14) wird man kaum schließen können, auch der habe Mose nach dem Leben getrachtet.

[315] In Ex 4 folgt dann (V. 24ff.) freilich eine erschreckende Passage, in der Jhwh *selbst* Mose nach dem Leben trachtet. Zu dieser in vieler Hinsicht – religionsgeschichtlich, -psychologisch, theologisch – schwierigen Stelle *R. u. E. Blum*, Zippora und ihr חתן דמים, in: E. Blum u.a. (Hg.), Die Hebräische Bibel und ihre zweifache Nachgeschichte. FS R. Rendtorff, Neukirchen-Vluyn 1990, 41–54; *R. Kessler*, Psychoanalytische Lektüre biblischer Texte – das Beispiel von Ex 4,24–26, in: ders., Gotteserdung. Beiträge zur Hermeneutik und Exegese der Hebräischen Bibel (BZAW 170), Stuttgart u.a. 2006, 63–80 (zuerst in EvTh 61 [2001] 204–221).

[316] Übrigens wird ein Esel in Ex 4,20, aber weder bei der Flucht nach Ägypten in Mt 2,14 noch hier bei der Rückkehr erwähnt; gleichwohl gehört er zum festen Inventar der (äußeren und inneren) Bilder, man denke an Fra Angelicos Darstellung aus dem Kloster San Marco in Florenz und viele andere. Statt diese Darstellungen als nicht vom Text der Evangelien gedeckt zu bekritteln, könnte man es ja auch so „sehen", dass die Bilder wie selbstverständlich das im Neuen Testament Erzählte mit dem im Alten Testament Ausgeführten verknüpfen.

[317] Dazu *Frankemölle*, I, 174; *Fiedler*, ThKNT, 67; eine messianischen Deutung bei *K.E. Wolff*, „Geh in das Land, das ich Dir zeigen werde...". Das Land Israel in der frühen rabbinischen Tradition und im Neuen Testament (EHS.T 340), Frankfurt a.M. u.a. 1989, 246–250, zu rabbinischen Belegen auch *Soares Prabhu*, Egypt, 242–246, vgl. *Mayordomo*, Anfang, 316.

(εἰσέρχομαι [gegenüber dem ἐπιστρέφω in Ex 4,20 LXX]) einen Anklang an die „Landnahme".[318] Für Matthäus heißt das: Jesus kehrt in sein Land zurück – und dieses Land ist das Land *Israel*, nicht nur das Land Judäa. Die einige Verse danach erzählte, auf einen vierten (nicht genauer geschilderten) Traum hin (V. 22) erfolgende und mit der Furcht vor dem Nachfolger des Herodes[319] begründete Umsiedlung Josefs und seiner Familie ins galiläische Nazaret ist so grundiert.

Es gibt aber noch eine weitere Dimension der Rede vom „Land Israel", die hier mitgehört werden kann. Wenn die Rabbinen später betont vom Israelland (אֶרֶץ יִשְׂרָאֵל) sprechen, setzen sie diese Bezeichnung gegen die von Hadrian nach dem Bar-Kochba-Aufstand verfügte Einführung der neuen Provinzbezeichnung „Syria Palaestina"[320]. Könnte es sein, dass bereits auch Matthäus gegen römische Terminologie am Namen des Israellandes festhält?[321] Oder empfiehlt sich eine innerbiblische Begründung? Die Frage soll im folgenden Abschnitt noch einmal aufgenommen werden.

Obwohl dieser dritte Josefstraum anders als die beiden vorausgehenden nicht mit einem eigens ausgewiesenen (prophetischen) Wort verbunden wird, lebt er gleichwohl aus und in alttestamentlichen Worten und Motiven. Das zeigen die deutlichen Anspielungen und die je spezifischen Neuformulierungen hier besonders augenfällig.[322] Es geht um Wiederholungen, die jedoch gerade nicht die ewige Wiederkehr des Gleichen sind. Die matthäische Re-Flexion auf die alten Geschichten setzt auf ihre Weise fort, was die alten Geschichten selbst kennzeichnet. Das Ägyptenmotiv ist bei Abraham, Isaak und Jakob und dann in der Josefsgeschichte das gleiche, aber eben nicht dasselbe. Menschen können sich ändern und Situationen auch.[323] Wie mit der Mosegeschichte gegenüber den Erzählungen der Erzeltern etwas ganz Neues beginnt, beginnt auch in der Jesusgeschichte gegenüber der Mosegeschichte etwas ganz Neues. Aber in dem einen wie dem anderen Fall lebt das Neue aus dem Alten wie das Neue Testament aus dem Alten lebt und die Lektüre des Neuen Testaments – gerade in seinen ersten beiden Kapiteln seiner kanonischen Abfolge – die je gegenwärtig Lesenden in das Alte Testament *hinein-* und nicht aus ihm *heraus*führt.

---

[318] LXX gebraucht εἰσέρχομαι häufig im Zusammenhang des „Hineinziehens" ins verheißene Land als Wiedergabe von בוא (z.B. Ex 12,25; Lev 14,34; Dtn 6,18).

[319] Dazu u. im Abschnitt „Könige und der König."

[320] So überliefern es u.a. Eusebius (Praeparatio Evangelica, X,5) und Hieronymus (Ezechiel-Kommentar, zu Ez 27,27); zu den historischen und terminologischen Fragen B. *Lewis*, Palestine. On the History and Geography of a Name, Int. History Review 11 (1980) 1–12; *D.M. Jacobson*, Palestine and Israel, BASOR 313 (1999) 65–74.

[321] So *Fiedler*, ThKNT, 67, mit beherzigenswerten Bemerkungen zur historischen und gegenwärtigen Terminologie. Fraglich bleibt allerdings, ob sich eine amtliche römische Terminologie, gegen die sich eine solche Formulierung wenden könnte, vorhadrianisch belegen lässt.

[322] Zur Vielschichtigkeit der Moseanspielungen und -parallelen bes. *Frankemölle* I, 173f.

[323] Das ist m.E. einer der wichtigsten „Botschaften" der Josefsgeschichte, dazu *Ebach*, HThKAT, u.a. im Vorwort.

VII. Ägypten

„Nach Ägypten wär's nicht so
weit. Aber bis man zum Süd-
bahnhof kommt."

Karl Kraus[324]

In einem knappen Abschnitt, in dem einige der bereits genannten Aspekte ge-
bündelt werden, soll nun noch einmal das beide Josefsgestalten verbindende
Ägyptenthema aufgenommen werden. Beiden wird Ägypten zum Land des Überlebens, beide sorgen durch den Ägyptenaufenthalt für das Leben der Ihren. Beide
kommen durch von ihnen nicht verursachte Umstände nach Ägypten, der eine als
dorthin verkaufter Sklave, der andere auf der Flucht vor dem Mordanschlag des
Herodes. Der neutestamentliche Josef folgt dem Auftrag des Engels und rettet so
das Kind – die Geschichte des alttestamentlichen Josef wird zur Rettung Israels,
d.h. der ganzen Familie Jakobs=Israels. „Gott hat mich vor euch her geschickt,
euch einen Fortbestand als Rest im Lande zu gewähren, euch am Leben zu erhalten zu großer Rettung", sagt Josef in der Erkennungsszene (Gen 45,7). Das Wort
פְּלֵיטָה, das hier als „Rettung(stat)" wiedergegeben werden kann, bezeichnet ein
„Entrinnen" und kommt damit einer „Flucht" nahe.[325] Am Ende resümiert Josef
die ganze Geschichte mit den Worten: „Gott hat es zum Guten summiert[326], um
das zu tun, was heute zu Tage liegt: ein großes Volk zum Leben zu bringen"
(50,20).[327] Der eine Josef rettet Gottes erstgeborenen Sohn Israel, der andere rettet
Gottes erstgeborenen Sohn Jesus.

Zum Motiv der Flucht nach Ägypten bzw. dem das Überleben rettenden Leben
in Ägypten wurden bereits einige Aspekte genannt; im Blick auf den neutestamentlichen Josef sei zudem darauf verwiesen, dass Ägypten in dieser Zeit schon
lange ein Ort jüdischer Diaspora[328] und dass dieses Land und vor allem die Metropole Alexandria zu einem Zentrum jüdischen Denkens geworden war; man
denke nur an den alexandrinischen Philo und an die Septuaginta. Erinnert sei auch
noch einmal an das ambivalente Bild bzw. die Bilder, die das Stichwort „Ägypten" in der hebräischen Bibel generiert. Es ist das Land, in dem Menschen Israels
immer wieder Zuflucht fanden und überleben, ja auch für längere Zeit leben
konnten. Es ist aber auch das Land, in dem Israel zur Sklavenarbeit gezwungen

---

[324] Sprüche und Widersprüche [1909], in: ders., Aphorismen. Sprüche und Widersprüche – Pro
domo et mundo – Nachts (Schriften 8), Frankfurt a.M. 1986, 143 [A 1591].

[325] Mit dem „Entrinnen" verhält es sich so wie mit dem „Finden", noch zur größten Anstren-
gung kommt immer auch ein „ich weiß nicht, wie"; zum „Entrinnen" und zum Erzählen aus
dem Entrinnen *J. Ebach*, Hiobs Post, 1–14.

[326] Zu dieser Übersetzung von חשׁב *Ebach*, HThKAT, 661f.

[327] Dass an der letzten Stelle auch Ägypten als großes Volk mit im Blick ist, kann jedenfalls
nicht ausgeschlossen werden, dazu *Ebach*, HThKAT, 662.

[328] Man denke nur an die jüdische „Kolonie" in Elefantine, dazu RGG⁴ 2, 1194–1197 (*B. Lang*)
mit Lit.-Angaben.

wurde, das Land, aus dem Israels Gott sein Volk herausgeführt hat. Mit jedem „Einzug" nach Ägypten ist darum stets auch das Exodusthema aufgerufen.

In der Josefsgeschichte in Gen 37–50 sind beide Perspektiven aufgehoben. Die Erzählung setzt ins Bild, dass Menschen Israels nicht nur in Ägypten überleben können, sondern dass Ägypten ihnen auch zum Ort dauerhaften Lebens werden kann. Josef selbst verbringt 93 seiner 110 Lebensjahre in diesem Land. Dabei werden aus seiner zweiten Lebenshälfte keine besonderen oder gar dramatischen Ereignisse berichtet; er lebt gleichsam in großer Ruhe und wie selbstverständlich in dem Land, in dem er zu größten Ehren kam. Die Josefsgeschichte ist in dieser Perspektive eine idealisierende Modellerzählung, die in Szene setzt, dass Menschen Israels im fremden Land nicht nur für das eigene Volk, sondern auch für das „Wirtsvolk" Gutes bewirken und dafür auch von beiden Seiten Anerkennung erfahren können. In der Zeit des Exils (in Babylonien, aber eben auch in Ägypten selbst) konnte solches Erzählen zum Trost und zur Ermutigung werden. Und doch entwirft die Josefsgeschichte in ihrer Endgestalt eine Perspektive, die dem Leben in Ägypten nicht das letzte Wort lässt. Es sind relativ kurze Passagen einer nachexilischen Fortschreibung in Gen 37–50, die diese neue Perspektive enthalten.[329] Sie modifizieren die Botschaft der Geschichte jedoch nachhaltig. Ägypten bleibt das Land, in dem man überleben und auch auf längere Zeit leben kann, aber das fremde Land soll Israels=Jakobs Kindern nicht zur Heimat werden. In dieser Linie zielt auch die Josefsgeschichte auf die Rückkehr nach Kanaan, ins Israelland.

Die beiden Perspektiven zeigen sich besonders deutlich in Gen 50 am Motiv der Mumifizierung der verstorbenen Protagonisten. Jakobs Mumifizierung erweist den hohen Respekt, den die Ägypter ihm, d.h. *Israel* zollen. Ein gewaltiger Trauerzug mit hochrangiger ägyptischer Begleitung bringt den toten Patriarchen nach Kanaan ins Erbbegräbnis der Abrahamfamilie. Dann aber ziehen alle und auch die Kinder Jakobs wie selbstverständlich wieder nach Ägypten zurück. Dort leben die Söhne Jakobs, dort sterben sie in hohem Alter. In Ägypten lebt man – in Kanaan sind nur noch die Gräber der Vorfahren. Anders ist die Mumifizierung Josefs motiviert. Hier kommt das Motiv der Ehrung durch Pharao und die Ägypter kaum ins Bild, obwohl doch Josef für Ägypten mehr bedeuten müsste als der Vater Jakob. Hier dient die Mumifizierung der Bewahrung der Gebeine Josefs. Auch sie werden einst (Jos 24,32) im Israelland beigesetzt werden, wie Josef es sich ausdrücklich wünscht (50,25). Aber der Zug, in dem Josefs Gebeine mitgeführt werden, ist kein *Trauer*zug mit anschließender Rückkehr nach Ägypten. Es ist vielmehr der *Aus*zug, der Exodus aus Ägypten. Die Linie, die sich von Gen 50,25 über Ex 13,19 bis zu Jos 24,32 entfaltet, zeigt diese Perspektive. In Kanaan, im Israelland sind nicht nur die Gräber; das Land war und ist die Heimat der Kinder Israels und es wird auch für die Exilierten wieder Heimat werden.[330]

---

[329] *Ebach*, HThKAT, zusammenfassend 693–696.

[330] Anders als der Heimatbegriff der (meist freilich nur vermeintlich oder vorgeblich) „Autochthonen", deren Anspruch sich auf das „Immer-schon-da-gewesen-Sein" gründet, zeigen die überwiegenden Traditionen Israels (anders nur im Konzept der Chronik) das Bewusstsein, nicht immer schon im Lande gewesen zu sein. „Heimat" ist vielmehr das Land, in das man kam, kommt und kommen wird. Diese Heimat liegt vorn (in dieser Linie der Wunsch der Päsach-Haggada [„Nächstes Jahr in Jerusalem!"], aber auch der lange und geradezu biblisch gefüllte

Neben den Verbindungslinien zwischen dem Ägyptenmotiv bei beiden Josefsgestalten fallen auch die Unterschiede ins Auge. Spielen ganze Kapitel in
Gen 37–50 über einen langen Zeitraum in diesem Land, so geht es in Mt 2 um
einen begrenzten, trotz des Fehlens einer Zeitangabe als eher kurz vorzustellenden Aufenthalt.[331] Und doch ist es keine ganz andere Geschichte, vielmehr ist in
den knappen Traumpassagen, die Josef und die Seinen nach Ägypten und wieder
hinaus leiten, die erinnerte und neu gelesene Geschichte und in ihr der Weg von
Eisodos und Exodus gleichsam auf wenige Verse komprimiert. Dass sich zwischen diesen beiden Traumpassagen die Erinnerung und *Wieder*-holung der
Trauer Rahels findet, ist als eine weitere Verknüpfung mit der Geschichte des
anderen Josef zu lesen, der seine Mutter Rahel einst herbeiträumte.[332] Die Komprimierung des den Einzug nach und Auszug aus Ägypten umfassenden Weges in
Mt 2 wird noch einmal dadurch verstärkt, dass das alttestamentliche Leitwort der
Flucht nach Ägypten mit Hos 11,1 ein Wort ist, welches sogleich das Herausrufen, Herausholen aus Ägypten erinnert und annonciert.

In diesem Zusammenhang ist noch einmal die im Neuen Testament nur an
dieser einen Stelle belegte Rede vom Hineinziehen ins „Israelland" (εἰς γῆν
Ἰσραήλ) in Mt 2,21 zu betrachten. In Verbindung mit dem Eisodos- und dem
Exodusmotiv und als dessen Abschluss und Überleitung zu einem neuen Ortswechsel, nämlich dem von Betlehem nach Nazaret, bildet es den Schluss einer
noch stärkeren Abbreviatur der hebräischen Bibel. Das letzte Wort des ersten
Buches der Tora in Gen 50,26 ist das Wort „Ägypten". Wer die Josefsgeschichte
bis zu *diesem* Ende liest, bleibt mit Josef in Ägypten. Das letzte Wort der Tora
(Dtn 34,12[333]) aber ist „Israel", ja „ganz Israel". Wer Josef und seine Geschichte
über das Ende der Genesis weiter verfolgt, hat an dieser Stelle das verheißene
Land im Blick und befindet sich mit Mose und dem Exodusvolk auf dem Weg
hinauf (עלה) ins Israelland und hat dabei, wenn man das so sagen darf, Josefs
Gebeine im Gepäck. Josef findet seine letzte Ruhestätte in Sichem – auf der kanonischen Textebene fast am Ende des ersten Buches der (vorderen) Propheten

---

Schlusssatz in Ernst Blochs „Prinzip Hoffnung", der mit dem Wort „Heimat" endet [GA 5,
Frankfurt a.M. 1977, 1628]. Zu dieser Konzeption *J. Ebach*, Über „Freiheit" und „Heimat".
Aspekte und Tendenzen der מְנוּחָה, in: D.R. Daniels u.a. [Hg.], Ernten, was man sät. FS K.
Koch, Neukirchen-Vluyn 1991, 495–518 [= in: *ders.*, Hiobs Post, 84–107], sowie – bezogen
auf die Perspektive des Endtextes in Gen 37–50 – *ders.*, HThKAT, 678].

[331] Erwähnt seien allerdings rabbinische und andere Überlieferungen, die einen längeren
Ägyptenaufenthalt Jesu voraussetzen (u.a. habe er dort Zauberei gelernt); zu den rabbinischen
Belegen und deren literarischer Beurteilung *J. Maier*, Jesus von Nazareth in der talmudischen
Überlieferung, Darmstadt 1978, hier bes. 127ff., 203–210. 255f. Erweisen sich diese Überlieferungen und deren polemische Tendenz als Dokumente nachneutestamentlicher Auseinandersetzung, lässt sich die Herkunft der von Kelsos vorgebrachten Überlieferung, Jesus habe in Ägypten als Tagelöhner gearbeitet (vgl. Origenes, Contra Celsum, 1,28. 38), schwer eruieren. Dass
jene Nachrichten „weder als Fortentwicklung der Traditionen von Mt 2 noch als antichristliche
Polemik verständlich" seien, hält *Luz*, Matthäus, 128 Anm. 20, fest.

[332] Dazu u. im Kapitel „Rahel".

[333] Auf der Ebene der Stilisierung und Situierung des Dtn könnte man auch sagen: Das letzte
Wort der einen großen und letzten Rede am letzten Lebenstag des Mose und zugleich am letzten Tag des Aufenthaltes Israels in der Wüste.

(Jos 24,32). Das letzte Wort des TaNaCH, der ganzen hebräischen Bibel, ist (2 Chr 36,23) ויעל „(und) er ziehe hinauf", nämlich hinauf nach Jerusalem.

Liest man die entsprechenden Passagen in Mt 2 als Abbreviatur dieser ganzen Geschichte, so tritt wiederum das Motiv der modifizierenden Wiederholung zu Tage. Es geht abermals um einen Einzug nach Ägypten, einen Auszug aus Ägypten und um das Hinaufziehen ins Israelland. Aber der Zielort ist – und hier leuchtet am Ende von Mt 2 in der Form einer *imitation par opposition* ein Gegen-Zug auf – nicht Jerusalem, sondern es sind mit Betlehem und Nazaret zwei andere Orte im Israelland. Dieser „Zug" nimmt, was das Stichwort „Betlehem" angeht, die in Mt 2 vorausgehende Geschichte der Magier und dazu weitere, in der hebräischen Bibel mit David und seiner Ahnin Rut verbundene Motive auf und weist mit dem Ort Nazaret und der geradezu überkodierten Bezeichnung Jesu als Ναζωραῖος auf weitere Bedeutungsfelder. Diesen Bezügen ist in den folgenden Kapiteln nachzugehen. Im Ägyptenmotiv wird – das lässt sich zum Abschluss dieses Abschnitts festhalten – neben den weiteren dargestellten und angedeuteten Verbindungslinien die Rolle beider Josefs als *Versorger* deutlich.[334] In Ägypten überleben sie, doch es geht bei beiden letztlich nicht um ihr eigenes Überleben, sondern um das der Anderen. Der alttestamentliche Josef sorgt dafür, dass – um es mit der ersten Erweiterung der Genealogie in Mt 1 zu sagen – „Juda und seine Brüder" überleben; der neutestamentliche Josef sorgt mit der auf das Engelwort im Traum getreu vollzogenen Flucht nach und der ebenso realisierten Rückkehr aus Ägypten dafür, dass „das Kind und dessen Mutter" überleben.

---

[334] Die Rolle des alttestamentlichen Josef als Versorger kommt in Gen 50,15–21 noch einmal markant zum Ausdruck. Dass Josef seinen Brüdern *vergibt*, steht nicht im Text, wohl aber, dass er ihre Unterwerfung nicht annimmt und dass er sie und ihre Kinder versorgen werde (dazu *Ebach*, HThKAT, 650–665, sowie *ders.*, „Ja, bin denn *ich* an Gottes Stelle?" [Genesis 50:19]. Beobachtungen und Überlegungen zu einem Schlüsselsatz der Josefsgeschichte und den vielfachen Konsequenzen aus einer rhetorischen Frage, BibInt 11 [2003] 602–616; *ders.*, Mit *Schuld* leben – mit Schuld *leben*. Beobachtungen und Überlegungen zum Anfang und zum Schluss der biblischen Josefsgeschichte, in: ders. u.a. [Hg.], „Wie? Auch wir vergeben unsern Schuldigern?" [Jabboq 5], Gütersloh 2004, 19–39).

VIII. Rahel

„Lies nicht: ,Rahel (רחל) weint
über ihre Kinder', sondern: ,Got-
tes Geistkraft (רוח אל) weint über
ihre (...) Kinder'!"

Seder Eliahu rabba 28 (30)[335]

Zwischen den beiden Träumen, die den neutestamentlichen Josef anweisen, nach Ägypten zu fliehen bzw. aus Ägypten zurück zu kehren, kommt in der Form einer weiteren *formula quotation* Rahel, die Mutter des alttestamentlichen Josef, ins Bild. Auch diese Querverbindung lohnt einen genaueren Blick.

Zwischen der Flucht Josefs und der Seinen nach Ägypten und dem „Exodus" aus Ägypten kommt in Mt 2,16 der Kindermord in Betlehem zur Sprache. Die Schilderung nimmt lediglich einen einzigen Vers ein, sie erfolgt knapp und ohne Details des Mordgeschehens. Das macht das (wenn auch kaum historische, so doch erzählte) Geschehen nicht weniger bedrückend. Der Kindermord hat sein biblisch-literarisches Vor-Bild in Ex 1; darauf – und dabei auf eine weitere Josef-Josef-Konfiguration – ist zurückzukommen.[336] An dieser Stelle soll es noch einmal um die *formula quotation* in V. 17f. gehen, und zwar nun weniger im Bezug auf die oben diskutierte Einführung des Jeremia-Zitats mit dem kennzeichnend fehlenden ἵνα nebst der ebenso fehlenden Angabe, das Prophetenwort sei Gottes Wort[337], sondern im Blick auf das Zitat in V. 18 selbst und in ihm auf die zentrale Gestalt Rahels.

Die Frage, welche Textvorlage beim Zitat von Jer 31,15 (bzw. 38,15 LXX) in Mt 2,18 leitend ist, ist schwer zu beantworten. Allerdings sind die Abweichungen zwischen Matthäus, dem masoretischen Text und den Septuagintafassungen nicht so gering, wie Moisés Mayordomo-Marín es – allerdings für den Hörvorgang der Erstrezeption – beurteilt.[338] Aber die zu notierenden Unterschiede ergeben kein wirklich klares Bild.

In der Fassung des Jeremia-Zitats in Mt 2,18 beweint Rahel ihre „Kinder" (τέκνα), während es in Jer 38,15 LXX ihre „Söhne" (υἱοί) sind. Handelt es sich dabei um eine Abweichung von dem üblicherweise als „Söhne" wiedergegebenen Wort בנים der hebräischen Bibel oder ist τέκνα als inklusive Übersetzung des

---

[335] Seder Eliahu rabba und Seder Eliahu zutta, hg. v. M. Friedmann, Wien 1902; zu diesem Abschnitt s.u. 108.

[336] S.u. im Abschnitt „Könige und der König".

[337] S.o. 89–92.

[338] Ein tabellarischer Textvergleich auch bei *Mayordomo*, Anfang, 314; v.a. MT und LXX-A sind einander nahe; für MT als Vorlage plädiert mit genauen Beobachtungen und guten Argumenten *B. Becking*, Between Fear an Freedom. Essays on the Interpretation of Jeremiah 30–31 (OTS 51), Leiden 2004, 190–194 (auf diese Studie sei für die u. folgenden weiteren Ausführungen zu Jer 30f. nachdrücklich verwiesen); Mayordomo seinerseits (ebd.) hält die Frage für schwer entscheidbar.

בניה in Jer 31,15 MT zu verstehen?[339] In jedem Fall bleibt der Sprachgebrauch in Mt 2,18 auffällig und bedarf der Erklärung. In der Auffassung der Wendung בְּרָמָה unterscheiden sich LXX-B (ἐν ʿΡαμά, d.h. hier ist Rama als Ortsname aufgefasst) und LXX-A (ἐν τῇ ὑψηλῇ, hier ist das Wort als topographische Angabe verstanden: „auf einer Anhöhe"). Mt 2,18 folgt hier mit MT und LXX-B dem Verständnis von Rama als Ortsname. Mt 2,18 fasst das תַּמְרוּרִים in der constructus-Verbindung בְּכִי תַמְרוּרִים als Verstärkung auf und nimmt es mit πολύς auf; die LXX-Fassungen haben stattdessen drei Nomina zur Wiedergabe von Klage und Weinen. LXX-B gibt das erste בניה des MT nicht wieder, wohl aber Mt; da allerdings fehlt das zweite. In der Übersetzung des לְהִנָּחֵם im hebr. Text mit παρακληθῆναι entspricht Mt 2,18 wiederum LXX-A (LXX-B: παύσασθαι). Wie die LXX-Fassungen und andere alte Übersetzungen gibt auch Mt 2,18 das singularische אֵינֶנּוּ in Jer 31,15 pluralisch wieder.

Jer 31,15 MT	Mt 2,18
כֹּה אָמַר יְהוָה	
קוֹל בְּרָמָה נִשְׁמָע	Φωνὴ ἐν ʿΡαμὰ ἠκούσθη
נְהִי בְּכִי תַמְרוּרִים	κλαυθμὸς καὶ ὀδυρμὸς πολύς·
רָחֵל מְבַכָּה עַל־בָּנֶיהָ	ʿΡαχὴλ κλαίουσα τὰ τέκνα αὐτῆς
מֵאֲנָה לְהִנָּחֵם עַל־בָּנֶיהָ	καὶ οὐκ ἤθελεν παρακληθῆναι
כִּי אֵינֶנּוּ	ὅτι οὐκ εἰσίν

---

[339] τέκνα als Wiedergabe von בן begegnet auch im Zitat von Dtn 25,5 in Mt 22,24 (vgl. u.a. *Becking*, Fear, 193). Die Frage, ob hebr. בנים bzw. cs. בני exklusiv Söhne meint oder auch Töchter einbezieht, ist (wie die entsprechende zu den ἀδελφοί [Brüder oder Geschwister?, dazu o. Anm. 72]) jeweils im Einzelfall zu prüfen und (nicht immer eindeutig) zu entscheiden. Dass zu den בני ישראל (den „Kindern Israels") auch Frauen gehören, ergibt sich an vielen Stellen aus dem Sinnzusammenhang, zeigt sich aber zuweilen auch explizit. Wenn etwa in Num 3,40 von „jedem männlichen Erstgeborenem unter den בני ישראל" die Rede ist (כל־בכר זכר לבני ישראל), wird deutlich, dass die Wendung בני ישראל für sich genommen nicht allein die Männer meint. Ähnlich ist es, wenn es in Lev 6,11 von einer Bestimmung heißt, sie gelte für „alles Männliche unter den בני־אהרן". Eine Übersetzung, die von den Männlichen der Söhne Aarons" spräche, wäre unsinnig; בני־אהרן meint hier zunächst die Kinder bzw. Nachkommen Aarons. Dass an diesen Stellen exklusiv die Männer gemeint sind, geht erst aus der Hinzufügung durch das Wort זכר hervor. Dass die Rede von בנים auch Töchter einschließen kann, zeigt sich darüber hinaus auch in zahlreichen genealogischen Notizen, die zunächst summarisch בנים nennen und unter diesen בנים dann explizit eine Tochter aufführen (vgl. u.a. Gen 36,25).

Dass der Sache nach auch in Jer 31,15 nicht nur Söhne, sondern auch Töchter gemeint sind, ist mehr als wahrscheinlich. So ist es durchaus denkbar, dass die Wiedergabe von בנים durch τέκνα das inklusiv gebrauchte בנים nicht durch ein ebenso inklusiv zu verstehendes υἱοί wiedergibt, sondern mit einem explizit inklusiven τέκνα verdeutlicht. Für Mt 2,18 wäre dann weder mit einer vom MT abweichenden hebr. Textvorlage noch mit einer Textänderung zu rechnen, sondern mit einer explizit inklusiven Übersetzung eines implizit inklusiv verstandenen Wortlauts des MT.

Jer 38,15 LXX-A	Jer 38,15 LXX-B
Οὕτως εἶπεν κύριος	Οὕτως εἶπεν κύριος
Φωνὴ ἐν τῇ ὑψηλῇ ἠκούσθη	Φωνὴ ἐν Ραμα ἠκούσθη
θρήνου καὶ κλαυθμοῦ καὶ ὀδυρμοῦ ·	θρήνου καὶ κλαυθμοῦ καὶ ὀδυρμοῦ ·
Ραχηλ ἀποκλαιομένης ἐπὶ τῶν υἱῶν	Ραχηλ ἀποκλαιομένη οὐκ
αὐτῆς καὶ οὐκ ἤθελεν παρακληθῆναι	ἤθελεν παύσασθαι ἐπὶ τοῖς υἱοῖς αὐτῆς
ὅτι οὐκ εἰσίν	ὅτι οὐκ εἰσίν

Ich möchte in der Frage nach der Textvorlage letztlich Christine Ritter zustimmen, wenn sie urteilt: „Bei dem Jeremia-Zitat in Mt 2,18 handelt es sich folglich um eine Mischform, die jedoch große Nähe zu MT aufweist."[340]

Mindestens ebenso wichtig wie die Frage nach der unmittelbaren Textvorlage und deren Modifikation ist die, ob in Mt 2 lediglich der *eine* Vers aus Jer 31 gemeint ist oder ob der gesamte Kontext des Jeremiabuches (in Kap. 30f.) im Hintergrund mitklingt.[341] Liest man die Passage in Mt 2 im letzteren Sinne, so ertönt im Rückgriff auf Jeremia[342] nicht nur die expressive Klage, vielmehr klingen dann auch die großen Verheißungen von Jer 31 mit. Auch wenn eine solche Perspektive weder als *intenio auctoris* noch als Perspektive der Erstrezeption nachweisbar ist, ist sie im Sinne einer *intentio operis* allemal ins Recht gesetzt, denn sie lässt eine Dimension des Textes und der Textverknüpfungen aufscheinen. Aber auch als *intentio auctoris* kommt eine solche Gestaltung in Frage. Denn das Jeremia-Zitat gliche, so gelesen, in seiner Perspektivierung in Mt 2 dem drei Verse vorangehenden Zitat aus Hos 11,1, mit welchem bei der Inauguration der Flucht nach Ägypten bereits der „Rückruf" aus Ägypten thematisch wird (Mt 2,15). Daher könnten *beide* Propheten-Zitate am Tiefpunkt bereits die kommende Wende markieren und in Mt 2 könnte eben diese „Botschaft" auch intendiert sein. Nähern wir uns dem skizzierten Fragenbündel schrittweise und betrachten zunächst eine der genannten Abweichungen von den in Betracht kommenden Textvorlagen.

In Mt 2,18 beweint Rahel ihre „*Kinder*" (τέκνα), während sowohl MT als auch die LXX-Fassungen von ihrer Klage über die verlorenen „Söhne" sprechen. Nun könnte τέκνα, wie erwähnt, als inklusive Wiedergabe des hebräischen בנים ver-

---

[340] *Chr. Ritter*, Rachels Klage im antiken Judentum und frühen Christentum. Eine auslegungsgeschichtliche Studie (AGJU 52), Leiden 2003, 119; dazu auch *Kegler*, Verheißung, hier bes. 350f.

[341] *Davies/ Allison*, Commentary, 269 halten das für unsicher. Dafür, dass Jer 31 insgesamt als Bezugstext mitklingt, plädiert neben *Becking*, Fear, zusammenfassend 206, auch *R.J. Erickson*, Divine Injustice: Matthew's Narrative Strategy and the Slaughter of the Innocents (Matthew 2,13–23), JSNT 64 (1996) 5–27, hier 11f., sowie *Chr. Ritter*, Rachels Klage, 122; zur Bedeutung der Jeremiastelle und einer vergleichbaren Einspielung von Ps 22 in der Mt-Komposition auch *K. Campbell*, Matthew's Hermeneutic of Psalm 22:1 and Jer 31:15, Faith & Mission 24 (2007) 46–58.

[342] Zu den matthäischen Jeremia-Zitaten *M.J.J. Menken*, The References to Jeremiah in the Gospel according to Matthew (2,17; 16,14; 27,9), EThL 60 (1984) 5–24; *Mayordomo*, Anfang, 314; zu den alttestamentlichen Zitaten insgesamt *R.H. Gundry*, The Use of the Old Testament in St. Matthew's Gospel. With Special Reference to the Messianic Hope (NT.S 18), Leiden 1967.

standen werden, aber auch dann bliebe zu fragen, warum hier eine solche inklusive, d.h. den Kreis der Gemeinten explizit erweiternde Wiedergabe erfolgt. Denn die Abweichung von den υἱοί der griechischen Jeremiafassungen und/ oder die Modifikation bzw. inklusive Wiedergabe der בנים des hebräischen Textes sind umso bemerkenswerter, als die Beschränkung auf die *männlichen* Kinder exakt der in Mt 2,16 geschilderten Anordnung entspräche. In der inklusiven Wiedergabe der בנים als τέκνα, die gerade nicht dem unmittelbaren matthäischen Erzählkontext folgt[343], „generalisiert Matthäus wohl bewußt"[344]. Die Klage der Stammmutter Rahel gilt all ihren Kindern – nicht nur den leiblichen, nicht nur den männlichen. Damit setzt Mt 2 eine Linie fort, die in Jer 31 selbst angelegt ist und die in der rabbinischen Tradition aufgenommen und weitergeführt wurde. Die Klage Rahels gilt den Leidenden und Sterbenden, den Verfolgten, Verschleppten und Ermordeten vieler Generationen.[345]

Diese Zeiten übergreifende Perspektive der Klage Rahels kennzeichnet bereits Jer 31,15. Die expressive Klage Rahels drückt sich in mehreren starken Wendungen aus. Da sind zunächst die beiden Nomina נהי (dieses „Klagelied" auch mehrfach in Jer 9,9.17–19) und בכי, welche Klage und Weinen bezeichnen. Der Ausdruck der Trauer ist verstärkt durch das hinzugefügte תַּמְרוּרִים - Bitternisse (vgl. auch Jer 6,26[346]); zudem kommt das intensive Pi'el des Verbs בכה - weinen (im Part. מְבַכָּה) außer an dieser Stelle nur noch einmal vor (Ez 8,14 bei der an dieser Stelle pejorativ konnotierten Beweinung des Tammuz). Dass Rahel weint und untröstlich ist *über ihre Kinder*, ist betont zweimal gesagt. Die Verweigerung des Sich-umstimmen- oder Aufatmen-Lassens (נחם hier Nif'al)[347] bekräftigt die Untröstlichkeit, und am Schluss steht mit dem אֵינֶנּוּ die denkbar negativste Bilanz, dazu noch durch die unpersönliche 3. Pers. mask. Sing. zur Endgültigkeit verstärkt: Es ist nichts mehr da. *Rien ne va plus* – nichts geht mehr!

---

[343] Anders ist es in der o. behandelten Modifikation in Mt 2,21, die sich aus dem matthäischen Kontext versteht.

[344] *Frankemölle*, I, 172.

[345] Zu dieser mit der Figur der Rahel verbundenen weiten Thematik s. neben den genannten Arbeiten von Bob Becking und Christine Ritter auch *S.P. Jeansonne*, The Women of Genesis. From Sarah to Potiphar's Wife, Minneapolis ²1992, 70–86; *P. Kuhn*, Gottes Trauer und Klage in der rabbinischen Überlieferung (AGSU XIII), Leiden 1978, hier bes. 219–221; *G. van den Berg*, Gebrochene Variationen. Beobachtungen und Überlegungen zu Figuren der Hebräischen Bibel im Werk von Elie Wiesel (ATM 7), Münster 2001, bes. 263–267; *F.A. Niedner*, Rachel's Lament, Word & World 22 (2002) 406–414.

[346] Zum Wort(feld) ThWAT V, 16–20 (*Ringgren/ Fabry*); bemerkenswert ist die Verwendung des gleichlautenden Wortes תַּמְרוּרִים in Jer 31,21, das so etwas wie „Wegweiser" bedeutet. Die Aufnahme der „Bitternis" in 31,15 durch das im Hebräischen homonyme Wort für „Wegweiser" lässt sich im Kontext der verschiedenen Tonlagen in Jer 30f. (und dann auch im Blick auf die Aufnahme in Mt 2) als eine weitere subtile Ausdrucksweise der Wende von der Klage zum Weg aus der Not lesen. In einer gewissen Nachahmung der hebräischen Worte könnte man im Deutschen paraphrasieren, Rahel weise jeden Trost von sich *weg*, aber Gott zeige einen *Weg*.

[347] Zu נחם u. Anm. 350, ferner *J. Ebach*, Erinnerungen gegen das „Schicksal", in: T. R. Peters/ C. Urban (Hg.), Über den Trost. Für Johann Baptist Metz, Ostfildern 2008, 107–112, sowie *E. Zenger*, Biblische Miniaturen über Trösten und Trost, ebd. 182–187.

כֹּה אָמַר יְהוָה	So hat Jhwh gesprochen:
קוֹל בְּרָמָה נִשְׁמָע	„Eine Stimme ist in Rama zu hören[348],
נְהִי בְּכִי תַמְרוּרִים	ein Klagelied, bitterliches Weinen.
רָחֵל מְבַכָּה עַל־בָּנֶיהָ	Rahel weint über ihre Kinder[349];
מֵאֲנָה לְהִנָּחֵם עַל־בָּנֶיהָ	sie verweigert es, sich über ihre Kinder trösten, sich umstimmen zu lassen[350].
כִּי אֵינֶנּוּ	Ja, keines ist mehr[351]."

Gerade die beiden letzten Wendungen haben enge Parallelen in der Josefsge-schichte in Gen 37–50. In entsprechenden Worten ist in Gen 37,35 von Jakobs Untröstlichkeit über Josefs (vermeintlichen) Tod die Rede (allerdings neben der Differenz der mask. bzw. fem. Formen ein Hitpaʿel in Gen 37 gegenüber dem Nifʾal in Jer 31[352]). Die letzte Wendung in Jer 31,15 (איננו) kommt an mehreren Stellen in Gen 37–50 auf Jakobs Söhne bezogen vor, und zwar viermal im Sinne von „er ist nicht mehr da" auf Josef (37,30; 42,13.32.36 [in 42,36 zudem auf den nicht mehr anwesenden Simeon]) sowie dreimal im Sinne von „er ist nicht dabei" auf Benjamin (44,26.30.34). Die Wendung wird mithin in betonter Häufung auf

---

[348] נשמע ist ein Nifʾal-*Partizip* – damit ist schon der Grund dafür gelegt, dass es sich nicht um ein einmaliges Geschehen handelt(e).

[349] Ich entscheide mich hier also (u.a. mit *Becking*, Fear, 193) für eine inklusive Wiedergabe von בנים.

[350] Diese Doppelübersetzung der Wurzel נחם soll die Mehrschichtigkeit der Wurzel נחם andeu-ten. Die dahinter stehende Frage hängt mit dem zunächst eigentümlichen Umstand zusammen, dass dieselbe Wurzel im Piʿel so etwas wie „trösten" bedeutet, im Nifʾal dagegen meist so etwas wie „sich gereuen lassen". An mehreren Stellen gehört aber auch das Nifʾal in das Wortfeld „trösten" und meint etwa „sich trösten lassen" (so neben Jer 31,15 in vergleichbarem Zusammenhang Gen 24,67; 2 Sam 13,39, zu weiteren Stellen *J. Jeremias*, Die Reue Gottes. Aspekte alttestamentlicher Gottesvorstellung [BSt 65], Neukirchen-Vluyn ²1997, 15f.). Aber wie können so unterschiedlich erscheinende Handlungen und Haltungen wie Trost und Reue sowie gar Mitleid und Rache mit demselben Wort(feld) bezeichnet werden? Auf der Suche nach einer für die Wurzel נחם anzunehmenden Grundbedeutung hatte Theodor Nöldeke (über arabische Analogien) ein emotives Atmen angenommen („trösten" wäre dann so etwas wie „jmd. zum Aufatmen bringen", „sich gereuen lassen" so etwas wie „tief aufseufzen"). Gegen diese oft rezipierte Herleitung erhoben sich jedoch methodische Bedenken. Ansprechend ist die Überlegung von *I. Willi-Plein*, Hiobs Widerruf? – Eine Untersuchung der Wurzel נחם und ihrer erzähltechnischen Funktion im Hiobbuch, in: A. Rofé/ Y. Zakovitch (Hg.), Essays on the Bible and the Ancient World. FS I.L. Seeligmann, Teil III, Jerusalem 1983, 273–289, die den Aus-druck einer Stimmungs- und Verhaltensänderung als eine solche Grundbedeutung annimmt. Zu den philologisch-semantischen Fragen und zum theologisch bedeutsamen biblischen Motiv der Reue Gottes und dessen Konsequenzen für eine systematisch-theologische „Gotteslehre" *J.-D. Döhling*, Der bewegliche Gott. Eine Untersuchung des Motivs der Reue Gottes in der Endgestalt der Hebräischen Bibel, diss. theol. Marburg 2007 (im Herbst 2009 in HBS erschei-nend), dort auch zur Wurzel נחם und der Diskussion über eine Grundbedeutung.

[351] Hier ist die (syntaktisch inkongruent wirkende) Formulierung im Singular zu beachten. Möglicherweise ist die Wendung als wörtliche Rede Rahels zu verstehen (so *Ph. Trible*, God and the Rhetoric of Sexuality, Philadelphia 1978, 40, vgl. *Becking*, Fear, 196 Anm. 35).

[352] In der Nifʾal-Form erscheint die Wendung dann noch einmal in Ps 77,3 (dazu *F.-L. Hoss-feld/ E. Zenger*, Psalmen 51–100, 407, mit Hinweisen auch auf Klgl 1,2.9.19.21).

Josef und Benjamin bezogen, die Söhne Jakobs *und Rahels*! Liest man dieses
איננו der Josefsgeschichte in Jer 31,15 mit, so erhält die Klage Rahels im Jeremia-
text eine hintergründige Botschaft. Denn Josef war ja nur vermeintlich tot und so
wird auch das איננו in Rahels Klage nicht ihr letztes Wort sein.[353] Thomas Naumann sieht zwischen Jer 31,15 und Gen 37,35 eine weitere Verbindung: „Der
Nordreichsbezug ist in beiden Texten mit Händen zu greifen. Möglicherweise
reflektiert auch Gen 37 auf die nordisraelitische Tradition der Rahel-Klage, die in
Jer 31,15 sichtbar wird, nur dass hier Jakob die Rolle seiner Frau einnimmt."[354]

Die spätere legendarische jüdische Rezeption hat die Bezüge zwischen Josefs-
geschichte und Jer 31 noch verstärkt, indem sie Rahels Klage geradezu in die
Josefsgeschichte „einmontieren" konnte. Erzählt wird, wie Josef auf der Reise der
Ismaeliter-Karawane, die ihn als Handelsgut nach Ägypten verbrachte, an den Ort
des Rahelgrabes nach Efrat kam und dort sein Leid klagte. Da habe ihm die tote
Mutter aus dem Grab Gottes Beistand zugesagt.[355]

Neben diesen unmittelbaren Bezügen zu Gen 37–50 kommen weitere in den
Blick.[356] Auch wenn die Häufigkeit des Lexems בכה („weinen") nicht für sich
allein auf eine literarische Verbindung von Stellen schließen lässt, in denen es
vorkommt, sei doch darauf verwiesen, dass in Gen 37,35 im Anschluss an die
Bemerkung über Jakobs Untröstlichkeit von seinem Weinen[357] die Rede ist und
dass sich die Formulierung „weinen um" (mit על) u.a. bei Josefs Trauer um den
gestorbenen Jakob findet.[358] Nach Josefs vermeintlichem Tod sieht Jakob für
sich nur noch den Weg in die Totenwelt (Gen 37,35) – Rahel klagt (Jer 31,15)
aus ihrem Grab. Jakob, der im Gespräch mit Pharao sein eigenes Leben in bestürzender Schroffheit als „schlimm" kennzeichnet (Gen 47,9[359]), sagt in ebenso

---

[353] Vgl. *K. Schmid*, Buchgestalten des Jeremiabuches. Untersuchungen zur Redaktions- und
Rezeptionsgeschichte von Jer 30–33 im Kontext des Buches (WMANT 72), Neukirchen-Vluyn
1996, 135, sowie *Becking*, Fear, 188–215.

[354] *Th. Naumann*, Der Vater in der biblischen Josefserzählung. Möglichkeiten einer Charaktermodellierung in biblischen Erzählungen, ThZ 61 (2005) 44–64, hier 51. Wenn Jer 31,15 in
dieser vielfältigen Weise auf die Josefsgeschichte zurückgreift, hat das auch Folgen für die
literaturgeschichtliche Verortung beider Texte, dazu *K. Schmid*, Buchgestalten, 135.

[355] *L. Ginzberg*, The Legends of the Jews, II: Bible Times and charakters from Joseph to the
Exodus, Philadelphia 1964, 20f.; zu weiteren jüdischen Rezeptionen s.u.

[356] Zu den Bezügen zwischen Jer 31,15 und Motiven in Gen 37–50 auch *S.E. Brown-Gutoff*,
The Voice of Rachel in Jeremiah 31. A Calling to „Something New", USQR 45 (1991)
177–190, sowie *K. Schmid*, Buchgestalten, hier bes. 133–137.

[357] Zum Weinen *Josefs* und dessen sich wandelnden Formen (vom unterdrückten Weinen dessen, der sich und andere beherrschen will, zum unbeherrschten und andere nicht mehr beherr-
schenden Weinen) *R. Kessler*, Männertränen, in: D. Sölle (Hg.), Für Gerechtigkeit streiten.
Theologie im Alltag einer bedrohten Welt, Gütersloh 1994, 203–208 (= in: ders., Gotteserdung.
Beiträge zur Hermeneutik und Exegese der Hebräischen Bibel [BZAW 170], Stuttgart u.a.
2006, 30–34), sowie *Ebach*, HThKAT, bes. 384ff.

[358] Zu vergleichen ist aber auch das Weinen der Tochter Jeftas über die ihr verweigerten Kinder
(Ri 11,37f.).

[359] Zu dieser in der Exegese selten wirklich wahrgenommenen Lebensbilanz Jakobs *F. Crüsemann*, Wie Jakob selbst es sieht. Das „schlimme Leben" von Gen 47,9 in kanonischer Perspektive, in: R. Riess (Hg.), Ein Ringen mit dem Engel. Essays, Gedichte und Bilder zur Gestalt des
Jakob, Göttingen 2008, 265–274.

bestürzender patriarchaler Egozentrik über Rahels Tod (Gen 48,7): „Sie starb עָלַי", d.h. je nach Wiedergabe des עַל: „gegen mich", „mir zuwider", „mir zu Leide", „leider", „to my sorrow"[360], „to my loss"[361]. Wirft Jakob seiner Frau Rahel geradezu vor, „ihm zuwider" gestorben zu sein?[362] Nicht nur an dieser Stelle kommt der Erzvater Jakob als ein Mann in den Blick, der alles, was geschieht, als Attacke auf sich selbst versteht.

Über die *gender*-Perspektive hinaus taucht in diesem Zusammenhang und dann auch im Blick auf die Einspielung von Jer 31,15 in Mt 2 eine intrikate topographische Frage auf, nämlich die nach dem Ort, an welchem Rahel nach der Tradition starb, und die nach der Ortslage von Rama bzw. des hier gemeinten Rama.[363] Der historisch-geographische Befund spricht dafür, Rama in Efraim (das Rama Samuels[364]) von Rama in Benjamin (Jos 18,25) zu unterscheiden[365], aber auch das benjaminitische Rama nicht in der Nähe von Betlehem zu suchen, sondern mit dem gegenwärtigen *er-Ram* zu identifizieren und somit das in Jer 31,15 angesetzte Rahelgrab ca. 10 km nördlich von Jerusalem zu lokalisieren.[366] Dieses Rama kommt in Jer 40,1 als babylonische Kommandostelle vor, zudem als ein Ort, von dem aus Gefangenentransporte nach der Eroberung von 587 ins Exil geschickt

---

[360] *J. Skinner*, A Critical and Exegetical Commentary on Genesis (ICC), Edinburgh [1910] ²1930, 504, der hinzufügt: „lit. (as a trouble) upon me".

[361] *G.J. Wenham*, Genesis 16–50 (WBC 2), Dallas 1994, 453.

[362] Die Wiedergabe „starb mir" in vielen Bibelübersetzungen (u.a. Luther-Bibel, Einheitsübersetzung, Neue Zürcher Bibel, aber auch Buber/ Rosenzweig, etwas pointierter bei Zunz [„Mir aber ... starb"]) ist m.E. eine zu schwache Wiedergabe des in welcher Weise auch immer (räumlich oder/ und emotional) *adversativ* zu verstehenden עַל.

[363] Die Auffassung von *M. Tsevat*, Studies in the Book of Samuel, II. Interpretation of I Sam 10:2. Saul at Rachel's Tomb, HUCA 33 (1962) 107–118, hier, 108, der רמה als topographische Angabe versteht („auf einer Höhe", vgl. o. zu LXX-A) ist prinzipiell möglich, aber m.E. nicht überzeugend, zumal רמה überwiegend im pejorativen Sinne für eine illegitime Kulthöhe gebraucht wird (vgl. *Ritter*, Rachels Klage, 39). Ebenso prinzipiell ist es auch möglich, in רחל keinen Frauennamen zu sehen, sondern das Wort im ursprünglichen (und auch dem Eigennamen zugrunde liegenden) Sinn als „Mutterschaf" zu verstehen. Dann klagte nicht die Stammmutter Rahel aus ihrem Grab in Rama, sondern ein Schaf auf einer Anhöhe über verlorene Junge. Auch wenn eine solche Lektüre nicht zwingend auszuschließen ist, bleibt sie doch unwahrscheinlich. In den vielfältigen Rezeptionen von Jer 31,15 (dazu v.a. die genannte sorgfältige Studie von Christine Ritter) wird die Klage als einer der Stammmutter Rahel wahrgenommen.
Zu den verschiedenen Orten mit Namen Rama *K. Koenen*, Rama, in: WiBiLex (Nov. 2007), ferner *K. Schmid*, Buchgestalten, 131f.; zur Tradition des Rahelgrabs und der Stelle, an welchem Maria auf dem Weg nach Betlehem rastete, am Ort des heutigen Kibbuz Ramat Rachel bei Betlehem *S. Starr Sered*, Rachel's Tomb and the Milk Grotto of the Virgin Mary. Two Women's Shrines in Betlehem, JFSR 2 (1986) 7–22; *dies.*, Rachel's Tomb. Societal Liminality and the Revitalization of a Shrine, Religion 19 (1989) 27–40; vgl. auch *T. Knopf*, Rahels Grab. Eine Tradition aus dem TNK, DBAT 27 (1991) 73–137.

[364] Auch 1 Sam 10,2 weist ins Gebiet von Benjamin und legt jedenfalls eine Lokalisierung des Rahelgrabes bei Betlehem nicht nahe.

[365] Anders z.B. *G. Fischer*, Jeremia 26–52, HThKAT, Freiburg u.a. 2005, 156f.

[366] Dazu die sorgfältige Argumentation bei *Koenen*, WiBiLex.

wurden.[367] Die *historisch-geographische* Lokalisierung ist jedoch nicht unbedingt mit der *literarisch-topographischen* Verortung in eins zu setzen. Auf dieser Ebene kommen Jer 31,15 und die Bemerkungen über Rahels Tod und Begräbnis auf dem Weg[368] nach Betlehem[369] in Gen 35,19; 48,7 (dazu die Raheltradition in Rut 4,11, vgl. auch Mi 5,1) zusammen[370], und so ist es womöglich nicht (nur) die geographische Unkenntnis[371] über die wahre Lage Ramas, die Matthäus dazu bewegt, Jer 31,15 im Zusammenhang des Kindermords von *Betlehem* einzuspielen.

Das Jeremia-Zitat in Mt 2,18 lässt Rahel über die durch Herodes ermordeten Kinder weinen. Hier wird – ganz in biblischer und, darauf fußend, später in rabbinischer Tradition – eine Linie ausgezogen, welche in Jer 31 selbst angelegt ist. Denn die von Israels Stammmutter[372] beweinten Kinder sind dort zunächst die verlorenen Stämme des Nordreichs, des „Hauses Josef". In der Fortsetzung in Jer 31 ist in besonderem Maße von Efraim die Rede und der Ort der Klage, Rama, liegt im Gebiet von Benjamin an der Grenze zwischen Juda und dem Nordreich. Im Kontext des Jeremiabuches sind die beweinten Kinder aber nun auch die, die von den Babyloniern deportiert werden.[373] Die weinende Rahel selbst ist eine

---

[367] Zur Verbindung von Jer 31,15 und 40,1 im Blick auf den Ort Rama s. *B. Lindars*, Rachel weeping for her children" – Jeremiah 31:15–22, JSOT 12 (1979) 47–62, hier 53, sowie *Becking*, Fear, bes. 201f.

[368] Da die genannten Genesis-Stellen vom *Weg* nach Betlehem sprechen und nicht von der Nähe Betlehems, steht die Annahme des Rahelgrabs in Rama nördl. von Jerusalem dazu in keinem logisch zwingenden Widerspruch. Eine Harmonisierung in dieser Richtung etwa im Jüdischen Lexikon (Nachdruck der 1. Aufl. Berlin 1927) Bd. IV/1, Frankfurt a.M. ²1987, 1226f. (*S. Klein*).

[369] Auch wenn die Identifikation von Efrata und Betlehem in Gen 35,19; 48,7 eine spätere Glosse sein könnte (so *Koenen*, Rama, WiBiLex), ist sie in der matthäischen Rezeption fester Bestandteil des aufgenommenen Textes.

[370] Zur Verortung bei Betlehem u.a. bei Hieronymus, aber auch in der Madebakarte *Luz*, Matthäus, 130 Anm. 27.

[371] So *Luz*, ebd.

[372] *G. Fischer*, Jeremia, 157, führt aus, dass allein an dieser Stelle unter den insgesamt 47 Belegen für den Namen Rahel eine „symbolische Gestalt" bezeichnet sei. Er sieht in Jakob, dem Liebling Rebekkas, Efraim, dem Manasse Vorgezogenen, und Rahel eine „*Symbol-Großfamilie*", welche das Volk verkörpert und zwar „unter dem Aspekt der bevorzugenden, besonders auswählenden Zuneigung, freilich mit der schmerzlichen Lücke einer fehlenden Generation" (ebd.). Die Formulierung „symbolische Gestalt" ist m.E. nicht ganz glücklich. Wenn die in der im Jeremiabuch vorausgesetzten Situation seit Jahrhunderten tote Rahel weint, so könnte man von einem symbolischen Weinen sprechen; Rahel jedoch ist die zwar verstorbene, aber doch (in der literarischen Tradition) reale und nicht symbolische Mutter Josefs und Benjamins, die ihre reale, d.h. *literarisch*-reale Biographie hat. Fischers Bemerkungen über die „schmerzlich klaffende Lücke einer fehlenden Generation" bleibt gleichwohl zu beachten – die „fehlende Generation" ist die Josefs.

[373] Dazu *Becking*, Fear, 200ff., der diese Relationierung gegen die Auffassung stellt, hier komme die Stammmutter Rahel in den Blick. Aber warum soll es da um eine Alternative gehen? Wenn Becking bemerkt, der Name Rahel sei hier „figurativ" gebraucht und formuliert: „like the name Jacob in Jer. 30–31 she stands for the actual people of God: Israel" (ebd., 202), so ist das gewiss richtig. Doch der Jakob, der hier und anderswo für ganz Israel steht, ist (literarisch und allemal kanonisch) eben der Jakob, der sich den Namen Israel buchstäblich erringt und ihn dann auch bekommt, der Jakob, der sich den Segen erschleicht und ihn dann auch bekommt,

Mutter, die für das Zur-Welt-Bringen ihres zweiten Sohnes Benjamin ihr eigenes Leben lassen musste (Gen 35,16–19).[374] Es ist die tote Mutter, die sich Josef in seinem zweiten Traum herbeiträumte.[375] Sie, deren leibliche Kinder mutterlos aufwachsen mussten, klagt nun als eine Mutter, der man die Kinder weggenommen hat und wegnimmt.

Der Zeitsprung zwischen der „Biographie" Rahels und ihrer postmortalen Klage öffnet die Lektüre für weitere Zeitsprünge.[376] Die Beziehung des Jeremia-Zitats auf den Kindermord von Betlehem in Mt 2 ist eine dieser Lektüren[377]; die rabbinische und die weitere jüdische Rezeption bezieht – in der Form der zeitübergreifenden und jeweils auf die eigene Zeit bezogenen Amplifikation der matthäischen Lektüre ganz entsprechend – Rahels Klage auf die weiteren Katastrophen des jüdischen Volks. Hier kommt die als Motto über diesen Abschnitt gestellte Stelle aus dem Seder Eliahu Rabba 28 (30) ins Spiel, die רוח אל statt רחל zu lesen vorschlägt. Die Geistkraft Gottes selbst also klagt in dieser Lektüre, die mehr ist und mehr anzeigt als ein Spiel mit Worten. In Rahels Klage klagt Gottes Geistkraft – und sie klagt vor Gott.[378] Ein weiteres bemerkenswertes Zeugnis dieser Lektüre ist das Proömium im Midrasch Echa, einer erzählenden rabbinischen Auslegung des Buches der Klagelieder. Hier ist es Rahel selbst, die vor Gott tritt, um für Israel Rettung zu bewirken.[379] Wie Gott in diesem Midrasch antwortet, so antwortet er auch auf Rahels Klage in Jer 31,15 – die Klage behält nicht das letzte Wort. Ist das auch eine Lektüremöglichkeit oder gar eine implizite Lektüreanweisung für Mt 2? Klingt auch die Fortsetzung in Jer 31 und in ihr die Verheißung für eine bessere Zukunft im Zitat in Mt 2,18 *mit* wie im Zitat aus

---

kurz: der Jakob, von dem die Genesis all die verwickelten und konfliktreichen Geschichten erzählt. Entsprechendes gilt auch für die Figur Rahels. Vollends in der Rezeption in Mt 2 ist die in ihrem Grab in Rama weinende Rahel die, die bei der mit ihrer letzten Kraft (dazu u. Anm. 374) glückenden Geburt ihres jüngeren Sohnes das Leben lassen musste.

[374] Während man üblicherweise den Namen Benoni (בֶּן־אוֹנִי), den Rahel ihrem Sohn gibt, als „Sohn des Unheils" erklärt, wird das gleiche Wort אוֹן in Gen 49,3 in aller Regel als „Kraft" verstanden. Doch es spricht viel dafür, für beide Stellen dieselbe Bedeutung anzunehmen, dazu *St. Schäfer-Bossert*, Den Männern Macht und der Frau die Trauer? Ein kritischer Blick auf die Deutung von אוֹן – oder: Wie nennt Rahel ihren Sohn?, in: H. Jahnow u.a., Feministische Hermeneutik und Erstes Testament. Analyse und Interpretationen, Stuttgart u.a. 1994, 106–125, sowie *Ebach*, HThKAT, 581ff.

[375] Das scheint mir jedenfalls ein mögliches Verstehen der merkwürdigen Traumkonstellation in Gen 37,9, in welcher der jüngste Bruder Josefs, Benjamin, und die bei seiner Geburt gestorbene Mutter zugleich anwesend sind (dazu o. Anm. 12).

[376] Durch Zeitsprünge ist auf der literaturgeschichtlichen Ebene bereits Jer 30f. selbst gekennzeichnet; hier finden sich vermutlich sowohl älteste wie späteste Teile des Jeremiabuches.

[377] Von einer (doppelten) Transformation spricht *Becking*, Fear, 204ff., bereits im Blick auf Jer 31. Denn hier kommt sowohl die Verbringung ins Exil in den Blick als auch die Rückkehr. Beides gilt auch für Mt 2 und darum zeigt die Einspielung des Jeremia-Zitats an dieser Stelle auch bereits die in den folgenden Versen berichtete Rückkehr ins Israelland an.

[378] Dazu *Ritter*, Rachels Klage, 232–236 in einer gegenüber *P. Kuhn*, Gottes Trauer, 210–221, wichtigen Modifizierung.

[379] Dazu v.a. *Ritter*, ebd., 214–218, aber auch *van den Berg*, Variationen, 264f.; zur eigentümlichen Erklärung des Betrugs an Jakob, den sie mit ihrer Schwester Lea zusammen verübt habe, auch *K. Butting*, Rachel und Lea. Der Streit der Schwestern: Gen 29,1– 30,24, Texte und Kontexte 33 (1987) 25–54, hier bes. 43ff.

Hos 11,1 drei Verse zuvor? Ist zusammen mit dem Zitierten auch das nicht explizit Zitierte mit zu hören, nämlich Gottes Antwort auf Rahels Klage in Jer 31? Diese Fragen führen zunächst auf Jer 31,16–22.

Gott antwortet Rahel. Die Antwort, welche die klagende tote Rahel unmittelbar anspricht, ist durch eine formale Besonderheit des Textes hervorgehoben. Während die כה אמר יהוה-Formel sonst innerhalb der sechs Gedichte in Jer 30f.[380] nur der jeweiligen Kennzeichnung des Gotteswortes dient, bildet sie in 31,16 den Auftakt zu einer direkt an die Adressatin gewendeten Rede:[381]

כֹּה אָמַר יְהוָה	So hat Jhwh gesprochen:
מִנְעִי קוֹלֵךְ מִבֶּכִי	„Halt zurück deine Stimme vom Weinen
וְעֵינַיִךְ מִדִּמְעָה	und deine Augen von Tränen!
כִּי יֵשׁ שָׂכָר לִפְעֻלָּתֵךְ	Es gibt ja Lohn für deine Arbeit" –
נְאֻם־יְהוָה	Spruch Jhwhs –
וְשָׁבוּ מֵאֶרֶץ אוֹיֵב	„und sie werden zurückkehren aus dem Feindesland."

Es wird eine Wende geben, eine Rückkehr aus dem Land der Deportation. Das sagt Gott Rahel zu und mit ihr den Adressatinnen und Adressaten des Textes in Jer 31.[382] Gegen das (wie gerade in den Bezügen zur Josefsgeschichte mitklingt, nur *scheinbar*) abschließende איננו in Rahels Klage setzt Gottes Antwort das dem אין entgegengesetzte יש, gegen das „es ist nichts mehr" ein „es gibt".[383] Auch die weitere Fortsetzung handelt von jener Rückkehr (שוב), die freilich eine Umkehr (שוב) Efraims[384], des Enkels Rahels[385], voraussetzt (das Schlüsselverb שוב begegnet dreimal in V. 18f.). Dann gilt für Israel die Verheißung: „Kehr zurück (abermals שוב) in deine Städte!" (V. 21). Folgt man Jer 31 weiter, so kommen noch größere Verheißungen ins Bild, von einer Neubestimmung des Verhältnisses der Geschlechter in V. 22[386] bis hin zu jenem „neuen Bund", in welchem die Tora den Menschen Israels ins Herz geschrieben ist (V. 31–34).

---

[380] Zum Aufbau *Fischer*, Jeremia 26–52, 120f. im Anschluss an *B.A. Bozak*, Life ‚Anew'. A Literary-Theological Study of Jer. 30–31 (AnBib 122), Rom 1991, 18–25, vgl. aber auch *Schmid*, Buchgestalten, 110–196; zur Interpretation von Jer 30f. insgesamt *Becking*, Fear.

[381] *Fischer*, Jeremia 26–52, 158 mit Anm. 5.

[382] Dazu *Fischer*, Jeremia 26–52, z.St., ferner *F.A. Niedner*, Rachel's Lament; *P.J. Scalise*, The Way of Weeping. Reading the Path of Grief in Jeremiah, Word & World 22 (2002) 415–422.

[383] Ein solches יש kommt dann noch sogleich einmal am Anfang von V. 17; zum doppelten יש gegen das אין *Ritter*, Rachels Klage, 43.

[384] Einige AuslegerInnen (dazu *Fischer*, Jeremia 26–52, 158) hören in der Wendung „Es gibt Lohn" (יֵשׁ שָׂכָר) eine Allusion an einen anderen Stamm Israels, nämlich an Jissachar, dessen Name יִשָּׂשכָר (so die kaum auszusprechende Schreibweise im Codex Leningradensis) in Gen 30,16 und 18 jeweils unterschiedlich gedeutet, aber jeweils mit dem Wort שכר („Lohn") verbunden wird (vgl. *Ebach*, HThKAT, 607–610 mit Lit.). Jissachar ist allerdings nicht Rahels, sondern Leas Sohn.

[385] Auch hier ist eine Nordreichsperspektive zu erkennen.

[386] Ein solches *„neues Verhältnis beider Geschlechter"* sieht *Fischer*, Jeremia 26–52, 164, in V. 22 in der Formulierung נְקֵבָה תְּסוֹבֵב גָּבֶר („Weibliches umfängt den [starken] Mann" [in der Übersetzung bei *Fischer*, 142]) zum Ausdruck gebracht und in Aussicht gestellt; zur ganzen Passage auch *Becking*, Fear, 216–225. Erwähnt seien hier auch christologische Deutungen

Im Zitat von Jer 31,15 in Mt 2,18 lässt sich auch diese Fortsetzung mit hören. Doch behält zunächst die Klage den Hauptton, hier die Klage über die Kinder Rahels, die Herodes töten lässt. Indem Israels Stammmutter diese Klage erhebt, wird deutlich, dass sich das Tun des Herodes gegen *Israel* wendet. Nicht er oder sein Nachfolger ist König und Repräsentant der Jüdinnen und Juden (βασιλεὺς τῶν 'Ιουδαίων [Mt 2,2]), sondern der, der in Betlehem geboren wurde und dessen Leben Josef bewahrt, indem er treulich die Traumanweisungen befolgt. Die Opposition besteht zwischen Herodes und seinen Sympathisanten auf der einen und dem gerade geborenen wahren König Israels auf der anderen Seite; sie besteht nicht in einem Gegensatz zwischen Jesus und Israel. Gerade einen solchen Gegensatz machen jedoch manche christlichen Interpreten auf, indem sie Rahels Klage als Klage über das Volk ansehen, das den Messias ablehnen wird. „Die Stammmutter [Rahel] beweint das Los ihres Volkes, das sich seinem Messias versagen wird." So urteilt Joachim Gnilka.[387] Christine Ritter eröffnet ihre Studie über Rachels Klage mit diesem und (z.T. noch schrofferen) weiteren Zitaten[388], um in ihrer eigenen Arbeit die in solcher Exegese aufscheinende judenfeindliche Grundhaltung nachdrücklich zu konterkarieren. Gerade darum ist es wichtig zu zeigen, dass und wie die ersten beiden Kapitel des Matthäusevangeliums nicht aus dem Alten Testament heraus-, sondern in das Alte Testament hineinführen. Sie tun es immer wieder auch in Konfigurationen mit Texten und Motiven der biblischen Josefsgeschichte oder mit Texten der hebräischen Bibel, die ihrerseits mit der Josefsgeschichte verknüpft sind. Die Rahelklage in Mt 2,18 im Zitat von Jer 31,15 und dessen Verknüpfungen mit Gen 37–50 sind dafür ein besonders aufschlussreiches Beispiel.[389]

---

dieser Stelle; so versteht sie Hieronymus (Commentariorum in Jeremiam prophetam libri sex [CChr.SL 74], Turnhout 1960, VI, 22) als Vorschein auf die jungfräuliche Geburt des Retters. Zu den zahlreich diskutierten Auslegungsmöglichkeiten von Jer 31,22 s. die Übersicht bei *T. Odashima*, Heilsworte im Jeremiabuch. Untersuchungen zu ihrer vordeuteronomistischen Bearbeitung (BWANT 125), Stuttgart u.a. 1989, 129–138.

[387] Matthäusevangelium, 57. Auch *Wucherpfennig*, Josef, folgt (im Jahr 2008!) dieser Linie, wenn er knapp bemerkt, Rahels Weinen sei ein Zeichen des kommenden Widerstands gegen Jesus (7).

[388] *Ritter*, 1; gegen die Auffassung der Passage als antijüdische Polemik auch *Kegler*, Verheißung, bes. 351.

[389] Dazu thematisch und methodisch auch *E. Wainwright*, Rachel weeping for her children: Intertextuality and the biblical testaments – a feminist approach, in: A. Brenner/ C. Fontaine (Hg.), A Feminist Companion to Reading the Bible. Approaches, Methodes and Strategies, Sheffield 1997, 452-469.

IX. Die Huldigung der Magier aus dem Morgenland

> An jenem Tag wird es sein: Die Wurzel
> Isais ist es, die dasteht als Zeichen für die
> Völker; nach ihr werden die Völker su-
> chen und ihre Heimat wird Gewicht ha-
> ben.

> Jesaja 11,10

1. Eine „Völkerwallfahrt" – zum *Zion*?

Die Episode von der Huldigung der Magier aus dem Morgenland in Mt 2,1–12 bildet in Mt 1f. einen eigenen geschlossenen Abschnitt. Eine der im Rahmen dieser Studie besonders interessierenden Einknüpfungen der Erzählsequenz in das Alte Testament erfolgt mit dem Zitat aus Mi 5,1 in Verbindung mit 2 Sam 5,2 (bzw. 1 Chr 11,2), doch es gibt auch weitere Querbezüge zu beachten und zu betrachten. Die Protagonisten der kleinen Geschichte, die in späteren legendarischen Ausgestaltungen zu den „heiligen drei Königen" wurden und ihren liturgischen Ort in Verbindung mit dem Epiphaniasfest bekamen, bleiben in Mt 2 selbst eigentümlich unscharf. Sowohl die Funktion der mit dem Begriff „Magier" (μάγοι) Bezeichneten (Priester, Astrologen, Zauberer?) als auch ihre Herkunft (Persien, Arabien, Mesopotamien?) sind kaum präzise zu bestimmen.[390] Allerdings ist das Auftreten von Weisen bzw. Astrologen ein öfter belegtes Motiv im Zusammenhang einer Herrschergeburt.[391] Das Wort μάγοι selbst verweist zunächst in den persischen Bereich[392], die Angabe „aus morgenländischen Gegenden" (ἀπὸ ἀνατολῶν [V. 1]) erinnert auf der Ebene biblischer Konfigurationen an die Herkunft Bileams ἀπ᾽ ἀνατολῶν (Num 23,7 LXX[393]), bleibt jedoch – vielleicht bewusst – geographisch recht unbestimmt.[394]

---

[390] Zum Begriff Magier/ μάγοι und zu deren Charakterisierung Art. μάγος κτλ., ThWNT IV, 360–363 (*G. Delling*); *W. Hübner*, Zodiacus Christianus. Jüdisch-christliche Adaptationen des Tierkreises von der Antike bis zur Gegenwart (BKP 144), Königstein/ Ts. 1983; NBL II, 684f. s.v. Magie (*O. Böcher*) und 685f. s.v. Magier (*I. Broer*), zur Magierpassage in Mt 2 *Th. Holtmann*, Die Magier vom Osten und der Stern. Mt 2,1–12 im Kontext frühchristlicher Traditionen, Marburg 2005.

[391] Dazu *Mayordomo*, Anfang, bes. 281, mit Literaturhinweisen, verwiesen sei v.a. auf *G. Binder*, Die Aussetzung des Königskindes Kyros und Romulus (BKP 10), Meisenheim am Glan 1964.

[392] Zur ambivalenten Semantik des Wortes μάγος *Mayordomo*, Anfang, 280f.; sie schwankt zwischen der Bezeichnung von Weisen/ Traumdeutern/ Gelehrten und Zauberern/ Verführern/ Betrügern.

[393] Dazu auch u. 116.

[394] Es waren wohl gerade diese Leerstellen, die in der legendarischen Ausgestaltung zu manchen Füllungen führten, vor allem zur Dreizahl der Besucher und ihrer Auffassung als Könige. Zur Auslegungsgeschichte *Brown*, Birth, 168ff.; *Gnilka*, Matthäusevangelium, 43–46; *Luz*,

Gerade in dieser Offenheit wird der Besuch hochgestellter Repräsentanten des Ostens, die ins Israelland kommen, zu einem Gegen-Zug zu Erfahrungen Israels. Sie kommen nicht als Eroberer, sondern geradezu als Pilger, um dem König der Juden am Ort seiner Geburt Ehre zu erweisen; sie wollen keine Beute machen, sondern bringen kostbare Geschenke mit.[395] Diese Gegenbewegung bringt Peter Fiedler pointiert zum Ausdruck, indem er den entsprechenden Abschnitt in seinem Matthäuskommentar unter die Überschrift „Völkerwallfahrt zum Zion" stellt.[396] Das mit dieser Überschrift ins Spiel gebrachte Motiv aus Mi 4[397] und Jes 2 stellt seinerseits eine neue Fassung der alten Zionstradition dar. In Mi 4 bzw. Jes 2 sind es nicht mehr die Feinde, die an den Zion stürmen und deren Waffen Gott vernichtet (so etwa Ps 46[398]). Vielmehr kommen die Völker, um sich am Zion von der Tora belehren zu lassen und ihre Waffen selbst zu nützlichen Arbeitsgeräten umzuschmieden. Dass sie sich zum Gott Israels bekehren, steht in Mi 4[399]; Jes 2 nicht – das ist auch in Mt 2 nicht über die Sterndeuter zu lesen.[400] Eine über Mi 4; Jes 2 hinaus gehende Umgestaltung der alten Zionstradition findet sich in Jes 60, wenn dort davon die Rede ist, dass die (Nachkommen der) alten Feinde nun Geschenke nach Jerusalem bringen.[401]

In einer Hinsicht erhält das Motiv der „Völkerwallfahrt zum Zion" jedoch in Mt 2 eine wichtige Modifikation. Denn die Magier kommen zwar wie selbstverständlich zunächst nach Jerusalem. Dann aber wird deutlich, dass nicht hier, in der Metropole, sondern im ländlichen Betlehem der wahre König geboren ist.

Matthäus, 122ff.; zu Mt 2,1–12 selbst neben den Kommentaren auch *P. Gaechter*, Die Magierperikope (Mt 2,1–12), ZkTh 90 (1968) 257–195, der – kaum überzeugend – eine gewisse Historizität der Geschichte retten will, aber auch *M. Hengel/ H. Merkel*, Die Magier aus dem Osten und die Flucht nach Ägypten (Mt 2) im Rahmen der antiken Religionsgeschichte und der Theologie des Matthäus, in: P. Hoffmann (Hg.), Orientierung an Jesus. FS J. Schmid, Freiburg i.Br. 1973, 139–169.

[395] Zu den Geschenken (V. 11) *Luz*, Matthäus, 121f.

[396] *Fiedler*, ThKNT, 55, aber auch *Frankemölle*, I, 166. 168.

[397] Zu Mi 4,1-5 und der Relation zu Jes 2,2-4 *R. Kessler*, Micha, HThKAT, Freiburg u.a. 1999, 176-190.

[398] Zu diesem Motiv *R. Bach*, „Der Bogen zerbricht, Spieße zerschlägt und Wagen mit Feuer verbrennt", in: H.W. Wolff (Hg.), Probleme biblischer Theologie. FS G. von Rad, München 1971, 13-26.

[399] In der Formulierung in Mi 4,5 („Ja, alle Nationen wandeln jeweils im Namen ihrer Gottheit, und wir, wir wandeln im Namen Adonajs, unserer Gottheit, für immer und ewig" [so die Übersetzung von Rainer Kessler in der *Bibel in gerechter Sprache*]) scheint in der Beurteilung fremder Religionen ein Konzept auf, das von Toleranz und Konvivenz getragen ist. Diese (perserzeitliche) Konzeption verbindet sich mit der der Genesis und unterscheidet sich vom Exoduskonzept wie von dem der frühen Prophetie; zum Thema insgesamt *F. Crüsemann*, Der Gott Israels und die Religionen der Umwelt, in: Ch. Danz/F. Hermanni (Hg.), Wahrheitsansprüche der Weltreligionen. Konturen gegenwärtiger Religionstheologie, Neukirchen 2006, 213-232., vgl. auch Art. Fremde Religionen, in: *F. Crüsemann* u.a. (Hg.), Sozialgeschichtliches Wörterbuch zur Bibel (SWB), Gütersloh 2009, 162–167 (*J. Ebach*).

[400] Zur legendarischen Tradition der späteren Bekehrung der heiligen drei Könige *Luz*, Matthäus, 123.

[401] Dazu bes. Jes 60,6 mit der für Mt 2,11 kennzeichnenden Gabe von Gold und Weihrauch (vgl. auch Ps 72,10f.) sowie Jes 60,14 (hier in MT השתחוה [„sich tief verneigen"], ein Schlüsselwort der alttestamentlichen Josefsgeschichte).

„Der Text selbst lebt von Oppositionen."[402] Die Opposition zwischen Jerusalem und Betlehem und die zwischen Herodes und dem anderen, dem wahren König der Juden[403] kommt bereits in V. 1 zum Ausdruck. Denn die Geschichte beginnt sozusagen mit einem Missverständnis: „Als Jesus in *Betlehem in Judäa* zur Zeit des Königs Herodes zur Welt gekommen war, da kamen Sterndeuter aus dem Morgenland nach *Jerusalem*."[404] Im weiteren Text in Mt 2,1–12 wird diese Opposition noch deutlicher. Auf der Ebene der *Orte* stellt sich als Resultat dar: Betlehem und Juda *ja* – Jerusalem *nein*; auf der Ebene der *Figuren*: Juda und David *ja* – Herodes *nein*. Es handelt sich auch hier jedoch, wie ein weiteres Mal zu betonen ist, keineswegs um eine Opposition zwischen Jesus und den Juden. Auch die dazu zuweilen herangezogene Wendung in V. 3, *ganz* (πᾶσα) Jerusalem sei mit Herodes in Aufregung geraten (ἐταράχθη[405]), reicht nicht zur Begründung einer anti-jüdischen Tendenz. Versteht man jene Erregung vor allem als Ausdruck von Furcht, ist sie mindestens ebenso plausibel als Hinweis auf die Reaktion der mit Herodes verbundenen Spitzen in der Metropole zu verstehen. Aber auch das ist nur *eine* Verstehensmöglichkeit. Das Verb ταράσσω bezeichnet eine tiefe emotionale Reaktion, die Herodes ergriffen hat „und ganz Jerusalem mit ihm". Keineswegs steht in Mt 2,3, dass diese emotionale Reaktion bei Herodes und ganz Jerusalem in gleicher Weise motiviert gewesen sei oder auch nur, dass sie in „ganz Jerusalem" von gleicher Art gewesen sei. Herodes und „ganz Jerusalem" waren historisch alles andere als ein Herz und eine Seele. Warum sollte das nicht auch hier zum Ausdruck kommen? Dass alle zugleich auf etwas emotional reagieren, heißt nicht, dass alle aus den gleichen Gründen und in der gleichen Erwartung emotional reagieren. Könnte es nicht für die Einen eine tief emotional empfundene Furcht und für andere eine ebenso tief emotional empfundene Hoffnung sein?

Ebenso ambivalent stellt sich die Auskunft der von Herodes (V. 4) herbeigerufenen Gesamtheit (πάντας) der Hohenpriester (ἀρχιερεῖς) und Schriftgelehrten des Volkes (γραμματεῖς τοῦ λαοῦ) dar. Sie sind es, die ihm auf seine Frage nach dem Geburtsort des Messias (χριστός) die klare Antwort geben, dies geschehe in Betlehem in Juda, und die ihm dazu eine klassische Auskunft der hebräischen Bibel vermitteln, indem sie Mi 5,1 in Verbindung mit 2 Sam 5,2 (1 Chr 11,2) zitieren[406]:

---

[402] *Frankemölle*, I, 161.

[403] „König der Juden" ist hier nur Jesus, Herodes ist lediglich als „König" bezeichnet, dazu und zur Bez. „König der Juden" überhaupt *Mayordomo*, Anfang, 284 (mit weiteren Lit.-Hinweisen).

[404] Übersetzung der Neuen Zürcher Bibel (2007), Hervorhebungen JE.

[405] Zum hier gebrauchten Verb ταράσσω *Mayordomo*, Anfang, 290ff. (vgl. EWNT III, 804 [*H. Balz*]); es bedeutet zunächst „aufwühlen" (von Wasser), dann im Passiv und auf Menschen bezogen: „aufgewühlt, bestürzt, erschreckt, ergriffen, beunruhigt sein". Wenn man so will, drückt sich in solchem Ergriffen-Sein ein *Fascinosum et Tremendum* aus.

[406] Zu dieser Zitatcollage bei Mt im Vergleich zu MT und LXX s. *Brown*, Birth, 184ff.; *Mayordomo*, Anfang, 295 Anm. 493; zur auffälligsten Veränderung des Micha-Zitats durch die Hinzufügung eines οὐδαμῶς s.u. 115. Weitere Modifikationen wie die Transferierung der Samuel- bzw. Chronik-Stelle in die 3. Pers. sowie die mit einem relativen ὅστις erfolgende Anknüpfung des zweiten Zitats an das erste kommen hinzu. Die Verbindung ist dabei womöglich ein weiteres Mal durch das nicht explizit mit Zitierte getragen. So findet sich das Hirten-

Mi 5,1 MT	וְאַתָּה בֵּית־לֶחֶם אֶפְרָתָה צָעִיר לִהְיוֹת בְּאַלְפֵי יְהוּדָה מִמְּךָ לִי יֵצֵא לִהְיוֹת מוֹשֵׁל בְּיִשְׂרָאֵל
Mi 5,1 LXX	καὶ σύ Βηθλεεμ οἶκος τοῦ Εφραθα ὀλιγοστὸς εἶ τοῦ εἶναι ἐν χιλιάσιν Ιουδα ἐκ σοῦ μοι ἐξελεύσεται τοῦ εἶναι εἰς ἄρχοντα ἐν τῷ Ισραηλ
2 Sam 5,2 MT 1 Chr 11,2 MT	אַתָּה תִרְעֶה אֶת־עַמִּי אֶת־יִשְׂרָאֵל אַתָּה תִרְעֶה אֶת־עַמִּי אֶת־יִשְׂרָאֵל
2 Sam 5,2 LXX	σὺ ποιμανεῖς τὸν λαόν μου τὸν Ισραηλ
Mt 2,6	καὶ σύ Βηθλέεμ, γῆ Ἰούδα, οὐδαμῶς ἐλαχίστη εἶ ἐν τοῖς ἡγεμόσιν Ἰούδα · ἐκ σοῦ γὰρ ἐξελεύσεται ἡγούμενος, ὅστις ποιμανεῖ τὸν λαόν μου τὸν Ἰσραήλ

Diese Zitatverbindung wird nicht vom Evangelisten als ein Wort zitiert, welches im gegenwärtigen Geschehen eine weitere Bewahrheitung erfahren habe, sondern als eine schlicht verbindliche Auskunft der einschlägigen Fachleute. Ulrich Luz, der zunächst notiert, dass „diese schöne Harmonie des Herodes mit den Schriftgelehrten historisch höchst unwahrscheinlich"[407] sei, sieht hier eine „implizite antijüdische Spitze", denn, so setzt er fort: „Die jüdischen Schriftgelehrten erkennen, daß es um den erwarteten messianischen Hirten des Gottesvolkes Israel geht, ziehen daraus aber keine Konsequenzen, sondern machen sich indirekt zu Komplizen des Herodes."[408] Aber steht das im Text? Lässt sich aus dieser Passage in Mt 2 eine (um Luz' Formulierung aufzunehmen) „schöne Harmonie des Herodes mit den Schriftgelehrten" entnehmen? Und wenn sich jene einer Komplizenschaft mit Herodes schuldig machen, tun es dann nicht die Magier auch? Nur ein Traum (2,12) hindert sie später daran, nach Jerusalem zurückzukehren und Herodes Bericht zu erstatten. Warum soll man nicht in der mit dem Doppelzitat aus der hebräischen Bibel gegebenen Auskunft, Betlehem in Juda sei der Ort der Geburt des Messias, etwas sehen, worin sich der Evangelist mit den jüdischen Fachleuten einig ist? Dass jene Fachleute aus dem Wissen keine Konsequenzen ziehen, dass bei ihnen Wissen und Tun auseinander fallen, könnte man der Passage in Mt 2 in

---

bild der zitierten Sam-Stelle auch in Mi 5,3, d.h. bald nach den zitierten Worten aus Mi 5,1, und die Wiedergabe des Wortes מוֹשֵׁל in Mi 5,1 in Mt 2,6 mit ἡγούμενος findet einen Widerpart in der auf die zitierten Worte aus 2 Sam 5,2 (LXX) folgenden Rede vom dem, der εἰς ἡγούμενον werden wird.

[407] *Luz*, Matthäus, 119.

[408] Ebd., 119f., noch pointierter *Mayordomo*, Anfang, 296; in dieser Richtung aber auch viele andere Auslegende.

der Tat entnehmen. Das entspräche durchaus der Kritik an den Schriftgelehrten und Pharisäern in Mt 23.[409] Aber eine „antijüdische Spitze" vermag ich darin nicht zu sehen. Vielmehr wird die in V. 1 in Mt 2 konstatierte Geburt des wahren Königs Israels in Betlehem durch die Auskunft der jüdischen Gelehrten als nach dem Zeugnis der Schrift wahr beglaubigt.

Dabei enthält jene Auskunft im Zitat von Mi 5,1 neben einer Reihe von sprachlichen Nuancen eine Negation, die das Zitat auf den ersten Blick ins Gegenteil verkehrt, um ihm auf den zweiten Blick gerade *so* treu zu bleiben. Während Mi 5,1 (MT und LXX) Betlehem den „kleinsten, geringsten" (צָעִיר / ὀλιγοστός) Ort in Juda nennt, heißt es in der Aufnahme der Micha-Stelle in Mt 2,6, Betlehem sei „keineswegs die geringste" (οὐδαμῶς ἐλαχίστη) unter den Fürstenstädten Judas. Doch die kräftige Verneinung (οὐδαμῶς) stellt letztlich nur eine andere Form der zitierten Aussage dar. Die Pointe in Mi 5,1 ist ja, dass es gerade das augenscheinlich sehr kleine und darum als unbedeutend erscheinende Betlehem ist, aus dem der künftige Herrscher kommen wird. Das Kommen des Herrschers macht aus der anscheinenden Bedeutungslosigkeit eine nur scheinbare. In Mt 2,6 ist eben das auf andere Weise ausgedrückt: Der Ort, aus dem jener Herrscher kommen wird, ist eben damit keineswegs sehr klein und unbedeutend. Somit stellt jenes οὐδαμῶς eine deutliche Änderung gegenüber dem *Wortlaut* der Vorlagen dar, die jedoch in der *Sache* eine starke Bekräftigung des in Mi 5,1 Ausgedrückten bedeutet. Der Grund dafür, dass Betlehem gerade nicht klein und gering ist, wird mit der Hinzufügung aus 2 Sam 5,2 (= 1 Chr 11,2) noch einmal bekräftigt: Aus diesem Ort stammt der Hirte des (in der in 2 Sam 5,2; 1 Chr 11,2 expliziten, in Mt 2,6 hier impliziten Gottesrede: „meines") Volkes Israel.

Nach Betlehem, zum Wurzelort der Davidfamilie, gehen die Magier aus dem Osten, an diesem Ort werden sie, gewiesen von jenem Stern, den wahren König der Juden suchen und finden[410] und ihm in tiefer Verneigung huldigen. Dass Herodes sie mit dem Auftrag dorthin schickt, sie möchten ihm nach erfolgreicher Suche Meldung erstatten, damit er sich dann selbst vor dem Kinde ehrfürchtig niederbeugen könne, versteht sich als heimtückisch eingesetzter Vorwand. Doch mit den Stichworten „Stern" (ἀστήρ) und „sich tief verneigen" (προσκυνέω/ השתחוה) verbindet sich eine weitere Einknüpfung von Mt 1f. in die Geschichte des alttestamentlichen Josef.

2. Stern und Proskynese. Die Magier- und die Josefsgeschichte

Die Frage, ob es sich bei dem berühmten Stern von Betlehem um eine rein literarische oder um eine reale astronomische Erscheinung handelt und ob er gar zur historischen Datierung der Geburt Jesu verhelfen könne, soll hier ganz ausge-

---

[409] Dazu *K. Wengst*, Jesus, 155–166; zu Mt 23,16–22 *M. Vahrenhorst*, „Ihr sollt überhaupt nicht schwören". Matthäus im halachischen Diskurs (WMANT 95), Neukirchen-Vluyn 2002, 277–377.
[410] In V. 11 begegnet abermals die bezeichnende Reihenfolge: das Kind und seine (hier mit Namen genannte) Mutter, während Josef an dieser Stelle gar nicht genannt ist.

klammert bleiben.[411] Wenn Ulrich Luz nicht ohne sprachliche Komik bemerkt: „Über den Stern ist sehr viel Tinte vergossen worden"[412], legt er angesichts der faktischen Schwierigkeit, über einen realen Stern Tinte zu gießen, dessen literarisch-mythologischen Charakter nahe. Doch abermals sind vor allem innerbiblische Querverbindungen zu beobachten. Dabei gilt die Aufmerksamkeit der Auslegenden in erster Linie Num 24,17, denn hier ist im Kontext der Bileamperikope von einem Stern aus Jakob (כּוֹכָב מִיַּעֲקֹב) die Rede, der heraustritt und über die Feinde siegt. Die messianische Lektüre dieser Stelle ist bekannt; sie spielte (freilich längere Zeit nach der Abfassung des Matthäusevangeliums) eine Schlüsselrolle bei jenem Schimon, den seine Anhänger mindestens *auch* im Bezug auf Num 24,17 Bar Kochba (Sternensohn) nannten und der von vielen, darunter auch von dem großen Rabbi Akiva, als Messias anerkannt wurde, bevor sein Aufstand gegen die Römer in den Jahren 132–135 n.Chr. scheiterte und Bar Kochba getötet wurde.[413]

Eine Querverbindung zu Num 24,17 kann sich auf die in vielen jüdischen Kreisen verbreitete messianische Deutung jener Stelle berufen; im Text von Mt 2,1–12 selbst findet sie Anhalt an der Erwähnung des Sterns, der den Magiern den Weg wies[414], und im weiteren Kontext der Bileamweissagungen an der Bezeichnung des Herkunftsgebiets sowohl Bileams als auch der Magier „aus dem Osten" (ἀπ[ὸ] ἀνατολῶν [Num 23,7 LXX; Mt 2,1]), dazu ließe sich auf das jeweilige Vorkommen weiterer Worte verweisen (v.a. θυμόω sowie ἐμπαίζω in Mt 2,16 und Num 22,27.29[415]).

Fragt man nach dem Motiv eines Sterns, der eine künftige Herrschaft anzeigt, deren Verwirklichung jedoch mit Gewalt verhindert werden soll, und weiter nach einem Zusammenhang, in welchem das Wort und das Motiv der Proskynese eine zentrale Rolle spielen, so scheint eine überraschend enge Beziehung zwischen der Magiergeschichte im Matthäusevangelium und der „Josefsgeschichte" in der Genesis auf. Sprachlich zeigt sie sich etwa bei einer Gegenüberstellung von Gen 37,9 und Mt 2,2:

---

[411] Dazu z.B. *Frankemölle*, I, 165–168.

[412] *Luz*, Matthäus, 118.

[413] Zu Bar Kochba *R. Mayer* (unter Mitarbeit von *I. Rühle*), War Jesus der Messias? Geschichte der Messiasse Israels in drei Jahrtausenden, Tübingen 1998, 86–103; zu Akiva in diesem Zusammenhang jTaanit 4,8/ 68d, dazu *P. Lenhardt/ P. von der Osten-Sacken*, Rabbi Akiva (ANTZ 1), Berlin 1987, 307–317.

[414] Zu den verschiedenen literarischen Funktionen des hinweisenden und den Weg weisenden Sterns *M. Küchler*, „Wir haben seinen Stern gesehen ..." (Mt 2,2), BiKi 44 (1989) 179–186; *T. Nicklas*, Ein Stern geht auf ... über Betlehem?, WUB 4/2007, 28–31, sowie *Frankemölle*, I, bes. 166ff.; eine wichtige Deutungsebene repräsentieren zahlreiche Münzen, die einen Menschen mit einem Stern über dem Haupt zeigen. Zunächst handelt es sich um die Darstellung der Dioskuren, seit Alexander d. Gr. begegnet sie auch für menschliche Herrscher. Diese Münztradition ist für Herodes selbst belegt, dann aber auch für Bar Kochba – hier in Verbindung mit der Aufnahme von Num 24,17.

[415] Allerdings beziehen sich diese Worte in Num 22 nicht auf die Konstellation zwischen Bileam und dem König, sondern auf Bileams Konflikt mit seiner Eselin – der sachliche Bezug zu Mt 2 bleibt daher wenig pointiert.

Gen 37,9 MT	וְהִנֵּה הַשֶּׁמֶשׁ וְהַיָּרֵחַ וְאַחַד עָשָׂר כּוֹכָבִים מִשְׁתַּחֲוִים לִי
Gen 37,9 LXX	ὥσπερ ὁ ἥλιος καὶ ἡ σελήνη καὶ ἕνδεκα ἀστέρες προσεκύνουν με
Mt 2,2	εἴδομεν γὰρ αὐτοῦ τὸν ἀστέρα ἐν τῇ ἀνατολῇ
	καὶ ἤλθομεν προσκυνῆσαι αὐτῷ

Trotz der sprachlichen und z.T. auch sachlichen Nähe ist freilich die in anderer Hinsicht unterschiedliche Konstellation von Stern und Proskynese augenfällig. Im Josefstraum in Gen 37,9 sind es neben Sonne und Mond die Sterne, die selbst jene tiefe Verneigung vollziehen. Dass sie im Traumbild dem *Stern* Josefs gilt, ist eine mögliche Lektüre, im Text selbst bleibt es jedoch offen. Zudem gilt in Mt 2 die Proskynese nicht dem Stern. Dass der Stern seinerseits den Magiern als Wegweiser dient, nicht aber selbst den künftigen König repräsentiert, kommt hinzu, das aber bleibt auch bei einer Konfiguration mit Num 24,17 ein sperriges Moment. So wie Moisés Mayordomo-Marín Num 23,7 als einen möglichen Bezugstext, nicht aber als „Folie" der Geschichte in Mt 2,1–12 ansieht[416], kommen auch Gen 37,9 und die Fortsetzung der Josefsgeschichte als ein solcher Bezugstext in Frage, auch wenn diese ebenso wenig als „Folie" der Magiergeschichte fungieren dürften.

Immerhin ist das in der Magierepisode zentrale προσκυνέω[417] bzw. das entsprechende hebräische השתחוה ein Schlüsselwort der Josefsgeschichte.[418] Dabei geht es nicht allein um die in der Erzählung entfaltete Dramatik von der erträumten Proskynese (Gen 37,7.9) über den Versuch der Brüder, die Verwirklichung der Träume zu verhindern, welcher gerade die Bewahrheitung der Träume bewirkt, und weiter über die Proskynese der Brüder vor dem vermeintlichen Ägypter bis hin zur tiefen Verneigung zwischen Josef und Jakob als Zeichen gegenseitigen Respekts und damit einer entscheidenden Korrektur der Träume Josefs. Es geht im Blick auf Mt 1f. vor allem um *die* Stelle in Gen 37–50, in der von einer Proskynese die Rede ist, die nicht Josef gilt, sondern Juda. Vor ihm sollen die Brüder das tun, was sie vor Josef nicht sollen, nämlich sich tief verneigen (השתחוה, Gen 49,8). Diese Bemerkung über Juda steht in den Sprüchen des sterbenden Patriarchen über die Söhne Jakobs bzw. die Stämme Israels in Gen 49 nahe bei einer weiteren in der jüdischen Tradition messianisch gedeuteten Stelle, nämlich der Bemerkung über das rätselhafte שִׁילֹה bzw. שִׁילוֹ (Schilo) in 49,10. Wie immer Wort und Satz zu deuten sind[419], deutlich ist, dass hier Juda ein Rang

---

[416] *Mayordomo*, Anfang, 285f.

[417] Mt 2,2.8.11, in Mt ferner in 4,9f; 8,2; 9,18; 14,33; 15,25; 18,26; 20,20; 28,9.17. Dabei wird die Proskynese in 4,9 vor dem Teufel nicht vollzogen, sie ist vielmehr Gott vorbehalten (4,10); sie wird in 18,26 im Gleichnis von einem Knecht vollzogen, sonst gilt sie Jesus und dann besonders dem Auferstandenen.

[418] Gen 37,7.9f; 42,6; 43,26; 47,31; 48,12; 49,8 dazu v.a. *J.-D. Döhling*, Herrschaft, hier bes. 11–16. 20–25.

[419] Das Problem, das sich mit dem Wort „Schilo" verbindet, beginnt bei der Textkritik (ist שִׁילֹה zu lesen oder [mit dem Qᵉre] שִׁילוֹ oder auch [dazu app. cr. der BHS] שִׁלֹ oder empfiehlt sich eine Konjektur in מֹשְׁלוֹ [„sein Herrscher"] oder ähnliche Formen?) und sie setzt sich fort in der Frage, wie das Wort zu verstehen ist. Ist es der Ortsname Schilo (aber was verbindet diesen Ort mit der Verheißung an Juda?) oder handelt es sich um die Verbindung der Kurzform des Relativpronomens שֶׁ mit der mit dem Suffix der 3.Pers. mask. Sing. versehenen Präposition לְ (die

zuerkannt wird, der den Josefs noch übersteigt. Für die in Mt 2 in Szene gesetzte Opposition ist es nicht uninteressant, dass jene Schilo-Stelle für einen messianischen Anspruch des Herodes herangezogen wurde.[420]

So ist es gerade die *Josefs*geschichte, die im Zusammenhang des Stichworts הׁשׁתחוה/ προσκυνέω den letztlichen Vorrang *Judas* zu demonstrieren vermöchte. Noch einmal fällt ein Licht auf die erste Erweiterung der Form der Genealogie in Mt 1, welche in den Worten „Juda und seine Brüder" besteht. Abermals zeigt sich: Gen 37–50 als Josefsgeschichte ist nicht allein Josefs Geschichte, sondern mit ihrer biblischen Überschrift die Geschichte der Kinder Jakobs. Die Wahrnehmung von Gen 37–50 als ein immer wieder zu beobachtender Kon-, Sub- und Intertext in Mt 1f. erschöpft sich nicht in einer Parallele zwischen Josef und Josef. So wie sich in Gen 37–50 in der kanonischen Gestalt, bezogen auf das Stichwort הׁשׁתחוה/ προσκυνέω, der Fokus von Josef zu Juda wendet, so wendet er sich in Mt 1f. von Josef zu Jesus. In Mt 2,1–12 kommt Josef gar nicht vor, wohl aber wird er es sein, der nach den Folgen der Auffindung des Kindes durch die Magier das Notwendige tut, um dessen Überleben zu sichern. Der neutestamentliche Josef rettet so das Leben Jesu und dessen Mutter, wie der alttestamentliche Josef das Leben Judas und seiner Brüder rettet.

3. Könige und der König

Die Passage Mt 2,1–12 ist, wie bereits ausgeführt, von Oppositionen bestimmt. Die Opposition zwischen Jerusalem und Betlehem ist die eine, die andere – mit ihr verbundene – bildet der Gegensatz zwischen dem „König" Herodes und dem „König der Juden", Jesus. Hier kommt abermals das Zitat aus Mi 5 in Verbindung mit 2 Sam 5 bzw. 1 Chr 11 ins Spiel. Zu beachten ist noch einmal, dass es sich bei diesem Doppelzitat um die Auskunft der von Herodes befragten jüdischen Gelehrten handelt. Gegenüber anderen Lektüremöglichkeiten ist stark zu machen, dass damit die Verankerung der betlehemitischen Geburt des Messias Jesus in der Geschichte Israels von den jüdischen Autoritäten beglaubigt wird. Betlehem ist der Ort Ruts und Davids; auf dem Weg nach Betlehem liegt in der in Mt 2,18 vorausgesetzten Lektüre auch das Rahelgrab, aus dem Israels Stammmutter klagt. Diese Bestätigung der von Mt 1,1 an gezogenen Linie enthält jedoch ein erhebliches anti*herodianisches* (nicht anti*jüdisches*) Potenzial. Rahels Klage wird bei Betlehem gegen das Tun des Herrschers in Jerusalem erklingen. Der Kindermord ist ein Angriff auf das Leben Israels wie es die Verschleppung des Volkes ins Exil ist. Aber auch die in Mt 2,6 noch einmal aufscheinende Verbindung von David und Betlehem muss dem Herrscher in Jerusalem drohend in den Ohren klingen. Genauer, d.h. literarisch und nicht histori(sti)sch formuliert: Die bibelkundigen

---

Bedeutung wäre dann so etwas wie: „welches ihm [zukommt]")? Im letzteren Fall wäre die Stelle in einer messianischen Perspektive lesbar. Zu den verschiedenen Verstehensmöglichkeiten *Ebach*, HThKAT, 600–605.

[420] So berichtet es jedenfalls der (aus jüdischer Familie stammende) Kirchenvater Epiphanius in seinem Panarion, d.h. der „Hausapotheke" gegen die Gifte der Häresie (20,1), dazu *Mayer*, Messias, 32.

Leserinnen und Hörer von Mt 2 werden es als eine Drohung für die Ohren eines Herodes wahrnehmen. Denn Betlehem ist vor allem der Ort Davids, *bevor* er König in Jerusalem wurde. In Betlehem ist David geboren (1 Sam 17,12.58), aus Betlehem stammt seine Familie. Die betonte Nennung Ruts und ihrer Geschichte ruft das in der Genealogie in Mt 1 ins Gedächtnis und das Zitat aus Mi 5 in Mt 2 tut es auf seine Weise noch einmal.

Eine weitere Pointe des Doppelzitats liegt zudem abermals in einem nicht direkt zitierten und doch implizit mit aufgerufenen Kontext. Denn die in Mt 2,6 in Verbindung mit Mi 5,1 zitierte Aussage Gottes in 2 Sam 5,2 (1 Chr 11,2), nach der David Israels Hirte werden solle, schließt sich an die im selben Vers vorangehende Bemerkung an, David habe eine solche Rolle bereits gehabt, als Saul noch König war. Noch während ein König regiert, ist die wahre Herrschaft bereits an einen anderen übergegangen. Was im zitierten Vers aus 2 Sam bzw. 1 Chr Saul galt, müsste nun Herodes in den Ohren gellen! Sind die Hohenpriester und Schriftgelehrten wirklich so mit Herodes verbündet, wie es in zahlreichen Exegesen erscheint?[421] Ihre Worte, nämlich die Worte der „Schrift", sind es nicht.

Auf andere Weise deutlich wird der antiherodianische Sprengstoff in Mt 2,6 in der Konfiguration mit einer weiteren der klassischen messianischen Verheißungen, nämlich in der Lektüre von Jes 11,1 im Anschluss an das Ende von Jes 10. Nachdem in 10,33f. vom machtvollen Abhauen der hohen Bäume durch *Jhwh zvaot* (Adonaj der Heere) die Rede ist, wächst das Rettende aus dem abgehauenen Stumpf des Stammbaums der herrschenden Dynastie, nämlich als Schössling, als Seitenzweig. Es ist der Baumstumpf Isais, des Vaters Davids. Das Bild enthält Kontinuität *und* Abbruch.[422] Es geht weiter mit Davids Dynastie, aber eben so, dass es nicht immer so weiter geht. Die Verheißung zielt nicht auf die Prolongation der herrschenden Verhältnisse, sondern auf deren Abbruch. Das Neue geht – im Wortsinn: radikal – zurück an die Wurzel, zurück zu Isai, zurück nach Betlehem:

Jes 11,1 MT	וְיָצָא חֹטֶר מִגֵּזַע יִשָׁי וְנֵצֶר מִשָּׁרָשָׁיו יִפְרֶה
LXX	καὶ ἐξελεύσεται ῥάβδος ἐκ τῆς ῥίζης Ιεσσαι καὶ ἄνθος ἐκ τῆς ῥίζης ἀναβήσεται
NZB	Und aus dem Baumstumpf Isais wird ein Schössling hervorgehen, und ein Spross aus seinen Wurzeln wird Frucht tragen.
BigS	Dann wird ein Zweig aus dem Baumstumpf Isais heraustreiben, und ein Spross wächst aus seiner Wurzel heraus.

---

[421] So u.a. *Frankemölle*, I, bes. 162, doch s.o. 113ff.

[422] Beide Kategorien und dabei gerade ihre Verknüpfung sind im Blick auf messianische Perspektiven der Bibel und ihrer Rezeptionsgeschichte zentral, dazu *J. Ebach*, Messianismus und Utopie: KuI 15 (2000) 68–85; *ders.*, Zeit als Frist. Zur Lektüre der Apokalypse-Abschnitte in der *Abendländischen Eschatologie*, in: R. Faber u.a. (Hg.), Abendländische Eschatologie. Ad Jacob Taubes, Würzburg 2001, 75–91.

Mt 2 setzt mit der Geburt des Retters (Josua/ Jesus), des Messias (*christos*), in Betlehem in Juda ein. An diesen Ort, an dem die Davidfamilie verwurzelt ist, werden die Magier aus dem Morgenland gewiesen. Im Stile einer matthäischen *formula quotation* könnte man sagen, das geschehe, damit noch einmal gefüllt, damit erneut bewahrheitet werde, was durch den Propheten Jesaja gesagt ist, nämlich wenige Verse nach der Verheißung einer messianischen Rettergestalt aus der „Wurzel Jesse" in Jes 11,10:

וְהָיָה בַּיּוֹם הַהוּא שֹׁרֶשׁ יִשַׁי אֲשֶׁר עֹמֵד לְנֵס עַמִּים
אֵלָיו גּוֹיִם יִדְרֹשׁוּ וְהָיְתָה מְנֻחָתוֹ כָּבוֹד

An jenem Tag wird es sein: Die Wurzel Isais ist es,
die dasteht als Zeichen für die Völker[423];
nach ihr werden die fremden Völker[424] suchen,
und ihre Heimat[425] wird Gewicht[426] haben.

Ein direktes Zitat dieser Jesajastelle liest man in Mt 2 nicht, aber es gibt deutliche Querbezüge. Da ist die Suche der Repräsentanten der Völker nach dem Ort des Königs der Juden und das ist der כבוד, d.h. je nach der Nuance, die man bei diesem Wort an dieser Stelle betonen will: das *Gewicht*, das sie ihm geben, der *Respekt*, den sie ihm erweisen, die *Ehre*, die sie ihm schulden, der *Glorienschein*, den sie auf ihm sehen. Und in der weiteren Fortsetzung findet sich dann in Mt 2,23 eine Spur, die zu Jes 11 und dabei besonders zu V. 1 führen kann. Denn das in Jes 11,1 bedeutungsvolle Wort „Spross" (נֵצֶר) gehört mit zu den mehrfachen Kodierungen, zumindest zu den vielfachen Lektüremöglichkeiten der Rede von Jesus als dem Ναζωραῖος (Mt 2,23). Jes 11 bildet eine prophetische Brücke zwischen den Orten Betlehem und Nazaret.

Josef wird nach dem Tode des Herodes (Mt 2,19) zwar ins Israelland zurückgehen, aber er geht nicht nach Judäa, sondern zieht sich zurück (ἀνεχώρησεν) ins galiläische Nazaret (Mt 2,22f.). Der Grund dafür ist, dass er hörte, Archelaos sei an Stelle seines Vaters Herodes (ἀντὶ τοῦ πατρὸς αὐτοῦ ʽΗρῴδου) König in Judäa geworden. Der Rückzug nach Nazaret gehörte nicht zur Anweisung des Engels in Josefs drittem Traum (2,19f.), er wird jedoch abermals mit einem Traum verbunden (2,22). Der Trauminhalt und die Weise seiner Vermittlung bleiben dabei ebenso offen wie bei der ebenfalls durch einen Traum begründeten

---

[423] In der Verbindung mit der Rede vom Wurzelstock mutiert das Wort נֵס von seiner Bedeutung als „Feldzeichen" zur Sammlung der Deportierten zu einer „Anziehungskraft auf die Völker" (*W. Beuken*, Jesaja 1–12, 316); die universale Perspektive ist unüberhörbar.

[424] Mit dieser Übersetzung soll eine gewisse Differenz der beiden hebr. Worte für „Volk", עם und גוי, angedeutet werden, wenngleich im poetischen Parallelismus beide Worte auch ohne spezifischen Bedeutungsunterschied gebraucht werden können.

[425] Zu dieser Wiedergabe von מנחה *Ebach*, Freiheit. *Beuken*, Jesaja 1–12, 316 akzentuiert anders und sieht (mit Bezug auf *E. König*, Das Buch Jesaja, Gütersloh 1926, 165, und dem Hinweis auf Ps 95,11) in der Rede von der מנחה „die von ihm gewährte Ruhestätte".

[426] Zu „Gewicht" als Wiedergabe von כָּבוֹד und zu deren *theo*logischen Implikationen und Folgerungen *Frettlöh*, Gott, bes. 1–4.

Wegänderung der Magier (2,12). In beiden Fällen wird kein Traum mit einer klaren Anweisung in Szene gesetzt, ein Traum wird lediglich als Grund der Entscheidung genannt. Auch wenn Dan O. Via etwas zu weit gehen dürfte, wenn er in Josefs Weg nach Nazaret eine dezidiert eigene Entscheidung sieht[427], blitzt hier womöglich schon etwas von dem Handlungsspielraum auf, den die Träumepaare der Josefsgeschichte in Gen 37–50 zunehmend eröffnet hatten.[428]

In der Konfiguration beider Josefsgestalten ist an dieser Stelle eine weitere Verbindung von Divergenz und Konvergenz zu beobachten. In Mt 2 zeigt der Herrscherwechsel die Fortsetzung der Bedrohung an, beim alttestamentlichen Josef verhält es sich anders. Raymond E. Brown, der darauf aufmerksam macht, dass beide Josefs mit Königen zu tun haben, weist gegen den auf den ersten Blick gegensätzlichen Aspekt, dass Josef, der Mann der Maria, es mit einem bösen König[429], der alttestamentliche Jakobsohn es jedoch mit einem guten Pharao zu tun bekam, auf jenen neuen Pharao in Ex 1,8[430]:

וַיָּקָם מֶלֶךְ־חָדָשׁ עַל־מִצְרָיִם אֲשֶׁר לֹא־יָדַע אֶת־יוֹסֵף

Da erhob sich ein neuer König über Ägypten, der Josef nicht kannte

Dem „guten" Pharao der Geschichte Josefs in Gen 37–50[431] steht der „böse" in Ex 1 gegenüber. Er wusste nichts von Josef – *oder*: Er wollte nichts von Josef wissen.[432] Der Abbruch der Erinnerung wird zum Grund der Gewalt.[433] In der

---

[427] *Via*, Narrative World, bes. 139. 145.

[428] S.o. 69–72.

[429] Die extrem negative Stilisierung dieses Herrschers in Mt 2 (daneben wird er im Neuen Testament lediglich im Zusammenhang der Datierung der Geburt Jesu in Lk 1,5 genannt) ist nicht mit der historischen Gestalt des Herodes in eins zu setzen. Zwar berichten bereits antike Autoren von seiner Grausamkeit (u.a. lässt er mehrere Söhne hinrichten), doch lässt sich der in Mt 2 berichtete „Kindermord" nicht belegen (dazu *M. Vogel*, Herodes. König der Juden, Freund der Römer [BG 5], Leipzig 2002, hier bes. 327–333, sowie *Luz*, Matthäus, 127, hier auch der Hinweis auf die Stilisierung des Herodes in Mt 2 nach dem Vor-Bild des bösen Pharao aus Ex 1f.). In seine lange Regierungszeit gehört u.a. eine gewaltige Bautätigkeit; als Herrscher war Herodes durchaus erfolgreich. V.a. die enge Verbindung mit seiner Schutzmacht Rom und seine wiederholten eigenmächtigen Ernennungen und Absetzungen von Hohenpriestern machen ihn (seit dem Altertum) zu einer unterschiedlich und zwiespältig beurteilten Herrschergestalt. Dieses Bild zeigt sich auch im Vergleich neuerer Literatur, etwa in den Darstellungen von *M. Stern*, The Reign of Herod and the Herodian Dynasty, in: S. Safrai/ ders., (Hg.), The Jewish People in the First Century (CRI 1,1), Assen 1974, 216–307, der o. genannten Darstellung von Manuel Vogel, die bereits in ihrem Untertitel („König der Juden, Freund der Römer") die Ambivalenz zum Ausdruck bringt, sowie der durchaus auch positiven Bewertung dieses Herrschers bei der Althistorikerin *L.M. Günther*, Herodes der Große, Darmstadt 2005; vgl. dies. (Hg.), Herodes und Rom, Stuttgart 2007.

[430] *Brown*, Birth, 111f.; eine direkte Verbindung zwischen der einstigen Bedrückung in Ägypten nebst deren Folgen und der bösen Zeit des Herodes findet sich in AssMos 6,6.

[431] S. auch o. im Abschnitt „Lebensalter" zu dessen legendarischen 109 Lebensjahren.

[432] Die explizite Erwähnung Josefs in Ex 1,8 verbindet die vorauslaufende(n) Geschichte(n) der Genesis mit der nun einsetzenden Exodusgeschichte. Diese Verknüpfung erfolgt freilich in mehrfach lesbarer Weise. Von Josef ist die *Rede*, weil Josef *vergessen* war. Die Verbindung zeigt zugleich die grundlegende Diastase an (die auch den Gegensatz zwischen dem Genesis-

Perspektive von Mt 2 setzt sich die Gewaltherrschaft lediglich fort und darum begibt sich dieser Josef nach Galiläa, heraus aus dem Machtbereich dieses Herodes-Nachfolgers.

Der Adoptivvater Jesu tritt von nun an zurück.[434] Es geht nun um den Gegensatz zwischen dem König (Herodes oder/ und Archelaos) und Jesus, dem wahren König der Juden. Neben die Josef-Josef-Verbindungen treten nun Josef-Jesus-Verbindungen. Eine dieser Verbindungen, nämlich das öffentliche Auftreten mit dreißig Jahren, verbindet freilich nicht den matthäischen, sondern den lukanischen Jesus mit dem alttestamentlichen Josef (vgl. Lk 3,23 mit Gen 41,46[435]). Doch der Verrat und Verkauf um Geld verknüpft diesen Josef (Gen 37,28: zwanzig Schekel) auch mit dem matthäischen Jesus (Mt 26,15: dreißig „Silberlinge"). Mit dieser Verschiebung von Josef-Josef- zu Josef-Jesus-Konfigurationen stellt sich, was Josef im Neuen Testament betrifft, noch einmal die Frage nach dessen Rolle als „Vater" Jesu.

---

und dem Exoduskonzept markiert). Betont man diesen Gegensatz als Gegenüber gegenläufiger literarisch-politischer Konzepte, so lässt sich die das Vergessen anzeigende Nennung Josefs geradezu lesen als Rede von jenem neuen König, der von Josef nicht wissen *darf* – (in dieser Linie *K. Schmid*, Die Josephsgeschichte im Pentateuch, in: J.Ch. Gertz u.a. (Hg.), Abschied vom Jahwisten. Die Komposition des Hexateuchs in der jüngsten Diskussion (BZAW 315), Berlin/New York 2002, 83–118, hier 84. Indem der Bruch jedoch gerade durch die Nennung Josefs markiert ist, bildet Ex 1,8 zugleich eine (redaktionelle?) Verbindung beider Konzepte. Auf der kanonischen Ebene bringt diese Wieder-holung Josefs und dessen, was er *auch* für Ägypten getan hatte, die von jenem neuen Pharao verdrängte Geschichte umso deutlicher in Erinnerung.

[433] Bemerkenswert ist die Begründung, die Pharao nach Ex 1,10 in einem bereits sprachlich überladenen Satz für die Gewaltmaßnahmen gegen Israel vorbringt: „Auf, wir wollen klug dagegen vorgehen, sonst wird es noch zahlreicher, und es könnte geschehen, stünde uns ein Krieg bevor, und es käme noch zu denen hinzu, die uns hassen, und führte Krieg gegen uns, dass es dann aus dem Land hinaufzöge." In diesem überbordenden Satz, in welchem er Hypothesen auf Hypothesen häuft (wenn ... und wenn dann ... und wenn dann noch ... dann könnte ...), konstruiert dieser Pharao Israel als den Feind seines Volkes, *den* Feind schlechthin. Der Erinnerungsverlust erzeugt diese Konstruktionen, und diese Konstruktionen erzeugen in der unmittelbaren Fortsetzung Gewalt – bis zur Selektion und zum Völkermord.

[434] Dieser Josef wird in Mt nach Kap. 2 nicht mehr namentlich erwähnt. In 13,55 ist von jenem Zimmermann (bzw. – das wäre wohl eine bessere Wiedergabe der Berufsbezeichnung τέκτων – jenem „Bauhandwerker") als Vater Jesu die Rede, aber auch da fällt der Name nicht.

[435] Das Alter von 30 Jahren gilt in der Antike jedoch auch sonst als eine ideale Altersstufe, auf welcher ein Mensch sich auf der beginnenden Höhe des Erwachsenenalters befindet und noch keine Anzeichen der Schwächen des Alters zeigt. Im klassischen Altertum liegt zwischen 30 und 40 die Phase der ἀκμή, der „Blütezeit", die z.B. bei der antiken Datierung von Autoren und Philosophen in Ansatz gebracht wird. Das lässt sich *mutatis mutandis* auch auf biblische Altersangaben beziehen. Mit 30 Jahren wird David König über ganz Israel (2 Sam 5,4); diese Angabe mag daher ebenso stilisiert sein wie die unmittelbar darauf folgende über die 40 Jahre seiner Regierungszeit. Zur Funktion der Angabe, Josef sei im Alter von 30 Jahren vor Pharao getreten, im Zusammenhang der erzählten Zeitabläufe der Josefsgeschichte *Ebach*, HThKAT, zusammenfassend 670–674. (Die Angabe dehnt die Zeit zwischen Josefs Verkauf nach Ägypten und der Wiederbegegnung mit den Brüdern, damit der notwendige zeitliche Raum für die in Gen 38 erzählte Tamar-Juda-Geschichte geschaffen wird; in dieser Zeitschiene gehört Gen 38 mithin bereits zur Josefsgeschichte.)

X. Adoption

„Auch die leiblichen Mütter
müssen ihre Kinder adoptieren"

Peter Sloterdijk[436]

Zu den Motiven, welche die in dieser Studie in Beziehung gesetzten biblischen Josefsgestalten verbinden, gehört, dass beide in einer gewissen Hinsicht Söhne bzw. einen Sohn haben und nicht haben. Bei beiden kann man im Blick auf die Söhne von einem Adoptionsvorgang sprechen. Doch ist auch hier im Vergleich im Einzelnen bei den beiden fast alles anders und manches strikt entgegengesetzt. Man kann geradezu von einer gegenstrebigen Parallelität sprechen.

Der alttestamentliche Josef ist der leibliche Vater seiner beiden Söhne Manasse und Efraim, die ihm von seiner Ehefrau[437] Asenat geboren werden, welche freilich aus der Perspektive Israels als Ägypterin und dazu noch als Tochter eines hohen ägyptischen Priesters eine fremde Frau ist. Ohne dass es explizit so begründet wäre, könnte das als ein Grund dafür gelesen werden, dass Jakob=Israel in einer eigentümlichen Segenshandlung und -haltung die leibliche Generationenfolge durchkreuzt, indem er, wie Gen 48 schildert, mit überlegt-übergelegten[438] Händen beide Josefsöhne zu seinen eigenen Söhnen macht und zudem dem jüngeren (Efraim) den Vorrang vor dem älteren (Manasse) zuerkennt. Durch diesen Adoptionsvorgang treten Efraim und Manasse in die Reihe der Söhne Jakobs und der Stämme Israels ein; Josef selbst tritt im selben Maße aus der Genealogie heraus. Hier spiegelt sich auf der Ebene der Stammesgeschichte wider, dass es keinen „Stamm Josef" gibt, wohl aber die im „Haus Josef" verbundenen Stämme Efraim und Manasse. Auf der Ebene der Josefserzählung lässt sich dieser Vorgang aber auch so lesen, dass Josef gleichsam an Ägypten, an die Welt, verloren ist und die Söhne Josefs nur dadurch vollgültige Stammesväter Israels werden, dass sie ihrem leiblichen Vater – und ihrer „fremden" Mutter – entzogen werden und, eine Generation nach oben verschoben, als Söhne Jakobs gelten. Jakob bestimmt:

„So sollen jetzt deine beiden Söhne, die dir im Lande Ägypten geboren wurden, bevor ich zu dir nach Ägypten gekommen bin, mir gehören. Efraim und Manasse sollen mir wie Ruben und Simeon sein. Nachkommen von dir, die du nach ihnen bekommst, sollen dir gehören. Unter dem Namen ihrer Brüder sollen sie genannt werden in deren Erbbesitz." (Gen 48,5f.)

---

[436] In: *ders./ M.Weiß*, Wie soll ich dich empfangen? Die Hebamme und der Philosoph über Glück und Schrecken der Geburt im 3. Jahrtausend nach Christus, in: chrismon 12/2007, 22–25, hier 24f.

[437] Einige Beobachtungen zu Josefs Beziehungen zu Frauen und zu Josef in seiner Männerrolle bei *J. Ebach*, Wann ist ein Mann ein Mann?, BiKi 63 (2008) 132–137.

[438] Zu dieser Wiedergabe von שׂכל in Gen 48,14 s.o. Anm. 90.

Nun zeigt sich aber gleich im folgenden Kapitel der Josefsgeschichte, dass eine konsequente Ersetzung Josefs als Vater Efraims und Manasses durch Jakob als deren vollgültigen Adoptivvater nicht vollzogen wird. Denn im Segen des sterbenden Patriarchen über die Söhne Jakobs bzw. die Stämme Israels in Gen 49 findet sich ein Segen über Josef, während Efraim und Manasse gar nicht erwähnt werden. Wenn auch die Sprüche in Gen 49 eine eigene Traditionsgeschichte haben, sind sie in der Endgestalt von Gen 37–50 als Josefsgeschichte deren konstitutiver Teil geworden, und in neutestamentlicher Zeit werden sie allemal als Teil der kanonischen Geschichte der Kinder Jakobs wahrgenommen. Im Blick auf die Rolle Josefs als Vater bleibt somit ein ambivalenter Befund. Die Identität der Stämme Efraim und Manasse resultiert aus deren Stellung als Söhne Israels; Josef selbst ist zugleich ihr Vater, wie er es in dieser Hinsicht wiederum nicht ist.

Es gibt eine Reihe vergleichbarer Adoptionsfälle[439] – in der Genesis vor allem, aber auch im Buch Rut und dabei gerade bei Generationsfolgen, die durch gezielte Erweiterungen der männlichen Grundform der Genealogie Jesus in Mt 1 besonders markant ins Stammbuch geschrieben sind. So stellt sich die Frage nach dem Verhältnis zwischen einem „rechtlichen" und einem „wirklichen" Vater in der Geschichte von Tamar und Juda. In vergleichbarer Weise stellt sich die Frage nach der „rechtlichen" bzw. der „wirklichen" Mutter bei Rut und Noomi, wie sie sich bereits in den Erzelterngeschichten der Genesis bei der Mutter Ismaels und bei den Söhnen der Mägde Leas und Rahels stellt. Mit Tamar, Rut und Rahel kommen somit drei Frauen in den Blick, die in Mt 1 und 2 namentlich genannt sind. Es muss sich zeigen, ob dieser jeweils ambivalente Befund ein Licht auf die Rollen von Maria und Josef in Mt 1 werfen könnte. Daher empfiehlt sich ein etwas ausführlicherer Blick auf entsprechende alttestamentliche Geschichten.

Als Ansatz bietet sich aus mehreren Gründen abermals die Tamar-Juda-Geschichte in Gen 38 an. In ihr zeigt sich das Nebeneinander mehrerer „Logiken", zudem spielt sie in Mt 1 eine explizite Rolle in ihrer Verbindung mit der ersten der im Stammbaum aufgeführten Frauen. In Gen 38 wird erzählt, in welcher Weise Judas zweiter Sohn Onan sich nach dem Tod seines Bruders Er der Schwagerpflicht entzog, die er seinem verstorbenen Bruder und dessen Witwe schuldig war:

Da sagte Juda zu Onan: „Komm zur Frau deines Bruders, erfülle an ihr die Schwagerpflicht und spende Samen für deinen Bruder!"
Doch Onan war sich bewusst: Es würde ja kein Same für seine Nachkommen sein. Und wenn er dann zur Frau seines Bruders kam, ließ er ihn auf der Erde verkommen, um nur ja keinen Samen zu spenden für seinen Bruder. (Gen 38,8f.)

---

[439] Zu den Rechtsfragen und dabei auch zum terminologischen Problem, ob in einem engeren Sinne von „Adoptionen" gesprochen werden könne, *H.J. Boecker*, Anmerkungen zur Adoption im Alten Testament, ZAW 86 (1974) 86–89; *ders.*, Recht und Gesetz im Alten Testament und im Alten Orient, Neukirchen-Vluyn ²1984, 103–106; *H. Donner*, Adoption oder Legitimation: OrAnt 8 (1969) 87–119 (= in: *ders.*, Aufsätze zum Alten Testament aus vier Jahrzehnten [BZAW 224], Berlin/ New York 1994, 34–66); *E. Otto*, Biblische Altersversorgung im altorientalischen Rechtsvergleich, ZAR 1 (1995) 83–110, hier bes. 97–103.

Der dramatische Fortgang der Geschichte hat Onans Weigerung und dann auch seinen Tod zur erzählerischen Voraussetzung. Nur so kommt es dazu, dass schließlich Juda sowohl der Großvater als auch der Vater der Kinder Tamars ist. Auch in Mt 1 wird Juda als Vater dieser Kinder genannt. Beide Söhne werden aufgeführt, obwohl die Genealogie nur über Perez weiterläuft. Ebenso sind Perez und Serach in Rut 4,12 sowie 1 Chr 2,4; 4,1 wie selbstverständlich als Söhne Judas aufgeführt.

Stellen wir uns für einen Moment vor, Onan hätte seine Schwagerpflicht erfüllt und mit Tamar einen Sohn bekommen, und stellen wir uns weiter vor, die Geschichte wäre auch dann als überlieferungswürdig oder überlieferungsbedürftig angesehen worden und in eine entsprechende Genealogie eingeflossen. Dann wäre in einer solchen Genealogie Onan ebenso selbstverständlich als Vater dieses Sohnes aufgeführt, wie es im tatsächlich erzählten Fall für Juda geschieht. Wenn jedoch der Schwager in einem solchen Fall als „biologischer" Vater auch der „genealogische" ist, wie steht es dann mit der Begründung der Schwagerpflicht in Dtn 25,5–10 und dabei besonders mit der Bestimmung von V. 6? Denn da heißt es:

Der Erstgeborene, den sie zur Welt bringt,
soll den Namen des verstorbenen Bruders weiterführen,
so dass dessen Name in Israel nicht erlischt.[440]

Auch wenn es zwischen Dtn 25, Gen 38 und Rut 4 gewisse Unausgeglichenheiten gibt, die auf unterschiedliche Rechtsformen und -phasen zurückgehen dürften[441], bleibt festzuhalten, dass die Logik der Weigerung Onans exakt jener Bestimmung in Dtn 25 folgt. Onans Tun bzw. Nicht-Tun wird mithin offenbar nicht dadurch unsinnig, dass er in einer Genealogie als Vater eines Sohnes Tamars aufgeführt würde.[442] Seine Logik dürfte darum letztlich nicht rechtlicher Natur sein, sondern sich auf eine Gedächtnisstruktur und -kultur beziehen. Auf der Ebene dieser Logik wäre dann also Er, der verstorbene Mann Tamars im Gedächtnis als Vater von Perez und Serach verankert. Freilich wird das an keiner Stelle der hebräischen Bibel entsprechend zum Ausdruck gebracht. Gleichwohl wird bis hin zu Mt 1 mit der Bemerkung, Juda habe diese beiden Söhne von der Tamar bekommen, die besondere Geschichte in Erinnerung gerufen. Man könnte sagen: Juda ist der Vater, *allerdings* ... Und dann wird die besondere Geschichte erzählt.

Mit der Adoption eines Kindes durch eine Frau verhält es sich in gewisser Weise ähnlich. Sara will ihre eigene Kinderlosigkeit kompensieren, indem sie Hagar gleichsam als Leihmutter fungieren lässt:

---

[440] In der Übersetzung von Johannes Taschner in der *Bibel in gerechter Sprache*.
[441] Zu beachten ist auch, dass in diesem Zusammenhang die Rollen des „Lösers" und die des „Schwagers" (lat. *levir*) nicht dieselben sind, dazu *Fischer*, Rut, bes. 67.
[442] *H.H. Rowley*, The servant of the Lord and other essays on the Old Testament, Oxford ²1965, 193, versteht Boas *und* Machlon als Väter des Obed, methodisch anders *E. Zenger*, Das Buch Ruth, ZBK AT 8, Zürich ²1992, 10. Die Frage ist dabei, ob sich die Spannung in den genealogischen Angaben als ein Sachproblem oder als ein literarkritisch zu sehendes und zu lösendes Problem darstellt.

Da sagte Sarai zu Abram:
„Sieh doch, Adonaj hindert mich zu gebären.
Geh doch zu meiner Sklavin,
vielleicht wird durch sie mein Haus gebaut [אוּלַי אִבָּנֶה מִמֶּנָּה[443]“ (Gen 16,2).[444]

In der Fortsetzung wird die Konflikthaltigkeit einer solchen Lösung nur allzu
deutlich. Deutlich wird aber auch, dass Ismael Hagars Sohn ist und bleibt. Ähnlich ist es auch da, wo der Adoptionsvorgang durch ein Geburtsritual förmlich in
Szene gesetzt ist. So ist es in Gen 30,3, wenn für die lange kinderlose Rahel deren
Sklavin Bilha an ihrer Stelle Jakob ein Kind gebiert, welches dann durch die Geburt auf den Knien der Herrin zu Rahels Kind wird. Rahel sagt zu Jakob:

„Sieh, da ist meine Sklavin Bilha.
Geh zu ihr, dann wird sie auf meinen Knien gebären
und ich werde durch sie aufgebaut"[445] (Gen 30,3).

Wie es sich hier bei dem dann geborenen Jakobsohn Dan verhält, so ist es auch
bei den weiteren Söhnen, die Bilha und Silpa für ihre Herrinnen Rahel und Lea
gebären. Sie sind auf der einen Seite Söhne Leas und Rahels, auf der anderen
Seite bleiben sie als Sklavinnen- bzw. Mägdesöhne rubriziert. So ist es bei der
Liste der nach Ägypten Übersiedelnden der Jakobfamilie in Gen 46[446], so ist es
aber auch in Gen 37,2 aufschlussreich zur Sprache gebracht, wenn dort Josefs
prekäre Rolle im Gefüge der Brüder u.a. dadurch plakativ in Szene gesetzt ist,
dass von seiner Stellung bei den Söhnen Bilhas und Silpas die Rede ist.[447]
    Auf etwas andere Weise dargestellt und doch im Blick auf eine Art doppelter
Mutterschaft vergleichbar ist die Bemerkung in Rut 4,16, wonach Noomi in gewisser Hinsicht zur Mutter des Sohnes von Rut und Boas wird.[448]
    In all diesen Geschichten waltet eine Logik, nach der – je nachdem, in wel-
chem Betracht – Kinder mehr als *einen* Vater und mehr als *eine* Mutter haben
können. Aufschlussreich ist, dass zwei dieser verwickelten Geschichten in Mt 1
im Stammbuch Jesu stehen und dass sich die bemerkenswerteste unter ihnen
(nämlich die von Gen 38) im Kontext der Geschichte jenes anderen Josef findet.
Es ist daher durchaus naheliegend, von hier aus noch einmal nach den Mutter-
und Vaterrollen von Maria und Josef in Mt 1 zu fragen.

---

[443] Man könnte auch verdeutschen: „Vielleicht werde ich von ihr her aufgebaut" oder auch (so
Buber/ Rosenzweig) „vielleicht, daß ich aus ihr bekindet werde". Hier spielt der Text jedenfalls
mit der sprachlichen Nähe der Worte בן („Sohn/ Kind") und בנה („bauen/ aufbauen").
[444] In der Übersetzung von Frank Crüsemann für die *Bibel in gerechter Sprache*.
[445] Abermals das o. Anm. 443 genannte Wortspiel.
[446] Hier sind die Sklavinnen Bilha und Silpa als Mütter der von ihnen geborenen Kinder eigens
aufgeführt, jedoch den jeweiligen Hauptfrauen zu- und nachgeordnet.
[447] Das gehört zu den Konflikten der Jakobfamilie, die in den ersten Versen der Josefsgeschichte sachlich und z.T. in bewusster sprachlicher Mehrlinigkeit zum Ausdruck gebracht sind, dazu
Ebach, HThKAT, 57ff.
[448] Auch Mose hat (Ex 2) in bestimmter Hinsicht zwei Mütter, nämlich eine leibliche, aber dann
auch mit der Tochter Pharaos, die ihn auffindet, ihm seine leibliche Mutter (ohne um deren
Mutterschaft zu wissen) zur Amme bestimmt und ihn benennt, eine soziale Mutter.

Für die beiden Josefs ergibt sich dabei zunächst eine strikt umgekehrte Situation: Damit Efraim und Manasse vollgültige Kinder Israels werden, werden sie ihrem leiblichen Vater Josef in gewisser Hinsicht abgesprochen. Damit Jesus ein vollgültiger Sohn Davids werden kann, wird er seinem nicht leiblichen Vater Josef in gewisser Weise zugesprochen. Der eine Josef muss akzeptieren, dass ein anderer seine Söhne adoptiert, der andere Josef muss akzeptieren, dass er für den, der nicht sein Sohn ist, zum Adoptivvater werden soll. Der eine Josef tritt selbst aus der Genealogie heraus, der andere lässt seinen Adoptivsohn in die Genealogie eintreten.

In beiden Fällen kommt den Müttern eine entscheidende Rolle zu. Dem alttestamentlichen Sohn Jakobs werden die Söhne womöglich gerade wegen deren ägyptischer Mutter Asenat entzogen, damit sie zu Kindern Israels werden können, der andere Josef muss und wird die eigentümliche Mutterschaft Mirjams/ Marias akzeptieren und seine ebenso eigentümliche Vaterschaft annehmen, damit Jesus Sohn Davids ist.[449] Aber auch Maria muss ihre Mutterschaft annehmen. In der Fassung bei Lukas tut sie es aktiv, bei Matthäus bleibt sie passiver, aber auch in Mt 1f. ist es eine Mutterschaft besonderer Art. Denn „τὸ γὰρ ἐν αὐτῇ γεννηθὲν ἐκ πνεύματός ἐστιν ἁγίου" (Mt 1,20), d.h. die Geistkraft Gottes wirkt in Marias Empfängnis wie eine zweite Mutter.

Noch einmal sei erwähnt, dass Matthäus (wie auch Lukas) an einer Aufdeckung eines „wirklichen" leiblichen Vaters Jesu nicht interessiert ist. Die Evangelisten schauen nicht unter die Bettdecke und LeserInnen und ExegetInnen müssen es auch nicht. Einzuräumen ist hier allerdings eine inzwischen eingetretene Veränderung der Plausibilitätsstrukturen. In neuzeitlicher biologischer Logik müssen wir heute konstatieren, dass es keinen von einer Jungfrau geborenen Menschen gibt. Für die biblische und außerbiblische Antike ist eine solche Gewissheit nicht vorauszusetzen. Dass ein Mensch jedoch als Sohn Gottes gelten kann, schließt auch in der biblischen und außerbiblischen Antike nicht aus, dass er in anderer Weise als Sohn seiner oder als Tochter ihrer Eltern bekannt ist.[450]

Pharao ist in Ägypten der Sohn von Gottheiten. Andererseits und zugleich wird er in regelhaften Abläufen eben deshalb Pharao, weil er seinem leiblichen Vater auf dem Königsthron nachfolgt. Es bedarf dieser doppelten Legitimation, und deren doppelte Logik wird nicht als widersprüchlich, sondern als komplementär erfahren.[451] Vergleichbar ist die in Ps 2,7 im Blick auf den davidischen König in Jerusalem ausgesprochene Zusage:

---

[449] Dazu *H. Räisänen*, Die Mutter Jesu im Neuen Testament (AASF B 247), Helsinki 1989, 64: Die Adoption durch Josef macht Jesus zum Sohn Davids, „obwohl er von einer Jungfrau empfangen wurde ... Hierin liegt der Skopus der Perikope".

[450] In diesen Zusammenhang gehört letztlich auch, dass alle Mensch als Kinder Gottes verstanden werden können (etwa in 2 Kor 6,18; Röm 8,21 oder auch im „Vaterunser").

[451] Eine solche komplementäre Logik ist für die altägyptische Wahrnehmung von Wirklichkeit überhaupt kennzeichnend. Sie gründet nicht zuletzt darauf, dass ein duales Prinzip am Beginn der Größe „Ägypten" selbst steht, welche auf der (mythisch-historischen) Einigung von Oberägypten und Unterägypten beruht. Pharao ist seitdem König von Ober- *und* König von Unterägypten und es gibt z.B. für beide „Rollen" eine je spezifische Krone, welche er je für sich tragen kann, aber auch in einer Form, die beide Kronen vereint. Wie derselbe (aber eben nicht der gleiche) König ggfls. auf einem einzigen Bild doppelt dargestellt werden kann, so kann er

בְּנִי אַתָּה אֲנִי הַיּוֹם יְלִדְתִּיךָ
„Mein Sohn bist du; ich selbst[452] habe heute dich gezeugt/ geboren/ bekommen."

Auch hier schließt die Rede vom König als „Sohn Gottes" die gerade in der Daviddynastie entscheidende legitimatorische königliche Filiation nicht aus. König ist der jeweilige „Sohn Davids". Als solcher wird er הַיּוֹם („heute", „an diesem Tag", „in diesem Moment") zum „Sohn Gottes". Im Blick ist hier also keine (gar „biologisch" vorgestellte) „Zeugung/ Geburt" durch Israels Gott, sondern die

---

auch als Gott und als Mensch dargestellt werden, ja in seiner Rolle als Mensch sich selbst in seiner Rolle als Gott gegenübertreten.
(Dazu zwei Fragen: Können christliche TheologInnen das wahrnehmen, ohne zugleich an die im Neuen Testament beginnenden und dann in der Dogmengeschichte ausgeprägten und verzweigten Probleme der „Natur[en] Christi" zu denken? Jesus kann – um beim Neuen Testament selbst zu bleiben – im selben Evangelium sagen „Ich und der Vater: eins sind wir" [Joh 10,30] *und* davon sprechen, dass der Vater ihn gesandt [Joh 6,57], ihn gelehrt [8,28] und auf ihn gehört habe [11,41]. Ist das Eins-Sein als eine lediglich funktionale Einheit gemeint [vgl. *K. Wengst*, Das Johannesevangelium, 1. Teilband: Kapitel 1–10, ThKNT 4.2, Stuttgart u.a. 2000, 392ff.] oder liegt hier eine der ägyptischen Auffassung entsprechende Wahrnehmung einer von Rollen geprägten Wirklichkeit vor, in welcher der Satz, wenn a = b sei, könne a nicht zugleich ≠ b sein, eben nicht unbedingt herrscht – wie er übrigens auch in der lebensweltlichen Wahrnehmung und einer dieser entsprechenden Rollentheorie nicht unbedingt herrscht? Wenn man ein solch striktes „Zugleich" für die Einheit und die Unterscheidung von Gott und Christus nicht für das Neue Testament selbst in Anschlag bringen will, so wird es in den christologischen Debatten bes. des 4. und 5. Jh. entwickelt und findet in den entsprechenden Konzilsbeschlüssen und auch den Glaubensbekenntnissen seinen Niederschlag. Ist es – weiter gefragt – ein Zufall, dass ein Zentrum dieser Fragen in Alexandrien lag, d.h. in Ägypten?)
Zurück zur pharaonischen „Doppelnatur": Eine dieser in vielem entsprechende Auffassung kennzeichnet die altägyptische Auffassung von Gott bzw. den Gottheiten im Grundsatz. Die verschiedensten und in sich jeweils in vielen Aspekten und unterschiedlichen Bildern darstellbaren Göttinnen und Götter werden als Erscheinungsweisen der letztlich *einen* Gottheit verstanden, wie sich umgekehrt die Einheit des Göttlichen in den jeweils verschiedenen Figurationen und Bildern abbildet (Erik Hornung fasst diese Konzeption in den Buchtitel „Der Eine und die Vielen" [Darmstadt 1971. ⁶2005]; Jan Assmann spricht von einem „inklusiven Monotheismus" [u.a. pointiert in *ders.*, Altägyptische Monotheismen, WUB 11 (1999,2) 20–24]). Die Frage, ob und in wie weit sich Assmanns Konfrontation dieser Konzeption mit einem (von ihm so genannten) „exklusiven Monotheismus" Israels bewährt und insbesondere, ob dabei die plakative Rede von der „Mosaischen Unterscheidung" geeignet ist (zuerst in *J. Assmann*, Moses der Ägypter. Entzifferung einer Gedächtnisspur, München 1. dt. Aufl. 1998, hier bes. 17–23, dann in zahlreichen kritischen Reaktionen diskutiert, von Assmann selbst modifiziert – inzwischen liegen zu diesem Problemkreis Monographien, Aufsätze und Sammelbände in großer Zahl vor), soll an dieser Stelle nicht zum Thema werden. Wohl aber liegt mir am Hinweis darauf, dass gerade in den Grundformen jüdischer Schriftlektüre und der rabbinischen Hermeneutik jene mehrlinige, komplementäre Logik begegnet und dass sie von den Rabbinen explizit auf „Mose" zurückgeführt wird (dazu u.a. eine in vieler Hinsicht instruktive und für die rabbinische Hermeneutik geradezu paradigmatische Erzählung von Mose und Rabbi Akiva im Talmud Bavli [Menachot 29b] – Text, Übersetzung und Interpretation bei *Lenhardt/ von der Osten-Sacken*, Akiva, 318–329). Diese Hermeneutik ist in ihrer Logik *inklusiv* und mehrdimensional, dabei aber zugleich strikt (und *exklusiv*) monotheistisch. Sie bleibt dem Bilderverbot treu und sie lebt aus der Dialektik von festem Text und freiester Auslegung.
[452] Diese Übersetzung nimmt das über die Verbform in 1. Pers. Sg. comm. hinaus eigens aufgeführte Personalpronomen auf.

Beglaubigung der besonderen Beziehung zu Gott im Moment der Inthronisation des Königs bzw. deren ritueller Bestätigung oder Erneuerung. In der Szene der Taufe Jesu (Mt 3,17 im Rückgriff auf und unter gezielter Modifikation von Mk 1,11[453]) klingt zusammen mit dem leitenden Zitat aus Jes 42,1 auch Ps 2,7 (und womöglich auch Gen 22,2) mit. Eine Entsprechung für die Zeitangabe „heute" (היום) aus Ps 2,7 fehlt allerdings. Im Aufbau des Matthäusevangeliums erfolgt die Bestimmung Jesu als „Sohn Gottes" nicht erst durch die Taufe; sie wird jedoch an dieser Stelle öffentlich proklamiert. „Sohn Davids" ist Jesus aber, weil weil er als von Josef adoptiertes Kind in die Davidgenealogie eintritt.

Nun lässt sich das Adoptionsmotiv auch umdrehen. In bestimmter Weise hat Jesus zwei Adoptivväter. Josef nimmt und erkennt ihn als seinen Sohn an und Gott nimmt und erkennt ihn als seinen Sohn an. Um es zugespitzt zu sagen: Biologische Väter Jesu sind beide nicht. Für diese Konstellation findet sich weder in der alttestamentlichen Josefsgeschichte noch sonst in der hebräischen Bibel eine wirkliche Parallele. Und doch bilden die Genesiserzählungen und die weiteren hier heranzuziehenden Geschichten auch für das in Mt 1f. Erzählte einen Verstehenshintergrund, indem sie zeigen, dass Menschen mehr als *einen* Vater und mehr als *eine* Mutter haben können. So gehört gerade das Adoptionsmotiv in seinen verwickelten und nicht auf eine Linie zu bringenden Aspekten nicht nur zu dem, was Josef und Josef gegenstrebig verbindet, sondern auch zu den biblischen Lehrstücken, die eine mehrschichtige und mehrdeutige Logik ins Recht setzen.

Auf ganz andere Weise bekommt auch der folgende Abschnitt mit einer solchen „Logik" zu tun, nämlich bei der Frage, was die Bezeichnung Jesu als Ναζωραῖος (Mt 2,23) besage. Auch hier wird sich zeigen, dass eine Erklärung eine Vielzahl anderer nicht aus-, sondern einschließt und dass erst das Neben-, Gegen- und zuletzt Miteinander verschiedener Verstehensmöglichkeiten das zu erfassen vermag, was da steht.

---

[453] Die Fassung der Taufgeschichte in Mk 1,11 hat an der entsprechenden Stelle eine Anrede in 2. Pers. an den Getauften selbst (ebenso Lk 3,22). In der Formulierung in 3. Pers. bei Mt erfolgt also keine Zusage an Jesus als unmittelbaren Adressaten, sondern eine Proklamation für die Ohren derer, die diese Himmelsstimme hören. Bei Mt ist die „Gottessohnschaft" bereits zuvor bestimmt. Wieder anders erfolgt das alttestamentliche Zitat in Joh 1 im Bericht des Täufers.

XI. Ναζωραῖος: Nazarener, Nazoräer, Naziräer und noch mehr

> „Wenn uns heute alle Bücher der Schrift überkommen sind, die zur Zeit des Matthäus bekannt waren, müssen wir doch irgendwo finden, was er als Zeugnis der Propheten angibt."
>
> *Johannes Calvin*[454]

1. Eine mehrfach kodierte Bezeichnung?

Mt 2,22f. berichtet, dass sich Josef (der an dieser Stelle zum letzten Mal in diesem Evangelium mit Namen genannt ist) auf einen Traum hin nach Galiläa zurückzieht und in Nazaret niederlässt. Auch diese „Wendung" wird mit einem „Schrift"-Zitat verbunden, damit werde erfüllt, werde neu bewahrheitet, was durch die Propheten (διὰ τῶν προφητῶν) gesagt wurde, nämlich dass er Ναζωραῖος genannt werde.

Folgt man den Worten, wie sie da stehen, muss man die Bezeichnung Ναζω–ραῖος auf Josef beziehen.[455] Jedes „er" in diesen Versen bezieht sich auf Josef; Jesus wird in 22f. gar nicht genannt. Dieser Befund sollte nicht übersehen werden, auch wenn in der Sache viel dafür spricht, dass jene Bezeichnung Jesus selbst gilt wie auch in Mt 26,71 und ganz überwiegend in den weiteren neutestamentlichen Belegen für Ναζωραῖος.[456] Sie wird aber in Mt 2,23 nur dann als eine Bezeichnung für Jesus wahrgenommen werden können, wenn deren Verbindung mit Jesus bereits als Voraussetzung der Lektüre dieser Passage in Mt 2 so bekannt ist, dass man sie wie selbstverständlich (und gegen den Textverlauf) auf Jesus beziehen kann.

Da das Wort Ναζωραῖος in Mt 2,23 unmittelbar auf die Nennung der Stadt[457] Nazaret folgt, spricht zunächst alles dafür, dass Ναζωραῖος hier und dann auch an den weiteren Stellen die Zugehörigkeit zum Ort Nazaret meint, also in diesem Sinne einen „Nazarener" bezeichnet.[458] Diese Auffassung liegt da nahe, wo es gleichsam um die „amtliche" Identität Jesu geht wie bei der Gefangennahme in

---

[454] Auslegung der Heiligen Schrift, NR, hg. v. O. Weber, Bd. 12, Evangelien-Harmonie, 1. Teil, übers. v. H. Stadtland-Neumann/ G. Vogelbusch, Neukirchen-Vluyn 1966, 106. Calvin weist in diesem Zusammenhang u.a. Chrysostomus' mit dem Hinweis auf viele verloren gegangene Prophetenbücher begründeten Verzicht auf eine Erklärung zurück und nennt dann seinerseits unter Hinweis auf Bucers Auffassung Ri 13,5 und eine Simson-Jesus-Typologie als überzeugendste Ableitung (weiter dazu u.).

[455] So mit Recht auch *Wucherpfennig*, Josef, 161.

[456] Lk 18,37; Joh 18,5.7; 19,19; Apg 2,22; 3,6; 4,10; 6,14; 22,8; 26,9 – zu Apg 24,5 s.u. 131.

[457] Zur Bezeichnung von Nazaret als „Stadt" (πόλις) *Luz*, Matthäus, 131.

[458] Dazu auch Art. Ναζαρηνός, Ναζωραῖος, ThWNT IV, 879–884 (*H.H. Schaeder*); *K. Wengst*, Das Johannesevangelium, 2. Teilband: Kapitel 11–21, ThKNT 4.2, Stuttgart u.a. 2001, 201 mit Anm. 24.

Joh 18,5. Schwieriger stellt sich die Sachlage im Blick auf die einzige Stelle im Neuen Testament dar, an der sich die Bezeichnung nicht auf eine Einzelperson bezieht. Denn in Apg 24,5 ist von den Anhängern τῆς τῶν Ναζωραίων αἱρέσεως (etwa: „der Richtung/ Häresie/ Sekte der Nazoräer") die Rede. Sie meint nicht, dass die Anhänger jener Richtung alle aus Nazaret stammen, sondern dass sie Anhänger des Ναζωραῖος sind.

So wird man auch für Mt 2,23 das Verständnis von Ναζωραῖος im geographischen Sinne als „Nazarener" als erstes annehmen.[459] Die Sachlage stellt sich bei diesem ersten Beleg bei Mt (und damit dem kanonisch ersten des Neuen Testaments) jedoch insofern besonders dar, als die hinzugefügte Erklärung mit dem Verweis auf „die Propheten" dabei gerade zum Problem wird. Denn es gibt kein alttestamentliches Zitat, welches sich in dieser Weise mit dem Ortsnamen Nazaret verbinden ließe.[460] Jener Ort hatte in der Geschichte Israels bis zu diesem Punkt keinerlei prominente Bedeutung.[461] Die vieldiskutierte Frage nach der Bedeutung jener Bezeichnung Jesu (bzw. an dieser Stelle zunächst Josefs) als Ναζωραῖος soll hier nicht in den philologischen und sprachgeschichtlichen Einzelheiten aufgenommen werden.[462] Zur Debatte gestellt sei allerdings die Frage, ob nicht eine mehrfache Kodierung jener eigentümlichen Bezeichnung zum Programm des Evangeliums gehören könnte. Die Frage nach möglichen Bedeutungen des Wortes Ναζωραῖος außerhalb einer geo- bzw. topographischen Verortung soll dabei nicht alternativ zu dieser ins Spiel gebracht werden, sondern – in der Linie des vielfachen Schriftsinns der rabbinischen (und in vielem entsprechend auch der christlichen) Bibellektüre – mit und in dieser.[463]

Ausgangspunkt solcher Erörterungen ist die (als Gentilname mögliche, doch nicht gewöhnliche[464]) Formulierung Ναζωραῖος auf der einen Seite und der Verweis auf „die Propheten" (warum der Plural?) auf der anderen Seite. Dabei schälen sich unter den womöglich in Anschlag zu bringenden alttestamentlichen Belegen vor allem zwei heraus, nämlich die Verbindung mit נָזִיר – vor allem in Anbetracht der LXX-A-Wiedergabe mit Ναζιραῖος – in Ri 13,5.7; 16,17 im Zusammenhang des „Naziräers" Simson[465] – und dabei auch in Anbetracht der geheimnisvollen Rolle jenes „Mannes Gottes" bei der Aufhebung der Unfrucht-

---

[459] So neben vielen auch *J. Schröter*, Jesus von Nazaret. Jude aus Galiläa – Retter der Welt (BG 15), Leipzig 2006, 69 Anm. 67.

[460] Zum Ortsnamen und seiner Schreibweise *Wucherpfennig*, Josef, 152f.

[461] Zur Geschichte des Ortes Art. Nazareth, ABD 4, 1050f. (*J.F. Strange*); *J.D. Crossan/ J.L. Reed*, Jesus ausgraben. Zwischen den Steinen – hinter den Texten, Düsseldorf 2003, 28–51, grundsätzlich zu den archäologischen Befunden *J.H. Charlesworth*, Hat die Archäologie Bedeutung für die Jesus-Forschung?, EvTheol 68 (2008) 246–265, zu Nazaret 256f.

[462] Dazu *Luz*, Matthäus, 131ff. mit Lit.; ferner: H.-P. *Rüger*, ΝΑΖΑΡΕΘ/ ΝΑΖΑΡΑ ΝΑΖΑΡΗΝΟΣ/ ΝΑΖΩΡΑΙΟΣ, ZNW 72 (1981) 257–263, sowie E. *Schweizer*, „Er wird Nazoräer heißen" (zu Mc 1,24; Mt 2,23), in: W. Eltester (Hg.), Judentum-Urchristentum-Kirche. FS J. Jeremias (BZNW 26), Berlin 1960, 90–93 (= in: ders., Neotestamentica, Zürich 1963, 51–55).

[463] Eine Imagination zur Frage, was das – bezogen auf die Frage nach der Bedeutung des Wortes Ναζωραῖος – für die einzelnen Sinnstufen bedeuten könnte, u. in Anm. 481.

[464] *Luz*, Matthäus, 131.

[465] Dazu o. 74ff.

barkeit seiner Mutter[466] – sowie die mit נֵצֶר („Sproß") in Verbindung mit Jes 11,1.[467]

Was eigentlich hindert daran, jenes Ensemble von Deutungs- und Bedeutungsmöglichkeiten im Spiel zu lassen? Könnte nicht gerade das ungewöhnliche Gentilizium den Raum für die weiteren Kodierungen eröffnen?[468] Dazu kommt, was die mögliche Verbindung sowohl mit den Stellen des Richterbuches als auch der Jesajastelle betrifft, noch ein Weiteres. Warum wird jene (Er-)Füllung mit der pluralen Stellenangabe („*die* Propheten") verbunden? Liegt das wirklich daran, dass der Finder oder Tradent[469] jenes Zitats nicht wusste, wo es steht?[470] Ist es nicht mindestens ebenso wahrscheinlich, dass der Plural διὰ τῶν προφητῶν („durch die Propheten") hier benutzt ist, weil hier auf eben mehr als *eine* Belegstelle angespielt ist? Sowohl die Richterstellen als auch die Jesajastelle stammen aus den Prophetenbüchern, Nevi'im – aus den vorderen Propheten die eine, aus den hinteren Propheten die andere. Auch an anderen Stellen ist bei Matthäus ein Prophetenzitat nicht namentlich zugeordnet[471], aber warum sollte die Angabe „die Propheten" nicht anzeigen, dass hier mehr als *eine* prophetische „Schrift"-Stelle im Blick ist?

Im Rahmen der in dieser Studie im Vordergrund stehenden Josef-Josef-Konfiguration kann hier noch eine weitere Verbindung ins Spiel gebracht werden. Vollends wenn man – wie es die grammatisch-syntaktische Struktur in Mt 2,22f. nahe legt – die Bezeichnung Ναζωραῖος zunächst einmal auf Josef bezieht, wird man auf die Bezeichnung des anderen, des alttestamentlichen Josef als נָזִיר (Gen 49,26) aufmerksam.[472] Auch dieses Epitheton im Segensspruch des sterbenden Patriarchen über Josef lässt eine Fülle von Verstehensmöglichkeiten zu.

---

[466] Dazu o.75.

[467] Zu Jes 11,1 s.o. 119f. In dem u.a. von Ulrich Luz hier und für andere Stellen vorgebrachten Argument, eine kenntnisreiche hebr. Wortverbindung sei für Matthäus fraglich und für seinen Adressatenkreis gänzlich unverständlich, könnte sich ein weiteres Mal eine Unterschätzung der Autoren- und Rezeptionskreise manifestieren. Das Thema soll daher an dieser Stelle noch einmal anklingen: An mehreren Stellen in Mt 1f. zeigt sich im Zitieren alttestamentlicher Stellen einschließlich ihrer mitklingenden Kontexte ein bewusstes Umgehen mit den verschiedenen Textformen (MT und LXX-Fassungen). Gerade wo Mischzitate vorliegen, könnte das nicht nur auf vage, sondern auch auf sehr präzise Kenntnisse zurück gehen. Insbesondere der Hinweis auf „die Propheten" (Plural) muss nicht zu dem Ergebnis führen, der Autor habe hier selbst nicht gewusst, wo das steht, was er meint oder/ und man habe das dem Autor auch ohne genaueres Nachfragen einfach geglaubt (letzteres bevorzugt *Mayordomo*, Anfang, 320, in Erwägung verschiedener Erklärungsmöglichkeiten am ehesten als Erklärung). Wäre es nicht *mindestens auch* denkbar, dass die Autoren und manche der LeserInnen die Texte so gut kannten, dass sie auch eine Mehrfachkodierung verstehen konnten, zumal ihnen solche Lektüreweisen im Kontext bereits früher rabbinischer Schriftauslegung vertraut waren?

[468] Ein Verständnis als Ortsnamen *und* eine Beziehung auf Ri 13 sieht auch *Kegler*, Verheißung, 351, als möglich an; vielleicht gibt es aber noch mehr Lesarten, die zugleich möglich sind.

[469] Zu dieser Differenz *Luz*, Matthäus, 132.

[470] So *Luz*, ebd.

[471] Dazu *Kegler*, Verheißung, 349f.

[472] Bei *Mayordomo*, Anfang, 319, ist diese Stelle im Zusammenhang mehrerer Belege des Wortes נזיר beiläufig erwähnt.

Jakobs Spruch über Josef (Gen 49,22–26) bietet alles an Segen und Segnungen auf, was sich in kosmischen und sozialen Gestaltungen aufbieten lässt.[473] All das möge auf Josefs Haupt und Scheitel kommen, all das hebt ihn heraus aus der Gruppe der Brüder als einen *nāzīr* (נָזִיר), einen „Geweihten" bzw. – mit der Grundbedeutung des Wort(feld)es נזר – einen „Ausgesonderten, Besonderen".[474] Legt man das Rollenbild eines Naziräers zu Grunde, wie es sich v.a. bei Simson, aber auch bei Samuel zeigt, so passt der alttestamentliche Josef kaum in dieses Bild eines Geweihten, der sich nicht die Haare schneidet und sich des Weines und Bieres enthält.[475] Die Bezeichnung Josefs als נזיר sowohl in Gen 49,26 als auch in Dtn 33,16 ist eher als allgemeiner Ausdruck einer herausgehobenen, hervorgehobenen Position zu verstehen. Dass dieses Epitheton nicht unbedingt positiv verstanden werden muss, vielmehr in einer bestimmten Lektüre auch als Ausdruck der Absonderung, geradezu als Ausschluss gelesen werden kann, macht Ron Pirson stark, wenn er die Wendung נזיר אחיו als „apart from his brothers" wiedergibt.[476] Die Brüder hatten ihn *ausgesondert*, gerade dadurch wurde er zu etwas ganz *Besonderem*.

Lässt die Bezeichnung des alttestamentlichen Josef als נָזִיר mithin mehr als *eine* Verstehensmöglichkeit zu, so verhält es sich bei der Bezeichnung Jesu (oder auch hier eines Josef) als Ναζωραῖος ebenso. Dabei ist die geographische Verortung ebenso wenig auszuschließen wie die Verbindung mit der Kennzeichnung als נָזִיר[477] im Sinne eines Menschen, der (mit Volker Wagners Formulierung) „das Gesetz (...) gewohnheitsmäßig bewahrt und befolgt".[478] Diese Charakterisierung könnte dann auch da zugrunde liegen, wo die Anhänger des Ναζωραῖος als Ναζωραῖοι bezeichnet werden.

Doch auch die Verbindung mit נֵצֶר in Jes 11,1[479] mag am Schluss von Mt 2 mitklingen, ja die Rede von *den* Propheten ruft geradezu nach einer (mindestens)

---

[473] Im Einzelnen dargestellt und diskutiert bei *Ebach*, HThKAT, 621–631.

[474] Dazu Art. נזר, ThWAT V, 329–334 (*G. Mayer*), ferner: Art. Nasiräer, NBL II, 901f. (*L. Schwienhorst-Schönberger*). LXX fasst נזיר wohl als Partizip auf und übersetzt ὤν ἡγήσατο ἀδελφῶν, denkt also an eine Position Josefs, in der er die Brüder leitet.

[475] Im Midrasch Ber.r. Par 98 zu 49,26 (vgl. auch Par 92 zu 43,34, dazu bSchab 139a sowie die weiteren bei *D.U. Rottzoll*, Rabbinischer Kommentar zum Buch Genesis. Darstellung der Rezeption des Buches Genesis in Mischna und Talmud unter Angabe targumischer und midraschischer Paralleltexte, Berlin/New York 1994, 484, genannten Stellen) findet sich allerdings die Bemerkung, Josef habe in Ägypten keinen Wein getrunken. Hier wird nicht nur eine Beziehung dieses נזיר auf Simson und andere hergestellt, die Notiz bezieht darüber hinaus die Sprüche von Gen 49 auf die Joseferzählung selbst.

[476] *Pirson*, Lord, 133.

[477] Dazu *V. Wagner*, Mit der Herkunft Jesu aus Nazareth gegen die Geltung des Gesetzes?, ZNW 92 (2001) 273–282, bes. 277ff.; *E. Laupot*, Tacitus' Fragment 2: The Anti-Roman Movement of the Christiani and the Nazoreans, VigChr 54 (2000) 233–247; *F. Parente*, Ναζαρηνός – Ναζωραῖος: An unsolved Riddle in the Synoptic Tradition, SCI 15 (1996) 185–201; *K. Berger*, Jesus als Nasoräer/ Nasiräer, NT 38 (1996) 323–335; *K. Schiffner*, Lukas, bes. 65f. und 351.

[478] *Wagner*, ebd., 281.

[479] Dazu auch *Wucherpfennig*, Josef, 165 mit Hinweisen auf die bereits sehr alten Debatten, für die die ebd. (Anm. 42) zitierten Ausführungen des Hieronymus stehen.

zweifachen „Entschlüsselung". Eine intertextuelle Verbindung mit Jes 11,1 und dessen Kontext bringt eine dezidiert messianische Dimension in die Reden vom Ναζωραῖος ein und zwar eine, die sich zu den je gegenwärtigen Herrschaftsverhältnissen kritisch verhält.[480] Jes 11,1 als ein Hintergrundtext transferiert zudem mit der Erinnerung an den „Spross aus dem Wurzelstumpf Isais" zudem eine dezidiert „betlehemitische" Linie nach Nazaret. Wie der neutestamentliche Josef ein *Josef* aus dem Hause *Juda* ist, ist der Ναζωραῖος somit als ein „Betlehemit" in Galiläa zu verstehen. Gerade wenn man wahrnimmt, dass sich die Bezeichnung Ναζωραῖος in Mt 2,23 zunächst als auf Josef bezogen liest, wird darüber hinaus auch als eine weitere Verbindung die zwischen Josef und Josef (dem Ναζωραῖος und dem נָזִיר) erkennbar. Diese vielfachen Bezüge leuchten auf, wenn man die Texte in der in ihnen grundgelegten Vielfalt der Verstehensmöglichkeiten wahrnimmt, statt vorauszusetzen, dass man sich für *eine* Sinnebene entscheiden müsse.[481]

2. Nochmals: Orte und Räume

Die Herkunft Jesu aus Nazaret ist auf je verschiedene Weise in allen vier Evangelien als feste Überlieferung vorausgesetzt. Sie gerät jedoch – wiederum in allen Evangelien auf je verschiedene Weise – in einen Konflikt mit der ebenso festen Überlieferung, dass der Messias nicht aus Nazaret stammen könne bzw. aus Betlehem stammen müsse.[482] Während sich bei Markus und Johannes Dispute finden, in denen es um die Frage geht, ob denn der Messias aus Nazaret kommen könne, unternehmen es Lukas und Matthäus, die jesuanische Nazaret-Überlieferung mit der messianischen Betlehem-Tradition in Ausgleich zu bringen, indem sie Jesus

---

[480] S.o. 119f.

[481] In einer solchen Perspektive wäre das geo- bzw. topographische Verständnis an dieser Stelle der *Pschat* (bzw. der *sensus literalis*), über den hinaus (doch nicht gegen den) es weitere Verstehensmöglichkeiten gibt. In den Sinnstufen rabbinischer Schriftlektüre wäre als *Rämäz* (als „Wink", als das „Zuzwinkern" einer Schriftstelle zu einer anderen) die Relation zu den נָזִיר-Stellen in Ri 13 und zum נֵצֶר in Jes 11,1 und womöglich (freilich außerhalb der „vorderen und hinteren Propheten") auch zum נָזִיר in Gen 49,26 zu lesen. Ein(e) *Drasch(a)*, eine Art homiletischer Auslegung, könnte etwa das Motiv des *Besonderen* aufnehmen und konturieren, welches die in all diesen Bezügen aufscheinenden Personen auszeichnet und das jeweils für die Gemeinschaft wirksam wird. In der Verbindung mit dem נֵצֶר aus Jes 11,1 leuchtet neben und in einer unmittelbar politisch-messianischen Ebene womöglich auch eine mystisch-messianische Dimension auf. Sie hätte ihren Ort im *Sod*, der Lektüre im engeren Kreis.
Zu diesen Lektüreweisen und dem *viel-* bzw. in manchen Ausprägungen *vierfachen* Schriftsinn M.-A. *Ouaknin*, Eine Reise ins Paradies. Über das wägende Lesen des Talmud, in: R. Stäblein (Hg.), Geduld. Die Kunst des Wartens, Bühl-Moos 1994, 67–84, ausführlicher *ders.*, Das verbrannte Buch. Den Talmud lesen, Weinheim 1990 (frz. Orig.: Le livre brûlé. Lire le Talmud, Paris 1986, Neuausgabe 1990); J. *Ebach*, Im Garten der Sinne. *pardes* und PaRDeS – das Paradies und der vierfache Schriftsinn, in: ders. u.a. (Hg.), „Schau an der schönen Gärten Zier ...". Irdische und himmlische Paradiese: Zur Theologie und Kulturgeschichte des Gartens (Jabboq 7), Gütersloh 2007, 242–285, und v.a. D. *Krochmalnik*, Im Garten der Schrift. Wie Juden die Bibel lesen, Augsburg 2006.

[482] Dazu *Schröter*, Jesus, bes. 69–74.

an beiden Orten festmachen, den Geburtsort Jesu vom Wohnort der Familie unterscheiden und – in je verschiedener Weise – den Ortwechsel motiviert sein lassen. Mt 1f. lässt sich insgesamt geradezu als ein solcher Ausgleichsversuch lesen.

Am Ende von Mt 2 wird der Ναζωραῖος durch die mehrfache Kodierung dieser Bezeichnung als der erkannt, der mit der betlehemitischen und somit messianischen Linie über Rut und David, aber auch über Rahel, die Mutter des alttestamentlichen Josef, verbunden ist. Die prophetische Betlehem-Tradition kommt auf diese Weise mit der in Mt 2,23 ebenso prophetisch beglaubigten Nazaret-Tradition zusammen. Dazu kommt in Mt 1f. mit Ägypten (auch darin der Geschichte des alttestamentlichen Josef vergleichbar) und mit den Magiern aus dem „Osten" ein universaler Weltbezug in den Blick.

Wie auch sonst in der Bibel zeigen Orte mehr als eine geo- bzw. topographische Verortung. Sie tragen vielmehr die mit ihnen verbundene(n) Geschichte(n) in sich, eingezeichnet in eine *mental map*, eine Karte, auf der mit den Orten auch die mit ihnen verbundenen Erinnerungen und Bedeutungen eingezeichnet sind.[483] Gerade weil mit Nazaret ein neuer Ort in die Geschichte eintritt, wird die Konfiguration mit den geschichts- und geschichtenerfüllten alten Orten wichtig. Eben das steht im Hintergrund der *mental map* in Mt 1f. Es geht dabei aber nicht nur um Implementierungen, sondern auch um Oppositionen. Denn beide Orte, Betlehem und Nazaret, stehen als marginale Orte in einem Gegensatz zur Metropole Jerusalem. Doch hängt viel, wenn nicht alles daran, diese Gegensätze nicht auf der Folie einer anti*jüdischen* Fokussierung abzubilden. Galiläa ist in der Zeit Jesu jüdisches Land; alle Versuche, den Galiläer als Rand- oder tendenziell gar Nichtjuden darzustellen, sind weder mit den Texten noch mit den archäologischen Funden und religionsgeschichtlichen Befunden vereinbar.[484]

---

[483] Räume und Orte sind von Geschichten erfüllt, d.h. von dem, was in und an ihnen geschehen ist und geschehen wird, und dem, was ihnen in der kollektiven Erinnerung zugewachsen ist. „Canossa" ist ja nicht nur ein Schloss in der Provinz Reggio und „Buchenwald" nicht nur ein Gebiet bei Weimar; „Schalke" ist mehr als ein Stadtteil von Gelsenkirchen und „Woodstock" nicht nur eine öde Wiese im Staat New York. Vielmehr verbinden sich mit den Orten ihre Geschichte(n). Was die Geschichten in der Erinnerung und lebensweltlichen Orientierung von Menschen bedeuten, reicht weit über die Identifizierung der Orte nach Längen- und Breitengraden hinaus. Das gilt in hohem Maße für biblische Orte und Räume. Wenn z.B. in Gen 12 erzählt wird, wie Abra(ha)m und Sara(j) das Land Kanaan durchwanderten, und dabei Orte wie Haran, Sichem (mit der Orakeleiche), Bet-El und Ai sowie das Südland (*Negev*) genannt werden, so durchziehen die Erzeltern nicht nur geographisch identifizierbare Gebiete, sondern Räume gewesener und kommender Geschichte(n). Andere Beispiele finden sich bei *Mayordomo*, Anfang, 272 Anm. 372; dort, 271–274, auch grundsätzliche Ausführungen zu politischen und theologischen Funktionen der Geographie (mit Lit.-Hinweisen); vgl. auch Art. Raum, in: *F. Crüsemann* u.a. (Hg.), Sozialgeschichtliches Wörterbuch, 455–459 (*J. Ebach*).

[484] Einige Literaturhinweise: *W. Bösen*, Galiläa als Lebensraum Jesu, Freiburg i.Br. 1985, bes. 262–275; *H. Giesen*, Galiläa – mehr als eine Landschaft. Bibeltheologischer Stellenwert Galiläas im Matthäusevangelium, in: *ders.*, Jesu Heilsbotschaft und die Kirche. Studien zur Eschatologie und Ekklesiologie bei den Synoptikern und im ersten Petrusbrief (BEThL 179), Leuven 2004, 23–45; *W. Kirchschläger*, Nur von Galiläa nach Jerusalem. Zur Geotheologie der Evangelien, WUB (2006,4) 57–61; *M. Leutzsch*, Jesus, der Galiläer, 6–13 (gerade auch zur Gefahr der Clichés, die sich mit dem Stichwort Galiläer verbinden könnten), dazu auch *Schröter* Jesus, bes. 77f., sowie die Beiträge in: *C. Claußen/ J. Frey* (Hg.), Jesus und die Archäologie.

XII. Schlussbemerkungen

> „Ein Gespräch, das im Gange ist, entzieht
> sich der Festlegung. Ein schlechter Herme-
> neutiker, der sich einbildet, er könnte oder
> er müßte das letzte Wort behalten."
>
> *Hans-Georg Gadamer*[485]

Die beiden Einleitungskapitel des Matthäusevangeliums – und damit in kanonischer Perspektive die ersten Passagen des Neuen Testaments – verorten Jesus
nicht gegen Israel, sondern in einer Fülle von Motiven und Zitaten *in* Israel. Der
Beginn des Neuen Testaments führt seine Leserinnen und Leser – die damaligen
und die je gegenwärtigen – in das Alte Testament hinein. Verstehen zu wollen,
was es da zu erzählen gibt, heißt so genau und zugleich so vielfältig wie möglich
wahrzunehmen, welche Verstehenshorizonte die Geschichten der hebräischen
Bibel dafür eröffnen. Dazu gehören – das ist das Hauptthema dieser Studie – auch
die vielfachen, teils kräftig konturierten, teils mit dünnen Fäden verwobenen Konfigurationen zwischen Josef und Josef. Sie markieren nicht die einzigen und
wahrscheinlich nicht einmal die wirkmächtigsten Aspekte in diesem biblischen
Ensemble, aber sie erweitern das Verstehen der Geschichte Jesu, wie sie am Beginn des Matthäusevangeliums und damit am Beginn des neutestamentlichen
Kanons ins Bild kommt.

Die Wahrnehmung der Josef-Josef-Konfigurationen verhilft auch dazu, die
bedeutende Rolle des Adoptivvaters Jesu in dieser Geschichte zu erkennen. Der
Nazarener kann nur dann der Messias sein, wenn er in die Juda- und Davidlinie
eintritt. Das ermöglicht der *Jakobsohn* Josef *aus* Juda, das ermöglicht der
„*gerechte*" Josef, der sich gleichwohl etwas *träumen* und so sagen lässt; das
ermöglicht Josef, der *Versorger*, Josef, der auf die Träume hört – kurz: das ermöglicht der Josef, der mit seinem alttestamentlichen Namenspatron all das und
noch mancherlei mehr gemein hat. Das ermöglichen aber auch die in der Genealogie Jesu vorangehenden Gestalten der Geschichten der hebräischen Bibel, in
denen es ganz ungewöhnlich zuging – in den Elternschaften und Geburten und im
immer wieder verwickelten Gefüge von Verrat und Treue. Dass es sich dabei
auch immer wieder um Geschichten handelt, in denen Frauen Hauptfiguren sind
oder durch ihr selbstbewusstes Handeln zu Hauptfiguren werden, ist besonders
wahrzunehmen. Die Untersuchung zeigte, dass vor allem die in Gen 38 handelnde
Tamar, die erste im Neuen Testament in seiner kanonischen Gestalt namentlich
genannte Frau, für die Gerechtigkeit des neutestamentlichen Josef zum Vor-Bild
wird. Aber auch die Geschichten der anderen in Mt 1 genannten Frauen sind Jesus
und auf andere Weise den Lesenden ins Stammbuch geschrieben.

Diese und weitere Geschichten der hebräischen Bibel werden in Mt 1f. an
manchen Stellen in direkten Zitaten aufgerufen, an anderen wird auf sie erkennbar

---

[485] Hermeneutik II: Wahrheit und Methode, Ges. Werke 2, Tübingen ²1993, 478.

angespielt, und an wieder anderen Stellen spielen sie eher im Hintergrund ihre Rolle. Was da jeweils gemeint ist, lässt sich nicht immer eindeutig bestimmen. Daher haben die in dieser Studie zur Diskussion gestellten Verknüpfungen in argumentativer Hinsicht auch einen unterschiedlichen Stellenwert bzw. eine unterschiedliche Reichweite. Sie reichen vom *Aufweis* von Relationen von Mt 1f. und alttestamentlichen Texten und Traditionen über *wahrscheinlich* zu machende Beziehungen bis hin zu nicht schlüssig zu begründenden, aber doch *möglichen* und dann auf ihre Weise ebenfalls – im Wortsinn – *interessanten*, nämlich ein Dabei- und Darin-Sein kennzeichnenden Lektüreweisen. Dabei gibt es Verbindungslinien, die sich einer *intentio lectoris* verdanken – den Leseperspektiven der ersten Adressatinnen und Adressaten, aber auch der je gegenwärtigen Lektüre. Doch es gibt auch solche Verknüpfungen, die als *intentio auctoris* nahe liegen, d.h. zu den für „Matthäus" programmatischen Aussagen gehören. Die einen wie die anderen Intentionen sind – in der doppelten Verstehensmöglichkeit von *intentio* (als Absicht und als Gehalt) – als *intentio operis*, d.h. als Dimensionen des auszulegenden Werks wahrzunehmen.

Ein weiterer methodischer Hinweis soll zum Abschluss der Studie noch einmal die in ihr zu Tage tretende exegetische und hermeneutische „Haltung" markieren. Es ist es weniger um Beweise zu tun als um Hinweise, bzw. – anders akzentuiert – es geht nicht darum, eine neue Lektüreweise besserwisserisch an die Stelle einer bisher vertretenen zu stellen, sondern sie ihr an die Seite zu stellen und so weitere und möglichst viele Facetten des Textes und seines Verstehens zum Leuchten zu bringen.

Die Frage, woran „Matthäus" und seine Vorlagen sowie seine RezipientInnen jeweils konkret dachten, muss an vielen Stellen offen bleiben. Auch der Versuch, die Leseperspektive der ersten Adressatinnen und Adressaten zu rekonstruieren, bleibt in vielen Fällen hypothetisch. Gegen die Gefahr, dass das Konstrukt des „Erstlesers" sich als *alter ego* des gegenwärtig Auslegenden ausnimmt, lässt sich eine textpragmatische Analyse kaum prinzipiell immunisieren. Dabei ist immer auch in Rechnung zu stellen, dass „unsere" Logik und „unsere" Plausibilitätsstrukturen nicht immer die der „Alten" waren. *Eines* aber – und damit nehme ich zum Abschluss dieser Beobachtungen und Überlegungen eine bereits im Vorwort stehende Maxime auf – empfiehlt sich nicht (in der Lektüre und Interpretation von Mt 1 und 2 nicht und in historisch-hermeneutischer Perspektive überhaupt nicht), nämlich die Annahme, die „Alten" seien dümmer gewesen oder hätten weniger komplex gedacht, gehört, gelesen oder geschrieben als „wir".

Die Leserinnen und Leser der neutestamentlichen Schriften lebten in der hebräischen Bibel – und wo sie es nicht schon immer taten, mussten sie es als Menschen aus den Völkern, die zu Israel und Israels Gott kommen wollten, bald lernen. In der Untersuchung der Zitate und Allusionen aus dem Alten Testament zeigt sich gerade in Mt 1f. immer wieder ein Bezug auf den masoretischen Text der hebräischen Bibel. Auch darum empfiehlt es sich, wenigstens für möglich zu halten, dass die (oder doch manche der) ursprünglichen AdressatInnen von Mt 1f. die Zitate, die mit den Zitaten anklingenden Kontexte und Anspielungen auch verstanden haben, die der *Text* bereitstellte. Vermutlich haben sie zudem manches verstanden, das wir nicht (mehr) verstehen. Zum Trost mag eine Bemerkung von

Robert Walser gereichen, der unter der Überschrift „Meine Bemühungen" im
Jahre 1928 notierte:

„Ich halte gegenüber Büchern sowohl wie Menschen ein lückenloses Verstehen eher
für ein wenig uninteressant als ersprießlich."[486]

Nicht um ein lückenloses Verstehen geht es bei der Lektüre biblischer Texte,
sondern um die Fortführung eines Gesprächs, welches (mit dem als Motto dieser
Schlussbemerkungen zitierten Diktum Gadamers) im Gange ist und das sich der
Festlegung entzieht. Der Hermeneutiker, der Exeget soll nicht das letzte Wort
haben – gegenüber anderen HermeneutikerInnen und anderen ExegetInnen nicht
und erst recht nicht gegenüber den Texten. Vielmehr sollen die Texte selbst immer wieder und immer neu zu Wort kommen. Wo sie im emphatischen Sinne als
„Texte", d.h. als *Gewebe*, wahrgenommen werden, bedarf es weniger der Heraus-
präparierung eines *roten Fadens*, d.h. einer stringenten und konzisen Abfolge, als
der Beobachtung und Beachtung der Knüpfungen, die sie zu Texten machen.

In der hier vorgestellten Lektüre standen die Knüpfungen zwischen Josef und
Josef im Zentrum. Entsprechende weitere Beziehungsgeflechte zwischen der
neutestamentlichen Mirjam/ Maria und ihrer alttestamentlichen Namensschwester
Mirjam und solchen zwischen dem alttestamentlichen Josua und seinem neutestamentlichen Namensbruder Josua/ Jesus kamen nur am Rand in den Blick,
aber sie können in einer Lektüre des Neuen Testaments, die dessen Einbindung in
das Alte nachgeht, von ebenso großer Aussagekraft werden, wie sie die Josef-
und-Josef-Beziehung entfaltet.

Mannigfache Anschlussfragen und -themen ergeben sich auch daraus, dass
sich in Mt 1f. entschieden *keine* antijüdische Stoßrichtung zeigt. Welche Konsequenzen hat das – so lässt sich von hier aus erneut fragen – für das ganze so
eingeleitete Evangelium, ja für das ganze in seiner kanonischen Gestalt so einsetzende Neue Testament? Was das Matthäusevangelium betrifft, gibt es hier eine
Beziehung zu mehreren weiteren Passagen, die in der Exegese lange als gegen
Israel und die Tora gerichtet gelesen wurden und deren Re-Vision in den letzten
Jahren auf ganz andere, nämlich gerade nicht judenfeindliche Blickweisen geführt
hat. Ich nenne nur die noch immer oft so genannten „Antithesen" der Bergpredigt
(bei der Rede von den „Antithesen" sollte die beziehungsreich auf Markion
zurückgehende Provenienz des Begriffs nicht vergessen werden) und das Kapitel
Mt 23, dessen scharfe Kritik an den Pharisäern gerade keine Kritik ihrer Lehre
und allemal keine der Tora ist.

Das Verlernen einer gegen Israel und das Judentum gerichteten Lektüre des
Neuen Testaments ist geboten. Hier liegt für mich eine Grenze der Vielfalt von
Verstehensmöglichkeiten. Hilfreich scheint mir dabei eine gewisse Analogie zur
rabbinischen Hermeneutik, bei der es in der Aggada möglichst viele Auslegungen
geben soll, in der Halacha jedoch um ein eindeutiges Handeln zu tun ist. Auf die
Seite der Aggada kämen im Fächerkanon christlicher Theologie *mutantis mutandis* sowohl die Exegese als auch die Dogmatik, auf die Seite der Halacha käme

---

[486] *R. Walser*, Dichteten diese Dichter richtig? Eine poetische Literaturgeschichte, hg. v. B.
Echte, Frankfurt a.M./ Leipzig 2002, 365.

die Ethik zu stehen. „Juden ist es verboten, Hitler einen posthumen Sieg zu ver-
schaffen." Dieses Gebot hat *Emil Fackenheim* als 614. Mizwa für Jüdinnen und
Juden formuliert und es damit in den Rang der 613 Gebote erhoben, welche die
jüdische Identität festhalten.[487] Dieser Mizwa für Jüdinnen und Juden entspricht
für Christinnen und Christen die unbedingte Forderung, allen judenfeindlichen
Haltungen in Kirche und Gesellschaft entgegenzutreten. Dieses Gebot ist im
Blick auf Theologie und Exegese letztlich nicht in der Wissenschaftstheorie, sondern in der Wissenschaftsethik zu verankern.

Und noch etwas: Gerade im Zusammenhang der Frage nach der Bedeutung der
in Mt 1 genannten alttestamentlichen Frauengestalten steht in der Exegese zur
Debatte, ob, wie weit und in welcher Perspektive hier eine universale Dimension,
die der „Völker", ins Bild kommt. Hier liegt alles daran, jene Völkerperspektive
nicht gegen Israel zu konturieren. Bereits das Alte Testament ist durch eine universale, auf die Menschheit bezogene *und* eine partikulare, eine besondere, auf
Israel zentrierte Perspektive gekennzeichnet. Entscheidend dabei ist, dass hier die
Universalität der Partikularität eingeschrieben ist, dass die Menschheitsperspek-
tive sich gerade da entfaltet, wo wahrgenommen ist, was Israel und was in Israel
gesagt ist. Das gilt auch für den „Missionsbefehl" am Ende des Matthäusevangeliums. Gerade hier geht es nicht um einen Gegensatz zu Israel und zum Judentum,
sondern darum, Menschen aus den Völkern in die Beziehung zu Israel und zu
Israels Gott mit hineinzunehmen. M.E. ist die Übersetzung jener Weisung in
Mt 28,19, die in den Lutherbibeln mit „Darum gehet hin und machet zu Jüngern
alle Völker" wiedergegeben wird, in der *Bibel in gerechter Sprache* nicht nur
sachlich und theologisch, sondern auch philologisch zutreffend:

Πορευθέντες οὖν μαθητεύσατε πάντα τὰ ἔθνη
Macht euch auf den Weg und lasst alle Völker mitlernen.

μαθηταί – Schülerinnen und Schüler – Jesu zu werden, heißt für Menschen aus
den Völkern, von und mit Jesus Tora zu lernen. Um das zu lernen, müssen
Christinnen und Christen *ver*lernen, das Neue Testament im Gegensatz zum Alten, im Gegensatz zu Israel zu lesen. Was Friedrich-Wilhelm Marquardt in seinen
Ausführungen zur „Emmausgeschichte" des Lukasevangeliums über den auferstandenen Messias Jesus sagt, gilt bereits von dem, mit dessen βίβλος γενέσεως,
dessen „Stammbuch", das Neue Testament in Mt 1,1 einsetzt: „Es geht nicht um
eine christliche Deutung des Alten Testaments, sondern um ein alttestamentliches
Verstehen Jesu: was zweierlei ist."[488]

Um ein solches alttestamentliches Verstehen geht es in den Anfangskapiteln
des Matthäusevangeliums; einigen der in diesen Kapiteln gezeichneten Linien
und gelegten Spuren nachzugehen, ist das Ziel der hier vorgelegten Josef-und-
Josef-Konfiguration mit ihren weiteren Knüpfungen.

---

[487] Dazu vor allem *Chr. Münz*, Der Welt ein Gedächtnis geben. Geschichtstheologisches Denken im Judentum nach Auschwitz, Gütersloh 1995 (zu Fackenheim ebd. 266-306, zum zitierten
Diktum 287).
[488] *Fr.-W. Marquardt*, Das christliche Bekenntnis zu Jesus, dem Juden. Eine Christologie, Bd.
2, München 1991, 295.

Literaturverzeichnis

Matthäuskommentare:

W.D. Davies/ D.C. Allison Jr., A Critical and Exegetical Commentary on the Gospel according to Saint Matthew, Bd. 1, Edinburgh 1988.

E. Drewermann, Das Matthäusevangelium. Bilder der Erfüllung, 3 Bde., Olten 1992–1995.

P. Fiedler, Das Matthäusevangelium, ThKNT, Stuttgart 2006.

H. Frankemölle, Matthäus: Kommentar I, Düsseldorf 1994, II, Düsseldorf 1997.

P. Gaechter, Das Matthäusevangelium. Ein Kommentar, Innsbruck 1963.

J. Gnilka, Das Matthäusevangelium, HThKNT I/1, Freiburg i.Br. 1986.

D.A. Hagner, Matthew: Bd. 1, WBC 33A, Dallas 1993.

C.S. Keener, A Commentary on the Gospel of Matthew, Grand Rapids 1999.

U. Luck, Das Evangelium nach Matthäus, ZBK NT 1, Zürich 1993.

U. Luz, Das Evangelium nach Matthäus (Mt 1–7), EKK I/1, Zürich/ Neukirchen-Vluyn 1985.

J. Nolland, The Gospel of Matthew. A Commentary on the Greek Text, The New International Greek Testament Commentary, Grand Rapids 2005.

W. Wiefel, Das Evangelium nach Matthäus, ThHKNT 1, Berlin 1998.

Weitere Literatur:

S. Ackerman, The Queen Mother and the Cult in Ancient Israel, JBL 112 (1993) 385–401.

Th.W. Adorno, Minima Moralia. Reflexionen aus dem beschädigten Leben, GS IV, Frankfurt a.M. 1997.

N.-E.A. Andreasen, The Role of the Queen Mother in Israelite Society, CBQ 45 (1983) 179–194.

J. Assmann, Moses der Ägypter. Entzifferung einer Gedächtnisspur, 1. dt. Aufl., München 1998.

Ders., Altägyptische Monotheismen, WUB 11 (1999) 21–24.

Ders., Thomas Mann und Ägypten. Mythos und Monotheismus in den Josephsromanen, München 2006.

W.E. Aufrecht, Genealogy and History in Ancient Israel, in: L.M. Eslinger/ G. Taylor (Hg.), Ascribe to the Lord. Biblical and Other Studies in Memory of Peter C. Craigie (JSOT.S 67), Sheffield 1988, 205–235.

R.D. Aus, Matthew 1–2 and the Virginal Conception in Light of Palestinian and Hellenistic Judaic Traditions on the Birth of Israel's first Redeemer Moses, Lanham u.a. 2004.

F. Avemarie, Aporien der Theodizee. Zu einem Schlüsselthema früher rabbinischer Märtyrererzählungen, JSJ 34 (2003) 199–215.

Ders., Josua. Jesu Namenspatron in antik-jüdischer Rezeption, in: K. Schiffner u.a. (Hg.), Fragmentarisches Wörterbuch. Beiträge zur biblischen Exegese und christlichen Theologie. FS H. Balz, Stuttgart u.a. 2007, 246–257.

R. Bach, „Der Bogen zerbricht, Spieße zerschlägt und Wagen mit Feuer verbrennt", in: H.W. Wolff (Hg.), Probleme biblischer Theologie. FS G. von Rad, München 1971, 13–26.

S. Bar, A Letter That Has Not Been Read. Dreams in the Hebrew Bible (MHUC 25), Cincinnati 2001.

H.M. Barstad, The Old Testament Feminine Personal Name rāḥāb. An Onomastic Note, SEÅ 54 (1989) 43–49.

R. Bartelmus, Heroentum in Israel und seiner Umwelt. Eine traditionsgeschichtliche Untersuchung zu Gen 6,1–4 und verwandten Texten im Alten Testament und der altorientalischen Literatur (AThANT 65), Zürich 1979.

R. Bauckham, Gospel Women. Studies of the Named Women in the Gosples, Grand Rapids u.a. 2002.

D.R.G. Beattie, Jewish Exegesis of the Book of Ruth (JSOT.S 2), Sheffield 1977.

J. Becker, Maria. Mutter Jesu und erwählte Jungfrau (BG 4), Leipzig 2001.

B. Becking, Between Fear an Freedom. Essays on the Interpretation of Jeremiah 30–31 (OTS 51), Leiden 2004.

Z. Ben-Barak, The Status and Right of the gĕbîrâ, JBL 110 (1991) 23–34.

G. van den Berg, Gebrochene Variationen. Beobachtungen und Überlegungen zu Figuren der Hebräischen Bibel in der Rezeption von Elie Wiesel (ATM 7), Münster 2001.

K. Berger, Jesus als Nasoräer/ Nasiräer, NT 38 (1996) 323–335.

Ders. (Hg.), Das Neue Testament und frühchristliche Schriften. Vollständige Sammlung aller ältesten Schriften des Urchristentums, übers. v. dems./ Chr. Nord, 1. Aufl. dieser Ausg., Frankfurt a.M./ Leipzig 2005.

W. Beuken, Jesaja 1–12, HThKAT, Freiburg i.Br. u.a. 2003.

G. Binder, Die Aussetzung des Königskindes Kyros und Romulus (BKP 10), Meisenheim am Glan 1964.

J. Blinzler, Die Brüder und Schwestern Jesu (SBS 21), Stuttgart ²1967.

E. Bloch, Naturrecht und menschliche Würde, GA 6, Frankfurt a.M. 1961.

R. Bloch, Die Gestalt des Moses in der rabbinischen Tradition, in: H. Cazelles (Hg.), Moses in Schrift und Überlieferung, Düsseldorf 1963, 95–171.

R. u. E. Blum, Zippora und ihr חתן דמים, in: E. Blum u.a. (Hg.), Die Hebräische Bibel und ihre zweifache Nachgeschichte. FS R. Rendtorff, Neukirchen-Vluyn 1990, 41–54.

H.J. Boecker, Anmerkungen zur Adoption im Alten Testament, ZAW 86 (1974) 86–89.

Ders., Recht und Gesetz im Alten Testament und im Alten Orient, Neukirchen-Vluyn ²1984.

D. Bonhoeffer, Kirchenkampf und Finkenwalde. Resolutionen, Aufsätze, Rundbriefe 1933–1943, Ges. Schr. Bd. 2, München 1959.

W. Bösen, Galiläa als Lebensraum und Wirkungsfeld Jesu. Eine zeitgeschichtliche und theologische Untersuchung, Freiburg i.Br. 1985.

Ch. Böttrich, Die vergessene Geburtsgeschichte. Mt 1–2/ Lk 1–2 und die wunderbare Geburt des Melchisedek in slHen 71–72, in: H. Lichtenberger/ G.S. Oegema (Hg.), Jüdische Schriften in ihrem antik-jüdischen und urchristlichen Kontext (JSHRZ-St 1), Gütersloh 2002, 222–248.

F. Bovon, Das Evangelium nach Lukas, EKK III/1, Zürich/ Neukirchen-Vluyn 1989.

B.A. Bozak, Life ‚Anew'. A Literary-Theological Study of Jer. 30–31 (AnBib 122), Rom 1991.

G. Braulik, Das Deuteronomium und die Bücher Ijob, Sprichwörter, Rut. Zur Frage früher Kanonizität des Deuteronomiums, in: E. Zenger (Hg.), Die Tora als Kanon für Juden und Christen (HBS 10), Freiburg i.Br. u.a. 1996, 61–138.

B. Brecht, Svendborger Gedichte. Gedichte 1938–1941, Ges. Werke 9, Gedichte 2, Frankfurt a.M. 1967.

M.L. Brenner, The Song of the Sea: Ex 15:1–21 (BZAW 195), Berlin/ New York 1991.

R.E. Brown, The Birth of the Messiah. A Commentary on the Infancy Narratives in Matthew and Luke, Garden City/ New York 1977.

Ders., Rachab in Mt 1,5 Probably is Rahab of Jericho, Bib 63 (1982) 79–80.

S.E. Brown-Gutoff, The Voice of Rachel in Jeremiah 31. A Calling to „Something New", USQR 45 (1991) 177–190.

Ch. Burchard, Joseph und Aseneth (JSHRZ II/4), Gütersloh 1983.

R.J. Burns, Has the Lord Indeed Spoken Only trough Moses? A Study of the Biblical Portrait of Miriam (SBLDS 84), Atlanta 1987.

K. Butting, Rachel und Lea. Der Streit der Schwestern: Gen 29,1–30,24, Texte und Kontexte 33 (1987) 25–54.

Dies., Die Buchstaben werden sich noch wundern. Innerbiblische Kritik als Wegweisung feministischer Hermeneutik, Berlin 1993.

Dies., Prophetinnen gefragt. Die Bedeutung der Prophetinnen im Kanon aus Tora und Prophetie (Erev-Rav-Hefte, Biblisch-feministische Texte 3), Wittingen 2001.

Dies., Schuld und Sündenvergebung. Überlegungen zu 2 Samuel 12,1–15, in: J. Ebach u.a. (Hg.), „Wie? Auch wir vergeben unsern Schuldigern?". Mit Schuld leben (Jabboq 5), Gütersloh 2004, 59–73.

K. Campbell, Matthew's Hermeneutic of Psalm 22:1 and Jer 31:15, Faith & Mission 24 (2007) 46–58.

J.H. Charlesworth, Hat die Archäologie Bedeutung für die Jesus-Forschung?, EvTheol 68,4 (2008) 246–265.

C. Claußen/ J. Frey (Hg.), Jesus und die Archäologie Galiläas (BThSt 87), Neukirchen-Vluyn 2008.

C. Colpe, Zwischen Nativismus und Römertum. Zeitgeschichtliche Nacharbeiten von Flavius Josephus' „Jüdischem Krieg" und Lion Feuchtwangers Josephus-Trilogie, in: R. Faber/ B. Kytzler (Hg.), Antike heute, Würzburg 1992, 155–182.

S. Crites, Angels We Have Heard, in: J.B. Wiggins (Hg.), Religion as Story, New York 1975, 23–63.

J.D. Crossan/ J.L. Reed, Jesus ausgraben. Zwischen den Steinen – hinter den Texten, Düsseldorf 2003.

F. Crüsemann, Bewahrung der Freiheit. Das Thema des Dekalogs in sozialgeschichtlicher Perspektive (Kaiser-Taschenbücher 128), Gütersloh ²1993.

Ders., Menschheit und Volk. Israels Selbstdefinition im genealogischen System der Genesis: EvTh 58 (1998) 180–195.

Ders., Gott aller Menschen – Gott Israels. Beobachtungen zur Konzeption des Gebrauchs von Elohim und Jhwh zwischen Genesis 1 und Exodus 18, in: E.W. Stegemann/ K. Wengst (Hg.), „Eine Grenze hast Du gesetzt". FS E. Brocke, Stuttgart u.a. 2003, 131–144.

Ders., Der Gott Israels und die Religionen der Umwelt, in: Ch. Danz/F. Hermanni (Hg.), Wahrheitsansprüche der Weltreligionen. Konturen gegenwärtiger Religionstheologie, Neukirchen 2006, 213-232.

Ders., Wie Jakob selbst es sieht. Das „schlimme Leben" von Gen 47,9 in kanonischer Perspektive, in: R. Riess (Hg.), Ein Ringen mit dem Engel. Essays, Gedichte und Bilder zur Gestalt des Jakob, Göttingen 2008, 265–274.

Ders. u.a. (Hg.), Sozialgeschichtliches Wörterbuch zur Bibel (SWB), Gütersloh 2009.

B.W. Cushman, The Politics of the Royal Harem and the Case of Bat-Sheba, JSOT 30 (2006) 327–343.

J. Daniélou, Sacramentum Futuri. Études sur les origines de la typologie biblique (ETH), Paris 1950.

D. Daube, The New Testament and Rabbinic Judaism, London 1956.

W. Dietrich/ Chr. Link, Die dunklen Seiten Gottes, 2 Bde., Neukirchen-Vluyn 1995, 2000.

W. Dietrich, David. Der Herrscher mit der Harfe (BG 14), Leipzig 2006.

J.-D. Döhling, Die Herrschaft erträumen, die Träume beherrschen. Herrschaft, Traum und Wirklichkeit in den Josefträumen (Gen 37,5–11) und der Israel-Josefsgeschichte, BZ 50 (2006) 1–30.

Ders., Der bewegliche Gott. Eine Untersuchung des Motivs der Reue Gottes in der Endgestalt der Hebräischen Bibel. Inauguraldissertation am Fachbereich Evangelische Theologie der Philipps-Universität Marburg 2007 (die Arbeit erscheint Herbst 2009 in der Reihe Herders Biblische Studien).

H. Domin, Wozu Lyrik heute. Dichtung und Leser in der gesteuerten Gesellschaft, München 1975.

H. Donner, Art und Herkunft des Amtes der Königinmutter im Alten Testament, in: R. von Kienle u.a. (Hg.), FS Johannes Friedrich, Heidelberg 1959, 105–145.

Ders., Adoption oder Legitimation? Erwägungen zur Adoption im Alten Testament auf dem Hintergrund der altorientalischen Rechte, OrAnt 8 (1969) 87–119.

E. Drave, Strukturen jüdischer Bibelauslegung in Thomas Manns Roman „Joseph und seine Brüder". Das Beispiel Abraham, in: J. Ebach/ R. Faber (Hg.), Bibel und Literatur, München ²1998, 195–213.

J. Ebach, Ursprung und Ziel. Erinnerte Zukunft und erhoffte Vergangenheit. Biblische Exegesen, Reflexionen, Geschichten, Neukirchen-Vluyn 1986.

Ders., Kassandra und Jona. Gegen die Macht des Schicksals, Frankfurt a.M. 1987.

Ders., „Herr, warum handelst du böse an diesem Volk?" Klage vor Gott und Anklage Gottes in der Erfahrung des Scheiterns, Conc 26 (1990) 430–436.

Ders., Über „Freiheit" und „Heimat". Aspekte und Tendenzen der מְנוּחָה, in: D.R. Daniels u.a. (Hg.), Ernten, was man sät. FS K. Koch, Neukirchen-Vluyn 1991, 495–518.

Ders., Hiobs Post. Gesammelte Aufsätze zum Hiobbuch, zu Themen biblischer Theologie und zur Methodik der Exegese, Neukirchen-Vluyn 1995.

Ders., *Theo*dizee: Fragen gegen die Antworten. Anmerkungen zur biblischen Erzählung von der „Bindung Isaaks" (1.Mose 22), in: F. Hermanni/ V. Steenblock (Hg.), Philosophische Orientierung. FS W. Oelmüller, München 1995, 215–239.

Ders., Fremde in Moab – Fremde aus Moab. Das Buch Ruth als politische Literatur, in: ders./ R. Faber (Hg.), Bibel und Literatur, München ²1998, 277–304.

Ders., Gerechtigkeit und ..., in: ders., Weil das, was ist, nicht alles ist! (Theologische Reden 4), Frankfurt a.M. 1998, 146–164.

Ders., Messianismus und Utopie, KuI 15 (2000) 68–85.

Ders., Noah. Die Geschichte eines Überlebenden (BG 3), Leipzig 2001.

Ders., Zeit als Frist. Zur Lektüre der Apokalypse-Abschnitte in der *Abendländischen Eschatologie*, in: R. Faber u.a. (Hg.), Abendländische Eschatologie. Ad Jacob Taubes, Würzburg 2001, 75–91.

Ders., Hören auf das, was Israel gesagt ist – hören auf das, was in Israel gesagt ist. Perspektiven einer „Theologie des Alten Testaments" im Angesicht Israels, EvTh 62 (2002) 37–53.

Ders., „Ja, bin denn *ich* an Gottes Stelle?" (Genesis 50:19). Beobachtungen und Überlegungen zu einem Schlüsselsatz der Josefsgeschichte und den vielfachen Konsequenzen aus einer rhetorischen Frage, BibInt 11 (2003) 602–616.

Ders., Die Einheit von Sehen und Hören. Beobachtungen und Überlegungen zu Bilderverbot und Sprachbildern im Alten Testament, in: R.-M.E. Jacobi u.a. (Hg.), Im Zwischenreich der Bilder (EuG 35), Leipzig 2004, 77–104.

Ders., Mit *Schuld* leben – mit Schuld *leben*. Beobachtungen und Überlegungen zum Anfang und zum Schluss der biblischen Josefsgeschichte, in: ders. u.a. (Hg.), „Wie? Auch wir vergeben unsern Schuldigern?" Mit Schuld leben (Jabboq 5), Gütersloh 2004, 19–39.

Ders., Warum an der theologischen Frage nach dem Bösen festgehalten werden muss, in: ders., Ein weites Feld – ein zu weites Feld? (Theologische Reden 6), Bochum 2004, 132–159.

Ders., Verbindliche Vielfalt. Über die „Schrift" als Kanon, KuI 20 (2005) 109–119.

Ders., הנני – „Da hast du mich!" Zu einem *merk*-würdigen „Akkusativ" im biblischen Hebräisch, in: A. Redder (Hg.), Diskurse und Texte. FS K. Ehlich, Tübingen 2007, 237–249.

Ders., „... wir träumen schon aus der Deutung." Thomas Mann, der Panama-Hut und die unmögliche Möglichkeit des Verstehens. Literarisch-hermeneutische Notizen zu Gen 40,5 und 8, in: S. Lubs u.a. (Hg.), Behutsames Lesen. Alttestamentliche Exegese im interdisziplinären Methodendiskurs. FS Ch. Hardmeier (Arbeiten zur Bibel und ihrer Geschichte 28), Leipzig 2007, 306–321.

Ders., Der Ton macht die Musik. Stimmungen und Tonlagen in den Psalmen und ihrer Lektüre. (Un)musikalischer Vortrag in fünf Sätzen, in: M. Geiger/ R. Kessler (Hg.), Musik, Tanz und Gott. Tonspuren durch das Alte Testament (SBS 207), Stuttgart 2007, 11–40.

Ders., Genesis 37–50, HThKAT, Freiburg i.Br. u.a. 2007.

Ders., Im Garten der Sinne. *pardes* und PaRDeS – das Paradies und der vierfache Schriftsinn, in: ders. u.a. (Hg.), „Schau an der schönen Gärten Zier ...". Über irdische und himmlische Paradiese: Zu Theologie und Kulturgeschichte des Gartens (Jabboq 7), Gütersloh 2007, 242–285.

Ders., Da war doch noch was? Frauen in der Josefsgeschichte, in: ders., „Iss dieses Buch!" (Theologische Reden 8; Neue Folge 2), Wittingen 2008, 89–105.

Ders., Erinnerungen gegen das „Schicksal", in: T.R. Peters/ C. Urban (Hg.), Über den Trost. Für Johann Baptist Metz, Ostfildern 2008, 107–112.

Ders., Israels Sohn und Ägyptens Herr. Zur Ambivalenz der Josefsfigur in Gestaltung und Lektüre von Gen 37–50, in: I. Kottsieper u.a. (Hg.), Berührungspunkte. Studien zur Sozial- und Religionsgeschichte Israels und seiner Umwelt. FS R. Albertz (AOAT 350), Münster 2008, 39–56.

Ders., Wann ist ein Mann ein Mann? Beobachtungen und Überlegungen zur Josefsfigur in Gen 37–50, BiKi 63 (2008) 132–137.

M. Eloff, Exile, Restoration and Matthew's Genealogy of Jesus Ὁ ΧΡΙΣΤΟΣ, Neotest 38 (2004) 75–87.

R.J. Erickson, Divine Injustice? Matthew's Narrative Strategy and the Slaughter of the Innocents (Matthew 2.13–23), JSNT 64 (1996) 5–27.

J.C. Exum, Raped by the Pen, in: dies., Fragmented Women. Feminist (Sub)Versions of Biblical Narratives (JSOT.S 163), Sheffield 1993, 170–201.

L. Feuchtwanger, Der jüdische Krieg [1932], Berlin/ Weimar [4]1983.

G. Fischer, Jeremia 26–52, HThKAT, Freiburg i.Br. u.a. 2005.

I. Fischer, Rut, HThKAT, Freiburg i.Br. u.a. 2001.

J.A. Fitzmyer, The Gospel according to Luke, Bd. 1: I–IX introduction, translation and notes (AncB 28), Garden City/ New York 1981.

J.P. Floß, Kunden oder Kundschafter? Literaturwissenschaftliche Untersuchung zu Jos 2, 2 Bde. (ATS 16, 26), St. Ottilien 1982, 1986.

E.D. Freed, The Women in Matthew's Genealogy, JSNT 29 (1987) 3–19.

M.L. Frettlöh, Von den Orten Gottes zu Gott als Ort. *Māqōm*, eine rabbinische Gottesbenennung, und die christliche Lehre von der immanenten Trinität, in: dies./ J.-D. Döhling (Hg.), Die Welt als Ort Gottes – Gott als Ort der Welt. Friedrich-Wilhelm Marquardts theologische Utopie im Gespräch, Gütersloh 2001, 86–124.

Dies., Gott Gewicht geben. Bausteine einer geschlechtergerechten Gotteslehre, Neukirchen-Vluyn 2006.

Dies., Josefs Empfängnis. Predigtmeditation zu Mt 1,(1–17)18–21(22–25), GPM 63,1 (2008) 42–47.

Chr. Frevel, Das Buch Rut (NSK.AT 6), Stuttgart 1992.

M. Friedmann (Hg.), Seder Eliahu rabba und Seder Eliahu zuta (Tanna d'be Eliahu). Nach einem vaticanischen Manuscripte aus dem Jahre 1073, Wien 1902.

E. Fromm, Haben oder Sein. Die seelischen Grundlagen einer neuen Gesellschaft, übers. v. B. Stein und bearb. v. R. Funk, München [33]2005.

H.-G. Gadamer, Hermeneutik II: Wahrheit und Methode, Ges. Werke 2, Tübingen [2]1993.

P. Gaechter, Die Magierperikope (Mt 2,1–12), ZkTh 90 (1968) 257–295.

M. Geiger, Mirjams Tanz am Schilfmeer als literarischer Schlüssel für das Frauen-Tanz-Motiv – eine kanonische Lektüre, in: dies./ R. Kessler (Hg.), Musik, Tanz und Gott. Tonspuren durch das Alte Testament (SBS 207), Stuttgart 2007, 55–75.

G. Gerleman, Ruth/ Das Hohelied, BK AT XVIII, Neukirchen-Vluyn [2]1981.

C.-F. Geyer, Die Theodizee. Diskurs – Dokumentation – Transformation, Stuttgart 1992.

H. Giesen, Galiläa – mehr als eine Landschaft. Bibeltheologischer Stellenwert Galiläas im Matthäusevangelium, in: ders., Jesu Heilsbotschaft und die Kirche. Studien zur Eschatologie und Ekklesiologie bei den Synoptikern und im ersten Petrusbrief (BEThL 179), Leuven 2004, 179–202.

L. Ginzberg, The Legends of the Jews, II: Bible Times and characters from Joseph to the Exodus, Philadelphia 1964.

F.W. Golka, Die biblische Josefsgeschichte und Thomas Manns Roman, in: H.M. Niemann u.a. (Hg.), Nachdenken über Israel, Bibel und Theologie. FS K.-D. Schunck (BEAT 37), Frankfurt a.M. u.a. 1994, 37–49.

Ders., Jakob – Biblische Gestalt und literarische Figur. Thomas Manns Beitrag zur Bibelexegese, Stuttgart [2]2000.

Ders., Joseph – Biblische Gestalt und literarische Figur. Thomas Manns Beitrag zur Bibelexegese, Stuttgart 2002.

W. Grundmann, Jesus der Galiläer und das Judentum, Leipzig 1940.

R.H. Gundry, The Use of the Old Testament in St. Matthew's Gospel. With Special Reference to the Messianic Hope (NT.S 18), Leiden 1967.

L.M. Günther, Herodes der Große, Darmstadt 2005.

Dies. (Hg.), Herodes und Rom, Stuttgart 2007.

R. Heckl, Der biblische Begründungsrahmen für die Jungfrauengeburt bei Matthäus. Zur Rezeption von Gen 5,1–6,4 in Mt 1, ZNW 95 (2004) 161–180.

J.P. Heil, The Narrative Roles of the Women in Matthew's Gospel, Bib 72 (1991) 538–545.

M. Hengel/ H. Merkel, Die Magier aus dem Osten und die Flucht nach Ägypten (Mt 2) im Rahmen der antiken Religionsgeschichte und der Theologie des Matthäus, in: P. Hoffmann (Hg.), Orientierung an Jesus. FS J. Schmid, Freiburg i.Br. 1973, 139–169.

J.G. Herder, Nachricht an Joseph. Am 4. Advent, in: ders., Sämtliche Werke XXXI, Poetische Werke 7, hg. von B. Suphan, Zweite Nachdruckauflage, Hildesheim u.a. 1981, 267–275.

F. Hermanni, Das Böse und die Theodizee. Eine philosophisch-theologische Grundlegung, Gütersloh 2002.

Th. Hieke, BIBLOS GENESEOS. Mt 1,1 vom Buch Genesis her gelesen, in: J.-M. Auwers (Hg.), The biblical Canons (BEThL 163), Leuven 2003, 635–649.

Ders., Die Genealogien der Genesis (HBS 39), Freiburg i.Br. u.a. 2003.

E. Hirsch, Frühgeschichte des Evangeliums, Bd. 2: Die Vorlagen des Lukas und das Sondergut des Matthäus, Tübingen 1941.

Th. Holtmann, Die Magier vom Osten und der Stern. Mt 2,1–12 im Kontext frühchristlicher Traditionen, Marburg 2005.

J. Hörisch, Objektive Interpretation des schönen Scheins. Zu Walter Benjamins Literaturtheorie, in: N.W. Bolz/ R. Faber (Hg.), Walter Benjamin. Profane Erleuchtung und rettende Kritik, Würzburg ²1985, 50–66.

H. Horn, Josua 2,1–24 im Milieu einer ,dimorphic society', BZ 31 (1987) 264–270.

E. Hornung, Der Eine und die Vielen, Darmstadt 1971. ⁶2005.

F.-L. Hossfeld/ E. Zenger, Psalmen 51–100, HThKAT, Freiburg i.Br. u.a. 2000.

Dies., Psalmen 101–150, HThKAT, Freiburg i.Br. u.a. 2008.

C. Houtman/ K. Spronk, Ein Held des Glaubens? Rezeptionsgeschichtliche Studien zu den Simson-Erzählungen, Leuven u.a. 2004.

W. Hübner, Zodiacus Christianus. Jüdisch-christliche Adaptationen des Tierkreises von der Antike bis zur Gegenwart (BKP 144), Königstein/Ts. 1983.

J.-M. Husser, Le Songe et la parole. Étude sur le rêve et sa fonction dans l'ancien Israël (BZAW 210), Berlin/ New York 1994.

T. Ilan, Lexicon of Jewish Names in Late Antiquity, I: Palestine 330 BCE – 200 CE (TSAJ 91), Tübingen 2002.

B. Jacob, Das Buch Exodus [1935–1943], hg. v. S. Mayer, Stuttgart 1997.

D.M. Jacobson, Palestine and Israel, BASOR 313 (1999) 65–74.

H.-G. Janssen, Gott – Freiheit – Leid. Das Theodizeeproblem in der Philosophie der Neuzeit, Darmstadt ²1993.

S. Japhet, 1 Chronik, HThKAT, Freiburg i.Br. u.a. 2002.

S.P. Jeansonne, The Women of Genesis. From Sarah to Potiphar's Wife, Minneapolis ²1992.

J. Jeremias, Der Prophet Hosea, ATD 24/1, Göttingen 1983.

Ders., Die Reue Gottes. Aspekte alttestamentlicher Gottesvorstellung (BSt 65), Neukirchen-Vluyn ²1997.

M.D. Johnson, The Purpose of Biblical Genealogies, with Special Reference to the Setting of the Genealogies of Jesus (SNTSMS 8), London/ New York 1969.

R. Jost, Freundin in der Fremde. Rut und Noomi, Stuttgart 1992.

Dies., Gender, Sexualität und Macht in der Anthropologie des Richterbuches (BWANT 164), Stuttgart u.a. 2006.

V. Kal, Der Barmherzige (Ha-Rachaman) und die Freiheit des Menschen, in: J. Ebach u.a. (Hg.), Gretchenfrage. Von Gott reden – aber wie? Bd. I (Jabboq 2), Gütersloh 2002, 111–126.

M. Karrer, Jesus, der Retter (Sôtêr). Zur Aufnahme eines hellenistischen Prädikats im Neuen Testament, ZNW 93 (2002) 153–176.

Ders., Der Brief an die Hebräer. Kapitel 5,11–13,25, ÖTK 20/2, Gütersloh 2008.

S. Kaufmann, „Mensch Fremdwort-Tier Wort-Tier, Tier das den Mit-Schmerz kennt". Die Bedeutung poetischer Sprache für ein 'weltliches Sprechen von Gott' am Beispiel der Lyrik Hilde Domins, in: D. Zilleßen u.a. (Hg.), Praktisch-theologische Hermeneutik. Ansätze – Anregungen – Aufgaben. FS H. Schröer, Rheinbach-Merzbach 1991, 307–326.

J. Kegler, Verheißung und Erfüllung. Beobachtungen zu neutestamentlichen Erfüllungsaussagen, in: I. Kottsieper u.a. (Hg.), Berührungspunkte. Studien zur Sozial- und Religionsgeschichte Israels und seiner Umwelt. FS R. Albertz (AOAT 350), Münster 2008, 345–366.

E. Kellenberger, Die Verstockung Pharaos. Exegetische und auslegungsgeschichtliche Untersuchungen zu Exodus 1–15 (BWANT 171), Stuttgart u.a. 2006.

R. Kessler, Benennung des Kindes durch die israelitische Mutter, WuD 19 (1987) 25–35.

Ders., Zur israelitischen Löserinstitution, in: M. Crüsemann/ W. Schottroff (Hg.), Schuld und Schulden. Biblische Traditionen in gegenwärtigen Konflikten (KT 121), München 1992, 40–53.

Ders., Männertränen, in: D. Sölle (Hg.), Für Gerechtigkeit streiten. Theologie im Alltag einer bedrohten Welt. FS L. Schottroff, Gütersloh 1994, 203–208.

Ders., Micha, HThKAT, Freiburg i.Br. u.a. 1999.

Ders., Die Ägyptenbilder der Hebräischen Bibel. Ein Beitrag zur neueren Monotheismusdebatte (SBS 197) Stuttgart 2002.

Ders., Psychoanalytische Lektüre biblischer Texte – das Beispiel von Ex 4,24–26, in: ders., Gotteserdung. Beiträge zur Hermeneutik und Exegese der Hebräischen Bibel (BWANT 170), Stuttgart u.a. 2006, 63–80 (zuerst in EvTh 61 [2001] 204–221).

A.Chr. Kiesow, Löwinnen von Juda. Frauen als Subjekte politischer Macht in der judäischen Königszeit (Theol. Frauenforschung in Europa 4), Münster u.a. 2000.

W. Kirchschläger, Nur von Galiläa nach Jerusalem? Zur Geotheologie der Evangelien, WUB 42 (4/2006), 57–62.

H.-J. Klauck, Das göttliche Kind. Variationen eines Themas, in: ders., Religion und Gesellschaft im frühen Christentum. Neutestamentliche Studien (WUNT 152), Tübingen 2003, 290–313.

T. Knopf, Rahels Grab. Eine Tradition aus dem TNK, DBAT 27 (1991) 73–137.

E. König, Das Buch Jesaja, Gütersloh 1926.

F. Kramer/ Chr. Sigrist (Hg.), Gesellschaften ohne Staat, Bd. 2, Genealogie und Solidarität, Frankfurt a.M. 1978.

D. Krochmalnik, Im Garten der Schrift. Wie Juden die Bibel lesen, Augsburg 2006.

M. Küchler, „Wir haben seinen Stern gesehen ..." (Mt 2,2), BiKi 44 (1989) 179–186.

P. Kuhn, Gottes Trauer und Klage in der rabbinischen Überlieferung. Talmud und Midrasch (AGSU XIII), Leiden 1978.

A. Labahn/ E. Ben Zvi, Observations on Women in the Genealogies of 1 Chronicles 1–9, Bib 84 (2003) 457–478.

A. LaCocque, The Feminine Unconventional. Four Subversive Figures in Israel's Tradition, Minneapolis 1990.

J. Lanckau, Der Herr der Träume. Eine Studie zur Funktion des Traumes in der Josefsgeschichte der Hebräischen Bibel (AThANT 85), Zürich 2006.

E. Laupot, Tacitus' Fragment 2: The Anti-Roman Movement of the Christiani and the Nazoreans, VigChr 54 (2000) 233–247.

L.J. Lawrence, An Ethnography of the Gospel of Matthew. A Critical Assessment of the Use of the Honour and Shame Model in New Testament Studies (WUNT 165), Tübingen 2003.

P. Lenhardt/ P. von der Osten-Sacken, Rabbi Akiva. Texte und Interpretationen zum rabbinischen Judentum und Neuen Testament (ANTZ 1), Berlin 1987.

M. Leutzsch, Jesus der Galiläer, WUB 24 (2/2002) 7–13.

Ders., Mirjams Lied am Schilfmeer – Zum Verhältnis von Gewaltverarbeitung und Freude im Kontext der Schilfmeererzählung, in: M. Geiger/ R. Kessler (Hg.), Musik, Tanz und Gott. Tonspuren durch das Alte Testament (SBS 207), Stuttgart 2007, 41–54.

Ders., Der Mythos vom arischen Jesus, in: L. Scherzberg (Hg.), Vergangenheitsbewältigung im französischen Katholizismus und deutschen Protestantismus, Paderborn u.a. 2008, 173–186.

E. Lévinas, Jenseits des Buchstabens (Talmud-Lesungen 1), Frankfurt a.M. 1996.

A.-J. Levine, The Social and Ethic Dimensions of Matthean Social History, Lewiston 1988.

Dies./ M. Blickenstaff (Hg.), A Feminist Companion to Matthew (The Feminist Companion to the New Testament and Early Christian Writings 1), Sheffield 2001.

J.D. Levinson, The Universal Horizon of Biblical Particularism, in: M.G. Brett (Hg.), Ethnicity and the Bible (Biblical interpretation series 19), Leiden 1996, 143–169.

B. Lewis, Palestine. On the History and Geography of a Name, International History Review 11 (1980) 1–12.

B. Lindars, „Rachel weeping for her children" – Jeremiah 31:15–22, JSOT 12 (1979) 47–62.

H. Löhr, Isaak, Jakob, Esau, Josef, in: M. Öhler (Hg.), Alttestamentliche Gestalten im Neuen Testament. Beiträge zur Biblischen Theologie, Darmstadt 1999, 75–96.

J. Magonet, Schöne – Heldinnen – Narren. Von der Erzählkunst der hebräischen Bibel, Gütersloh 1996.

J. Maier, Jesus von Nazareth in der talmudischen Überlieferung (EdF 82), Darmstadt 1978.

Th. Mann, Joseph und seine Brüder, 3 Bde., Frankfurt a.M. 1967.

Ders., Autobiographisches, hg. v. H. Bürgin, Frankfurt a.M. 1968.

O. Marquard, Frage nach der Frage, auf die die Hermeneutik die Antwort ist, in: ders., Abschied vom Prinzipiellen, Stuttgart, 1981, 117-146.

Fr.-W. Marquardt, Das christliche Bekenntnis zu Jesus, dem Juden. Eine Christologie, Bd. 2, München 1991.

Ders., Amen – ein einzig wahres Wort des Christentums, in: J. Denker u.a. (Hg.), Hören und Lernen in der Schule des NAMENS. Mit der Tradition zum Aufbruch. FS B. Klappert, Neukirchen-Vluyn 1999, 146–159.

R. Mayer (unter Mitarbeit von *I. Rühle*), War Jesus der Messias? Geschichte der Messiasse Israels in drei Jahrtausenden, Tübingen 1998.

M. Mayordomo-Marín, Den Anfang hören. Leserorientierte Evangelienexegese am Beispiel von Matthäus 1–2 (FRLANT 180), Göttingen 1998.

M.J.J. Menken, The References to Jeremiah in the Gospel according to Matthew (Mt 2,17; 16,14; 27,9), EThL 60 (1984) 5–24.

D. C. Mitchell, Rabbi Dosa and the Rabbis Differ. Messiah ben Joseph in the Babylonian Talmud, Review of Rabbinic Judaism 8 (2005) 77–90.

Ders., The Fourth Deliverer. A Josephite Messiah in 4QTestimonia, Bib 86 (2005) 545–553.

Ders., Firstborn Shor and Rem: A Sacrificial Josephite Messiah in 1 Enoch 90.37–38 and Deuteronomy 33.17, JSPE 15 (2006) 211–228.

Ders., Messiah bar Ephraim in the Targums, Aramaic Studies 4 (2006) 221–241.

Ders., Messiah ben Joseph. A Sacrifice of Atonement for Israel, Review of Rabbinic Judaism 10 (2007) 77–94.

S. Morenz, Die Geschichte von Joseph dem Zimmermann (TU 56), Berlin/ Leipzig 1951.

H. Moxnes, Constructing Early Christian Families. Family and Social Reality and Metaphor, London 1997.

Chr. Münz, Der Welt ein Gedächtnis geben. Geschichtstheologisches Denken im Judentum nach Auschwitz, Gütersloh 1995.

F. Mußner, Jakobusbrief, HThKNT XIII/1, Freiburg i.Br. 1964.

H.-G. von Mutius (Hg.), Der Josuakommentar des Tanchum Ben Josef ha-Jeruschalmi (JTSt 9), Hildesheim 1983.

B. Näf, Traum und Traumdeutung im Altertum, Darmstadt 2004.

Th. Naumann, Der Vater in der biblischen Josefserzählung. Möglichkeiten einer Charaktermodellierung in biblischen Erzählungen, ThZ 61 (2005) 44–64.

E. Nellessen, Das Kind und seine Mutter. Struktur und Verkündigung des 2. Kapitels im Matthäusevangelium (SBS 39), Stuttgart 1969.

G. Neuhaus, Frömmigkeit der Theologie. Zur Logik der offenen Theodizeefrage (QD 202), Freiburg i.Br. u.a. 2003.

T. Nicklas, Ein Stern geht auf ... über Betlehem? Das Bileam-Orakel und der Stern in Matthäus 2,1-12, WUB 46 (2007,4) 28–31.

F.A. Niedner, Rachel's Lament, Word & World 22 (2002) 406–414.

J. Nolland, What kind of Genesis do we have in Matt 1.1?, NTS 42 (1996) 463–471.

Ders., The four (five) women and other annotations in Matthew's genealogy, NTS 43 (1997) 527–539.

I. Nowell, Jesus' Great-Grandmothers: Matthews's Four and More, CBQ 70 (2008) 1–15.

R. Oberforcher, Die jüdische Wurzel des Messias Jesus aus Nazaret. Die Genealogien Jesu im biblischen Horizont, in: M. Öhler (Hg.), Alttestamentliche Gestalten im Neuen Testament. Beiträge zur Biblischen Theologie, Darmstadt 1999, 5–26.

M. Oberweis, Beobachtungen zum AT-Gebrauch in der matthäischen Kindheitsgeschichte, NTS 35 (1989) 131–149.

T. Odashima, Heilsworte im Jeremiabuch. Untersuchungen zu ihrer vordeuteronomistischen Bearbeitung (BWANT 125), Stuttgart u.a. 1989.

W. Oelmüller (Hg.), Worüber man nicht schweigen kann. Neue Diskussionen zur Theodizeefrage, München 1992.

K.-H. Ostmeyer, Der Stammbaum des Verheißenen: Theologische Implikationen der Namen und Zahlen in Mt 1.1–17, NTS 46 (2000) 175–192.

E. Otto, Biblische Altersversorgung im altorientalischen Rechtsvergleich, ZAR 1 (1995) 83–110.

M.-A. Ouaknin, Das verbrannte Buch. Den Talmud lesen, Weinheim 1990.

Ders., Eine Reise ins Paradies. Über das wägende Lesen des Talmud, in: R. Stäblein (Hg.), Geduld. Die Kunst des Wartens, Bühl-Moos 1994, 67–84.

F. Parente, Ναζαρηνός – Ναζωραῖος: An unsolved Riddle in the Synoptic Tradition, SCI 15 (1996) 185–201.

R. Pirson, The Lord of the Dreams. A Semantic and Literary Analysis of Genesis 37–50 (JSOT.S 355), London u.a. 2002.

A. Pope, An Essay on Man [1733/34], in: The Twickenham Edition of the Poems, Bd. 3/1, hg. v. M. Mack, London 1950.

J.D. Quinn, Is ῾ΡΑΧΑΒ in Mt 1,5 Rahab of Jericho?, Bib 62 (1981) 225–228.

H. Räisänen, Die Mutter Jesu im Neuen Testament (AASF B 247), Helsinki 1989.

U. Rapp, Mirjam. Eine feministisch-rhetorische Lektüre der Mirjamtexte der hebräischen Bibel (BZAW 317), Berlin/ New York 2002.

Chr. Ritter, Rachels Klage im antiken Judentum und frühen Christentum. Eine auslegungsgeschichtliche Studie (AGJU 52), Leiden 2003.

R.B. Robinson, Literary Functions of the Genealogies of Genesis, CBQ 48 (1986) 595–608.

K.F.D. Römheld, Von den Quellen der Kraft (Jdc 13), ZAW 104 (1992) 28–52.

M. Rösel, Die Jungfrauengeburt des endzeitlichen Immanuel. Jesaja 7 in der Übersetzung der Septuaginta, in: I. Baldermann u.a. (Hg.), Altes Testament und christlicher Glaube (JBTh 6), Neukirchen-Vluyn 1991, 135–151.

W. Rothfuchs, Die Erfüllungszitate des Matthäus-Evangeliums. Eine biblisch-theologische Untersuchung (BWANT 88), Stuttgart u.a. 1969.

D.U. Rottzoll, Rabbinischer Kommentar zum Buch Genesis. Darstellung der Rezeption des Buches Genesis in Mischna und Talmud unter Angabe targumischer und midraschischer Paralleltexte, Berlin/New York 1994.

H.H. Rowley, The servant of the Lord and other essays on the Old Testament, Oxford ²1965.

W. Rudolph, Das Buch Ruth, das Hohe Lied, die Klagelieder, KAT 17/1, Gütersloh 1962.

H.P. Rüger, ΝΑΖΑΡΕΘ / ΝΑΖΑΡΑ ΝΑΖΑΡΗΝΟΣ / ΝΑΖΩΡΑΙΟΣ, ZNW 72 (1981) 257–263.

K.D. Sakenfeld, Tamar, Rahab, Ruth and the Wife of Uriah: The Company Mary Keeps in Matthew's Gospel, in: B.R. Gaventa/ C.L. Rigby (Hg.), Blessed One. Protestant Perspectives on Mary, Louisville/ London 2002, 21–31.

Dies., Why Perez? Reflections on David's Genealogy in Biblical Tradition, in: B.F. Batto/ K.L. Roberts (Hg.), David and Zion, FS J.J.M. Roberts, Winona Lake 2004, 405–416.

A. Sand, Das Matthäusevangelium (EdF 275), Darmstadt 1991.

P.J. Scalise, The Way of Weeping. Reading the Path of Grief in Jeremiah, Word & World 22 (2002) 415–422.

J. Schaberg, Die Stammütter und die Mutter Jesu, Conc 25 (1989) 528–533.

Dies., The Illegitimacy of Jesus. A Feminist Theological Interpretation of the Infancy Narratives, San Francisco 1987 (erweiterte Neuausgabe Sheffield 2006).

St. Schäfer-Bossert, Den Männern die Macht und der Frau die Trauer? Ein kritischer Blick auf die Deutung von אוֹן – oder: Wie nennt Rahel ihren Sohn?, in: H. Jahnow u.a. (Hg.), Feministische Hermeneutik und Erstes Testament. Analysen und Interpretationen, Stuttgart u.a. 1994, 106–125.

K. Schiffner, Lukas liest Exodus. Eine Untersuchung zur Aufnahme ersttestamentlicher Befreiungsgeschichte im lukanischen Werk als Schrift-Lektüre (BWANT 172), Stuttgart u.a. 2008.

K. Schmid, Buchgestalten des Jeremiabuches. Untersuchungen zur Redaktions- und Rezeptionsgeschichte von Jer 30–33 im Kontext des Buches (WMANT 72), Neukirchen-Vluyn 1996.

Ders., Die Josephsgeschichte im Pentateuch, in: J.Ch. Gertz u.a. (Hg.), Abschied vom Jahwisten. Die Komposition des Hexateuch in der jüngsten Diskussion (BZAW 315), Berlin/New York 2002, 83–118.

Ders., Literaturgeschichte des Alten Testaments. Eine Einführung, Darmstadt 2008.

W. Schneemelcher (Hg.), Neutestamentliche Apokryphen in deutscher Übersetzung, Bd. I: Evangelien, Tübingen ⁶1999.

F. Schnider/ W. Stenger, Die Frauen im Stammbaum Jesu nach Mattäus. Strukturale Beobachtungen zu Mt 1,1–17, BZ 23 (1979) 187–196.

Dies., „Mit der Abstammung Jesu Christi verhielt es sich so ...". Strukturale Beobachtungen zu Mt 1,18–25, BZ 25 (1981) 255–264.

L. Schottroff, Lydias ungeduldige Schwestern. Feministische Sozialgeschichte des frühen Christentums, Gütersloh ²1996.

J. Schröter, Jesus von Nazaret. Jude aus Galiläa – Retter der Welt (BG 15), Leipzig 2006.

E. Schweizer, „Er wird Nazoräer heißen" (zu Mc 1,24; Mt 2,23), in: W. Eltester (Hg.), Judentum – Urchristentum – Kirche. FS J. Jeremias (BZNW 26), Berlin 1960, 90–93.

R. Seeberg, Die Herkunft der Mutter Jesu, in: H. Achelis u.a. (Hg.), Theologische FS für G.N. Bonwetsch, Leipzig 1918, 13–24.

E. Seifert, Lot und seine Töchter. Eine Hermeneutik des Verdachts, in: H. Jahnow u.a., Feministische Hermeneutik und Erstes Testament. Analysen und Interpretationen, Stuttgart u.a. 1994, 48–66.

J. Skinner, A Critical and Exegetical Commentary on Genesis (ICC), Edinburgh [1910] ²1930.

P. Sloterdijk/ M. Weiß, Wie soll ich dich empfangen? Die Hebamme und der Philosoph über Glück und Schrecken der Geburt im 3. Jahrtausend nach Christus, in: chrismon 12/2007, 22–25.

C. Smith, „Queenship" in Israel? The Cases of Bathsheba, Jezebel and Athaliah, in: J. Day (Hg.), King and Messiah in Israel and the Ancient Near East. Proceedings of the Oxford Old Testament Seminar (JSOT.S 270), Sheffield 1998, 142–162.

G.M. Soares Prabhu, The Formula Quotations in the Infancy Narrative of Matthew. An enquiry into the tradition history of Mt 1-2 (AnBib 63), Rom 1976.

Ders., Jesus in Egypt. A Reflection on Mt 2:13–15.19–21 in the Light of the Old Testament, EstB 50 (1992) 225–249.

W. Sparn, Leiden – Erfahrung und Denken. Materialien zum Theodizeeproblem, München 1980.

S. Starr Sered, Rachel's Tomb and the Milk Grotto of the Virgin Mary. Two Women's Shrines in Betlehem, JFSR 2 (1986) 7–22.

Dies., Rachel's Tomb. Societal Liminality and the Revitalization of a Shrine, Religion 19 (1989) 27–40.

E.W. Stegemann/ K. Wengst (Hg.), „Eine Grenze hast Du gesetzt". FS E. Brocke, Stuttgart u.a. 2003.

H. Stegemann, „Die des Uria". Zur Bedeutung der Frauennamen in der Genealogie von Matthäus 1,1–17, in: G. Jeremias u.a. (Hg.), Tradition und Glaube. Das frühe Christentum in seiner Umwelt. FS K.G. Kuhn, Göttingen 1971, 246–276.

K. Stendahl, Quis et Unde? An Analysis of Mt 1–2, in: W. Eltester (Hg.), Judentum – Urchristentum – Kirche. FS J. Jeremias (BZNW 26), Berlin 1960, 94–105.

M. Stern, The Reign of Herod and the Herodian Dynasty, in: S. Safrai/ ders., (Hg.), The Jewish People in the First Century. Historical geography, political history, social, cultural and religious life and institutions, Bd. 1 (CRI 1,1), Assen 1974, 216–307.

H.-J. Stipp, Simson, der Nasiräer, VT 45 (1995) 337–369.

F. Stolz, Das erste und zweite Buch Samuel (ZBK AT 9), Zürich 1981.

L. Störk, 109, 110, 111 – Schön, schöner, am schönsten, GöMisz 157 (1997) 93–94.

V. Stümke, Die Jungfrauengeburt als Geheimnis des Glaubens – ethische Anmerkungen, NZSTh 49,4 (2007) 423–444.

B. Teuwsen, Die Frauen in der toledot/genealogie des Evangeliums nach Matthäus (Mt 1,1–25), WuA 42 (2001) 111–114.

H. Thielicke, Das Leben kann noch einmal beginnen. Ein Gang durch die Bergpredigt, Stuttgart ⁷1962.

C.C. Torrey, The Messiah Son of Ephraim, JBL 66 (1947) 253–277.

L. Trepp, Der jüdische Gottesdienst. Gestalt und Entwicklung, Stuttgart u.a. 1992.

Ph. Trible, God and the Rhetoric of Sexuality, Philadelphia 1978.

M. Tsevat, Studies in the Book of Samuel, II: Interpretation of I Sam 10:2. Saul at Rachel's Tomb, HUCA 33 (1962) 107–118.

M. Vahrenhorst, „Ihr sollt überhaupt nicht schwören". Matthäus im halachischen Diskurs (WMANT 95), Neukirchen-Vluyn 2002.

T. Veijola, Salomo – der Erstgeborene Bathsebas [1979], in: ders., David. Gesammelte Studien zu den Davidüberlieferungen des Alten Testaments, Helsinki/ Göttingen 1990, 84–105.

J. Vergote, Joseph en Égypte. Genèse Chap. 37–50 à la lumière des études égyptologiques récentes (OBL 3), Louvain 1959.

D. Vetter, Jahwes Mit-Sein – ein Ausdruck des Segens, Stuttgart 1971.

D.O. Via, Narrative World and Ethical Response: The Marvelous and Righteousness in Matthew 1–2, Semeia 12 (1978) 123–149.

M. Vogel, Herodes. König der Juden, Freund der Römer (BG 5), Leipzig 2002.

A. Vögtle, Messias und Gottessohn. Herkunft und Sinn der matthäischen Geburts- und Kindheitsgeschichte, Düsseldorf 1971.

H.C. Waetjen, The Genealogy as the Key to the Gospel According to Matthew, JBL 95 (1976) 205–230.

V. Wagner, Mit der Herkunft Jesu aus Nazaret gegen die Geltung des Gesetzes?, ZNW 92 (2001) 273–282.

T. Wagner-Simon/ G. Benedetti (Hg.), Traum und Träumen. Traumanalysen in Wissenschaft, Religion und Kunst, Göttingen 1984.

E.M. Wainwright, Towards a Feminist Critical Reading of the Gospel According to Matthew (BZNW 60), Berlin/ New York 1991.

Dies., Rachel weeping for her children: Intertextuality and the biblical testaments – a feminist approach, in: A. Brenner/ C. Fontaine (Hg.), A Feminist Companion to Reading the Bible. Approaches, Methods and Strategies, Sheffield 1997, 452–469.

C. Walde, Antike Traumdeutung und moderne Traumforschung, Düsseldorf u.a. 2001.

R. Walser, Dichteten diese Dichter richtig? Eine poetische Literaturgeschichte, hg. v. B. Echte, Frankfurt a.M./ Leipzig 2002.

P. Weimar, „Fürchte dich nicht, nach Ägypten hinabzuziehen!" (Gen 46,3). Funktion und Bedeutung von Gen 46,1–7 im Rahmen der Josefsgeschichte, BN 119/120 (2003) 164–205.

Ders., Gen 46,1–5 – Ein Fremdkörper im Rahmen der Josefsgeschichte, BN 123 (2005) 5–23.

Ders., „Und er nannte seinen Namen Perez" (Gen 38,29). Erwägungen zu Komposition und literarischer Gestalt von Gen 38 (Teil 1), BZ 51 (2007) 193–215.

Ders., Die doppelte Thamar. Thomas Manns Novelle als Kommentar der Thamarerzählung des Genesisbuches (BThSt 99), Neukirchen-Vluyn 2008.

Ders., Gen 38 – Eine Einschaltung in die Josefsgeschichte, Teil 1, BN 138 (2008) 5–37.

B. Wells, Sex, Lies and Virginal Rape: The Slandered Bride and False Accusation in Deuteronomy, JBL 124 (2005) 41–72.

K. Wengst, Das Johannesevangelium, 1. Teilband: Kapitel 1–10, ThKNT 4,1, Stuttgart u.a. 2000.

Ders., Das Johannesevangelium, 2. Teilband: Kapitel 11–21, ThKNT 4,2, Stuttgart u.a. 2001.

Ders., Jesus zwischen Juden und Christen. Re-Visionen im Verhältnis der Kirche zu Israel, Stuttgart u.a., ²2004.

G.J. Wenham, Genesis 16–50 (WBC 2), Dallas 1994.

W.J.C. Weren, The Five Women in Matthew's Genealogy, CBQ 59 (1997) 288–305.

C. Westermann, Genesis 1–11, BK AT I/1, Neukirchen-Vluyn 1974. Genesis 12–36, BK AT I/2, Neukirchen-Vluyn 1981. Genesis 37–50, BK AT I/3, Neukirchen-Vluyn 1982.

E. Wiesel, Josef oder die Erziehung eines Gerechten, in: ders., Adam oder das Geheimnis des Anfangs. Brüderliche Urgestalten (frz. Originalausgabe: Célébration biblique, Paris 1975), Freiburg i.Br. u.a. ²1980, 139–171.

Ders., Noah oder ein neuer Anfang. Biblische Portraits, Freiburg i.Br. u.a. 1994.

A.B. Wildavsky, Assimilation versus Separation. Joseph the Administrator and the Politics of Religion in Biblical Israel, New Brunswick/ London 1993.

Ders., Survival Must not be Gained through Sin. The Moral of the Joseph Stories Prefigured through Judah and Tamar, JSOT 62 (1994) 37–48.

I. Willi-Plein, Hiobs Widerruf? – Eine Untersuchung der Wurzel נחם und ihrer erzähltechnischen Funktion im Hiobbuch, in: A. Rofé/ Y. Zakovitch (Hg.), Essays on the Bible and the Ancient World. FS I.L. Seeligmann, Teil III, Jerusalem 1983, 273–289.

K.E. Wolff, „Geh in das Land, das ich Dir zeigen werde...". Das Land Israel in der frühen rabbinischen Tradition und im Neuen Testament (EHS.T 340), Frankfurt a.M. u.a. 1989.

A. Wucherpfennig, Josef der Gerechte. Eine exegetische Untersuchung zu Matthäus 1–2 (HBS 55), Freiburg i.Br. u.a. 2008.

S. Zeitlin, Dreams and their Interpretation from the Biblical Period to Tannaitic Time. A Historical Study, JQR 66 (1975/76) 1–18.

E. Zenger, Das Buch Ruth, ZBK AT 8, Zürich ²1992.

Ders., Biblische Miniaturen über Trösten und Trost, in: T.R. Peters/ C. Urban (Hg.), Über den Trost. FS J.B. Metz, Ostfildern 2008, 182–187.

A. Zgoll, Traum und Welterleben im antiken Mesopotamien. Traumtheorie und Traumpraxis im 3.–1. Jahrtausend v. Chr. als Horizont einer Kulturgeschichte des Träumens (AOAT 333), Münster 2006.

K. Zibelius-Chen, Kategorien und Rolle des Traumes in Ägypten, SAK 15 (1988) 277–293.

Stellenregister (in Auswahl)

Biblische Stellen

Deutero- und nichtkanonische Stellen

Rabbinische Diskursliteratur

Namensregister

Shimon Bar-Efrat

Das Erste Buch Samuel

Ein narratologisch-philologischer
Kommentar

Aus dem Neuhebräischen übersetzt
von Johannes Klein

2007. 384 Seiten. Kart.
€ 48,-
ISBN 978-3-17-019965-1

BWANT, Band 176

Shimon Bar-Efrat

Das Zweite Buch Samuel

Ein narratologisch-philologischer
Kommentar

2009. 264 Seiten mit 2 Karten. Kart.
€ 44,-
ISBN 978-3-17-020522-2

BWANT, Band 181

Der erste Band des Samuelkommentars des bekannten israelischen Bibelwissen-
schaftlers Shimon Bar-Efrat beginnt mit einer ausführlichen Einleitung u. a. in
die Sprachformen, die Text- und die Auslegungsgeschichte – gerade auch die
jüdische! – sowie einer Einführung in die Gedanken und literarische Gestaltung
des 1. Samuelbuches.
Den Hauptteil bildet dann eine Vers-für-Vers-Auslegung seiner 31 Kapitel.
Der zweite Band befasst sich analog dazu mit dem zweiten Samuelbuch (2 Sam 1–24).
Der Kommentar versteht sich als eine besonders intensive Art des „close reading"
und vermittelt vielfach überraschende exegetische Erkenntnisse zu den Erzählungen über das frühe Königtum in Israel.

Dr. Shimon Bar-Efrat ist ehemaliger Leiter für Biblische Studien an der Hebrew
University Secondary School in Jerusalem.

W. Kohlhammer GmbH · 70549 Stuttgart
Tel. 0711/7863 - 7280 · Fax 0711/7863 - 8430